乡村振兴：
基层干部法治素养与能力建设丛书

丛书主编／江必新　李占国

农村土地流转
法律问题解答与实例

第二版

主　编／程建乐

人民法院出版社

图书在版编目（CIP）数据

农村土地流转法律问题解答与实例 / 程建乐主编. -- 2版. -- 北京：人民法院出版社，2024.3
（乡村振兴：基层干部法治素养与能力建设丛书 / 江必新，李占国主编）
ISBN 978-7-5109-4081-1

Ⅰ. ①农… Ⅱ. ①程… Ⅲ. ①农村－土地流转－土地管理法－案例－中国 Ⅳ. ①D922.325

中国国家版本馆CIP数据核字(2024)第037851号

农村土地流转法律问题解答与实例（第二版）
程建乐　主编

策划编辑	韦钦平
责任编辑	张　艺
封面设计	天平文创视觉设计
出版发行	人民法院出版社
地　　址	北京市东城区东交民巷27号（100745）
电　　话	（010）67550667（责任编辑）　67550558（发行部查询）
	65223677（读者服务部）
客服QQ	2092078039
网　　址	http://www.courtbook.com.cn
E - mail	courtpress@sohu.com
印　　刷	三河市国英印务有限公司
经　　销	新华书店
开　　本	787毫米×1092毫米　1/16
字　　数	368千字
印　　张	20.5
版　　次	2024年3月第1版　2025年6月第2次印刷
书　　号	ISBN 978-7-5109-4081-1
定　　价	72.00元

版权所有　侵权必究

乡村振兴：基层干部法治素养与能力建设丛书编辑委员会

主　　编：江必新　李占国

编委会成员：（按姓氏笔画排序）

王旭光　王　渊　朱深远　朱新力　刘　敏
李秀丽　陈龙业　赵风暴　姜启波　徐　阳
徐建新　蒋惠岭

农村土地流转法律问题解答与实例编辑委员会

主　　编：程建乐
副主编：吴道富
撰稿人：吴飞明　郭阳平

Introduction 第二版出版说明

21世纪以来，2024年是中央连续21年发布聚焦"三农"工作的中央一号文件。中央一号文件已逐渐成为中共中央、国务院重视农村问题的专有名词。今年的主题为《中共中央 国务院关于学习运用"千村示范、万村整治"工程经验有力有效推进乡村全面振兴的意见》。为助力乡村振兴战略的实施，推进法治乡村建设，提升基层干部群众的法治素养与能力，2020年，经过深入实地调研，在最高人民法院有关领导和庭室的指导帮助下，我们精心策划出版了《乡村振兴：基层干部法治素养与能力建设丛书》。丛书出版以来，其以与乡村社会生活紧密结合的实用性、解答法律问题的准确性，以及语言风格的简洁易懂性，受到了包括法官、律师等广大基层干部、群众在内的读者喜爱，收到了诸多积极评价和反馈。同时，丛书还入选了2021年中宣部农家书屋重点推荐书目，其中，《农村土地流转法律问题解答与实例》《农村生产经营、生活法律问题解答与实例》两册被农村党支部书记学院选用为基层干部培训教材。

丛书出版三年多以来，《民法典》正式施行，党的二十大作出全面实施乡村振兴战略的决策部署，乡村改革发展过程中出现了新的法律问题，司法实践中也形成了新的成果和经验。为使丛书对法律问题的解答能够紧密结合乡村社会发展变化，保证实用性和时效性，满足读者学法用法的强烈渴求，我们决定在第一版的基础上，对丛书内容进行全面补充更新完善，全新推出《乡村振兴：基层干部法治素养与能力建设丛书》（第二版），共5册，分别为《农村土地流转法律问题解答与实例（第二版）》《农村生产经营、生活法律问题解答与实例（第二版）》《集体土地征收、拆迁、拆违法律问题解答与实例（第二版）》《生态资源环境保护法律问题解答与实例（第二版）》《乡村诉源治理的实践经验与典型案例（第二版）》。

丛书在第一版的基础上主要进行了以下修订完善：一是结合法律法规、司法解释的修改，对法律问题解答内容进行全面审核、修改和更新，保证解答的准确性；二是梳理并补充此前未收录的法律问题和新出现的法律问题，对丛书内容进行全面丰富完善；三是收录新的案例，包括最高人民法院新公布的典型案例，在全新上线的"人民法院案例库"中精选的典型案例，以及各地法院近期裁判的典型案例，以体现当前新的司法观点和裁判标准。

丛书具有以下三个突出特点：

1. 内容全面、问题导向、针对性强。丛书编写过程中进行了充分调研，以问题为导向，听取基层执法人员在工作中遇到的问题和主要诉求，并结合人民法院丰富的案例资源和司法实践经验，全面、客观、科学地梳理、提炼出主要涉农纠纷类型、矛盾多发点和法律风险点，使内容全面反映并紧密贴合乡村振兴基层涉法需求，具有很强的针对性。

2. 观点准确、注重时效、实用性强。丛书由一批既有丰富审判实务经验，又具有较强法学理论研究能力的业务骨干法官组成作者团队，由最高人民法院相关庭室的审判业务专家进行指导、审稿，保证丛书观点的准确性、科学性以及与当前立法精神和司法观点的一致性，为司法人员正确适用法律、基层干部依法行政、群众依法维权提供准确的指引与帮助。

3. 一问一答、以案说法、通俗易懂。丛书采用一问一答的形式，先提出问题，然后对问题作出通俗易懂的解答，再附以相关典型案例以及案例分析帮助理解，并提示存在的认识误区和法律风险，最后列明相关联的法律法规条文，方便对照阅读和查阅。通过一套"组合拳"，让读者对相关法律问题形成点面结合、立体式的理解和认识。

丛书修订再版倾注了编写团队的大量心血，在此致以诚挚的敬意和由衷的感谢。希望丛书的再版能为全面实施乡村振兴战略、提升广大基层干部的法治素养和依法办事能力、推进法治乡村建设提供智力支持。

丛书不足之处在所难免，欢迎广大读者批评指正，并对我们未来不断完善提升丛书内容质量积极建言献策。

编者

2024 年 3 月

Introduction 出版说明

乡村兴则国家兴，乡村衰则国家衰。党的十九大提出实施乡村振兴战略、建设美丽中国，围绕实施乡村振兴战略党中央作出了一系列重大部署，《中共中央国务院关于实施乡村振兴战略的意见》和《乡村振兴战略规划（2018—2022年）》对实施乡村振兴的目标任务提出了明确要求。实施乡村振兴战略，是解决新时代我国社会主要矛盾、实现"两个一百年"奋斗目标和中华民族伟大复兴中国梦的必然要求，具有重大的现实意义和深远的历史意义。

良好的法治环境是健全乡村治理体系的有力保障，在实施乡村振兴战略中起着基础性和决定性作用。2018年最高人民法院先后发布了《关于深入学习贯彻习近平生态文明思想为新时代生态环境保护提供司法服务和保障的意见》和《关于为实施乡村振兴战略提供司法服务和保障的意见》，明确了司法服务和保障实施乡村振兴战略的具体意见与措施。2020年3月中央全面依法治国委员会印发了《关于加强法治乡村建设的意见》，对法治乡村建设提出明确要求。广大基层干部是乡村振兴、美丽乡村建设的参与者与推动者，在乡村振兴中发挥着重要作用。增强基层干部法治观念、法治为民意识，提高基层干部的法治素养和依法办事能力，教育引导广大基层干部群众办事依法、遇事找法、解决问题用法、化解矛盾靠法，对于促进乡村依法治理，建设法治乡村，加强社会主义民主法治建设和精神文明建设具有重要作用。鉴于此，人民法院出版社在最高人民法院有关领导和庭室的指导帮助下，经过深入实地调研，精心策划推出了《乡村振兴：基层干部法治素养与能力建设丛书》。丛书由第十三届全国人民代表大会宪法和法律委员会副主任委员江必新、浙江省高级人民法院院长李占国担任主编，最高人民法院和浙江省高级人民法院有关庭室的领导和法官以及相关部委的有关科室人员为本套丛书的主要作者。

丛书项目实际调研中，充分听取乡镇干部、村干部、基层人民法庭工作人员在乡村振兴、美丽乡村建设中遇到的问题和主要诉求，并依托人民法院海量的案件资源和司法大数据分析，全面、客观、科学地梳理了乡村振兴、美丽乡村建设中矛盾纠纷的主要类型、多发点以及法律风险点，以确保丛书的内容既系统全面，又重点突出，贴合实际。丛书作者既有相关领域的专家，又有实践经验丰富的基层一线人员，保障了丛书内容的科学性、严谨性、权威性和实用性。

乡村振兴涉及面广，对基层干部的综合能力素质要求高，因此，本套丛书设计为开放式丛书，以便后续根据乡村振兴的实际需求不断追加。首批，推出4卷册，包括《生态资源环境保护法律问题解答与实例》《集体土地征收、拆迁、拆违法律问题解答与实例》《农村土地流转法律问题解答与实例》及《农村生产经营、生活法律问题解答与实例》。后续，将陆续推出涉农法律法规，乡村规划，矛盾纠纷多元化解与乡村治理，涉农刑事法律问题，村规民约在乡村治理、法治乡村建设中的作用等分卷册图书。为便于理解与查阅，丛书采用了一问一答形式，并结合典型案例分析，对人们普遍关心的涉农法律问题进行通俗易懂的解答，提示存在的法律风险，对于提升基层干部的法治素养和依法办事能力具有重要指导与帮助作用。

丛书以问题为导向，依托人民法院丰富的案例资源，不断梳理挖掘乡村振兴战略实施过程中的新情况、新问题，以充分发挥人民法院典型案例的指引、规范和示范作用，服务于生态环境保护、乡村规划与产业发展、乡村治理与乡风文明、乡村人文素养提升等涉及乡村振兴的各个方面。希望丛书的出版能够为实施乡村振兴战略提供整体的法律解决方案与全方位的智力支持，为把我国农村建设成"产业兴旺、生态宜居、乡风文明、治理有效、生活富裕"的美丽乡村贡献绵薄之力。

编者

2020年10月

Preface 前言

随着农村经济发展，土地作为农村经济发展的重要载体和要素，其作用应该得到充分发挥。进行科学合理的农村土地流转，对促进农村土地资源的有效利用，以及搞活农村经济将起到重要作用。以习近平同志为核心的党中央对农村土地流转高度重视，近年来出台了一系列政策，对我国土地流转的方向和原则作出了明确规定，并在2019年修改了农村土地方面的一系列法律，如《农村土地承包法》《土地管理法》等，对推动我国农村土地流转发展起到进一步的保障作用。本书以问题为主线，通过列举典型案例，对问题进行分析解答，以期对农村土地科学合法流转提供帮助，从而为我国美丽乡村建设略尽绵薄之力。

全书对农村土地流转中比较常出现的问题进行总结，选取了我国法院审理农村土地流转中存在的部分典型案例，对案例进行分析，对可能存在的风险进行提示，列举了相应的法律规定。全书分为六章，按照从总到分的逻辑体系，参照《民事案件案由规定》中有关农村土地纠纷案由的分类，按照侵犯权益性质不同和农村土地使用性质不同所产生的纠纷进行分章，从第三章涉及身份性质的农村集体经济组织成员权益纠纷到第四、五、六章涉及财产性质权益的纠纷展开探讨。第四、五、六章系根据农村土地不同的使用性质分类，即农用地、宅基地、建设用地在使用、流转过程中发生的纠纷，依次分节予以介绍。

本书在写作过程中得到了最高人民法院、浙江省高级人民法院有关领导和专家的大力指导与支持。最高人民法院民一庭法官王渊，浙江省高级人民法院副院长朱深远、基层工作处二级巡视员吴道富针对书稿提出了许多有建设性的意见与建议。本书从涉及农村土地流转中的常见纠纷问题出发，选取了最高人民法院有关乡村振兴的典型案例等具有代表性的案例进行解答。本书提纲经最高人民法院民一庭法官王渊和人民法院出版社与本书作者多次讨论修改完善拟定，由浙江省高级人民法院民一庭副庭长吴飞明和温州市中级人民法院民一庭法官郭阳平执笔完成。初稿形成后，又历经丛书编写人员两次统稿，多次修改、审稿。各位专家与本书作者通力协作,倾注了大量心血与智慧,保证了书稿内容质量。全书写作风格深入浅出,浅显易懂,适合广大基层干部阅读,对预防和处理相关纠纷有积极的指导意义。

囿于作者水平和能力,书中不当之处在所难免,诚请批评指正!

作者

2020 年 10 月

Contents 目录

第一章　农村土地流转概述

第一节　农村土地流转的概念、发展和意义 / 1
　一、土地流转的概念 / 1
　二、农村土地流转的发展历程 / 2
　三、土地流转的重大意义 / 5

第二节　农村土地流转的现状和存在的主要问题 / 8
　一、农村土地流转的现状 / 8
　二、农村土地流转中存在的主要问题 / 9

第三节　完善农村土地流转的对策 / 11
　一、建立良好的土地流转运行机制 / 11
　二、加强完善农村土地流转管理机制 / 11
　三、健全农村土地流转的法律配套机制 / 12

第二章　农村土地流转的类型及其纠纷

第一节　农村土地流转的分类 / 13
　一、土地所有权流转和土地使用权流转 / 13
　二、一级流转和二级流转 / 13

三、土地承包经营权的转让、互换及土地经营权的转包、入股、抵押、出租 / 14

第二节　农村土地流转纠纷 / 16
一、农村土地流转纠纷产生原因分析 / 16

二、农村土地流转纠纷的具体类型 / 19

三、对农村土地流转纠纷处理的基本原则 / 19

第三章　侵害集体经济组织成员权益纠纷

第一节　概述 / 21
一、集体经济组织成员权益的概念 / 21

二、集体经济组织成员资格认定的标准 / 22

三、实践中常见的几类成员资格认定 / 23

问题1：外嫁妇女是否享有集体经济组织成员资格？ / 23

问题2：新生子女集体经济组织成员资格如何确认？ / 24

问题3：丧偶和离婚妇女的集体经济组织成员资格如何认定？ / 25

问题4：服刑人员是否丧失集体经济组织成员资格？ / 26

问题5：大中专在校生和服兵役人员有无集体经济组织成员资格？ / 26

问题6："空挂户"可以取得集体经济组织成员资格吗？ / 29

第二节　侵害集体经济组织成员权益纠纷的问题及有关案例 / 29
一、侵害集体经济组织成员权益纠纷成因分析 / 29

二、存在问题及有关案例分析 / 30

问题1：村民权益受到侵犯，如何保护自己的合法权益？ / 30

问题2：村民有承包地未耕种可以分配承包地征收补偿费用吗？ / 34

问题3：集体经济组织还未分配土地补偿费用，法院是否可以受理村民要求分配费用的案件？ / 37

问题4：户口性质是认定集体经济组织成员的唯一条件吗？ / 40

问题5：集体经济组织的决定内容违法，村民应如何保护自己权利？ / 42

问题6：集体经济组织成员的分配权益是否应该有所区分？ / 45

问题7：出嫁女未迁出户口，随其上户的子女是否为该集体经济组织的

成员？/ 47

问题 8：农村夫妻离婚时土地承包经营权如何分配？/ 49

问题 9：村民是否可以直接起诉要求法院确认其集体经济组织成员资格？/ 52

问题 10：村民自治组织经民主程序制定，且内容合法的决定是否应予以撤销？/ 54

问题 11：当土地权属证上登记的使用权人与实际使用权人不一致时，土地补偿款是否应遵循"谁耕种、谁受益"的原则进行分配？/ 57

问题 12：农嫁女离婚后，农嫁女及其抚养的子女是否可以享有夫家所在村集体经济组织分配权益？/ 60

问题 13：承包期内土地被收回后，村民是否有权要回？/ 64

第四章　农村土地承包经营权流转纠纷

第一节　概述 / 67

一、农村土地承包经营权流转纠纷的概念 / 67

二、我国的政策解读 / 68

第二节　涉物权纠纷及案例解读 / 69

一、土地承包经营权确认纠纷存在的问题及相关案例 / 70

问题 1：非本村的村民或单位可以承包本村的土地吗？/ 70

问题 2：没有取得土地承包经营权可以向法院起诉吗？/ 72

问题 3：领取土地承包经营权证，而未签订土地承包合同，是否取得土地承包经营权？/ 74

问题 4：针对未取得的土地承包经营权要求赔偿提起的民事诉讼，法院是否支持？/ 77

问题 5：如何认定土地承包经营权已经实际取得？/ 79

问题 6：代耕人是否因代耕取得土地承包经营权？/ 82

问题 7：土地承包经营权在第一轮承包到期后，第二轮必然继续享有对该土地的承包经营权吗？/ 84

问题 8：村民与村委会签订承包合同后，村委会可以因为选举换届而主张

已经签订的合同无效吗？/ 87

问题 9：村民能否起诉要求法院判决集体经济组织与其签订第二轮农村土地承包合同？/ 90

问题 10：农村土地承包合同可以解除吗？解除分哪些情形？/ 92

二、承包地征收补偿费用分配纠纷存在的问题及相关案例 / 96

问题 11：承包地征收补偿有哪些费用？/ 97

问题 12：承包地征收中，青苗补偿费归谁所有？/ 98

问题 13：离婚妇女户口未迁出是否享有承包地征收补偿费用分配权益？/ 101

问题 14：集体经济组织成员是否应遵守集体经济组织通过的补偿款分配方案？/ 103

问题 15：村民小组有权分配土地补偿费、安置补助费吗？/ 106

问题 16：承包经营户户主死亡，其户承包的土地被征收的补偿费用是由继承人继承，还是应该由户内其他成员享有？/ 108

问题 17：村集体经济组织因土地调整需要收回土地承包权的，是否应当给予土地承包经营权人适当补偿？/ 110

问题 18：未签订第二轮农村土地承包经营权合同，村民能否取得第一轮土地承包经营权？/ 114

三、土地承包经营权继承纠纷存在的问题及相关案例 / 117

问题 19：土地承包经营权可以继承吗？/ 117

问题 20：承包户内人员死亡后，该人享有土地承包经营权的土地能否由户内其他人员继续承包？/ 119

第三节 涉合同纠纷及案例解读 / 120

一、土地经营权出租合同纠纷存在的问题及相关案例 / 121

问题 1：在未取得土地承包经营权的情况下，私自出租土地经营权，土地租赁合同是否有效？/ 121

问题 2：土地租赁合同履行中造成土地永久损害的，发包方享有解除合同的权利吗？/ 124

问题 3：在集体经济组织出租村民土地时，村民以默示方式认可，后可以未经其书面同意为由主张土地经营权出租合同无效吗？/ 129

问题 4：土地经营权出租后，可以因承租人未付租金而解除合同吗？/ 131

问题 5：土地承租人将承租的土地再转租，需要发包方同意吗？/ 134

问题 6：土地经营权租赁合同的双方应如何履行义务？/ 137

问题 7：承租人擅自改变租赁土地用途的合同有效吗？/ 140

问题 8：土地承租方违约弃耕抛荒连续两年以上的，出租方应就扩大的损失承担责任吗？/ 144

问题 9：村民在他人承包的土地上种植林木，未经他人同意的情况下，是否必然要恢复原状？/ 147

问题 10：农户因受让地上物而想取得该物范围内的土地使用权，是否应支付土地使用费？/ 149

二、土地承包经营权转让合同纠纷存在的问题及相关案例 / 152

问题 11：土地承包期届满后，未经发包方许可情况下的转让是否有效？/ 152

问题 12：如何认定不同村的村民之间转让土地承包经营权的效力？/ 155

问题 13：经济合作社可以通过村民会议决议单方解除土地承包经营权转让合同吗？/ 158

问题 14：未经户内其他成员同意的转让合同是否有效？/ 161

问题 15：如何区分转包合同纠纷和转让合同纠纷？/ 163

问题 16：土地流转合同未明确是土地经营权流转还是土地承包经营权流转，如何认定合同性质？/ 165

问题 17：土地承包方流转土地后，可以不再管理土地了吗？/ 168

三、土地承包经营权互换合同纠纷存在的问题及相关案例 / 172

问题 18：土地互换的情况下，双方未签订书面合同，也未进行变更登记，如何认定互换合同的效力？/ 172

问题 19：双方已经实际互换土地的情况下，能不能再要回已经互换的土地？/ 175

问题 20：土地互换期限没有约定或约定不明的，互换人可否随时要求收回原来的承包地？/ 176

问题 21：在无书面合同的情况下，如何判断双方之间是否属于互换土地关系？/ 179

四、土地经营权入股合同纠纷存在的问题及相关案例 / 182

问题 22：在村民无证据证明土地入股后有分红的情况下，其有权要求分红吗？ / 182

问题 23：集体经济组织成员入股后，有权要求发放股权证吗？ / 185

问题 24：土地经营权入股后，村民可以解除合同吗？ / 188

五、土地经营权抵押合同纠纷存在的问题及相关案例 / 191

问题 25：土地经营权抵押合同是否有效？ / 191

问题 26：土地经营权抵押合同签订后未办理抵押登记，抵押合同是否生效？ / 194

问题 27：仅办理抵押登记，未签订抵押合同，抵押权是否设立？ / 195

六、其他土地承包经营权合同纠纷存在的问题及相关案例 / 198

问题 28：未经发包人同意的土地经营权转包合同有效吗？ / 199

问题 29：土地经营权转包可以改变土地用途吗？ / 203

问题 30：原土地承包经营权证上的户主死亡，该户其他成员是否继续履行户主生前所作的土地流转行为？ / 206

问题 31：未约定流转期限的土地经营权转包合同，原承包方能否随时要求返还？ / 208

问题 32：未经土地承包经营权人同意私自再转包的行为是否有效？ / 211

问题 33：合同履行期间，可以变更土地转包费吗？ / 213

第五章 宅基地使用权纠纷

第一节 概述及相应政策解读 / 216

一、概述 / 216

二、相应政策解读 / 217

第二节 存在的问题及案例解读 / 220

问题 1：农村宅基地使用权如何取得？ / 221

问题 2：宅基地使用权转让应具备什么条件？ / 222

问题 3：因宅基地地界发生纠纷，村民可以直接向法院起诉确认宅基地地界范围吗？/ 222

问题 4：本村村民向异村村民转让宅基地行为有效吗？/ 224

问题 5：农村宅基地向城市居民转让后，合同的效力如何？/ 228

问题 6：农户全家迁入城市，宅基地必须交回吗？/ 231

问题 7：宅基地上所建房屋是否可以对外出售？/ 231

问题 8：宅基地房屋买卖合同无效，买卖双方的过错责任如何确定？/ 233

问题 9：确认宅基地使用权转让合同无效，是否有诉讼时效限制？/ 236

问题 10：宅基地申请人去世后，亲属之间宅基地使用权如何分配？/ 237

第六章　涉及农村土地流转的其他纠纷

第一节　概述 / 241

一、小产权房转让合同纠纷 / 241

二、农村房屋买卖合同纠纷 / 242

三、土地租赁合同纠纷 / 244

第二节　存在的问题及案例解读 / 245

一、小产权房转让合同纠纷存在的问题及相关案例 / 245

问题 1：小产权房是否可以上市交易？/ 245

问题 2：小产权房转让合同是否有效？/ 246

问题 3：离婚时对自建或购买本集体的小产权房，法院如何处理？/ 249

问题 4：小产权房房屋买卖合同无效后如何平衡双方利益？/ 251

问题 5：未经征地审批程序，在村集体所有土地上建房的征地行为有效吗？/ 254

二、农村房屋买卖合同纠纷存在的问题及相关案例 / 257

问题 6：同一集体经济组织的村民间能否转让农村房屋？/ 257

问题 7：违反"一户一宅"规定的农村房屋买卖合同的效力如何认定？/ 261

问题 8：未经其他共有人同意出售共有农村房屋的，该出售房屋的合同是否有效？/ 264

问题 9：农村房屋连环买卖纠纷案件可以要求法院合并审理吗？/ 265

问题 10：农村房屋买卖合同无效后，是否必然判决买房人腾退房屋？/ 268

问题 11：同村村民之间房屋买卖合同是否有效？/ 271

问题 12：非本村村民购买农村房屋的房屋买卖合同是否有效？/ 273

问题 13：出卖人一定能依据房屋买卖合同无效而收回房屋吗？/ 276

问题 14：出卖人无权处分农村房屋情形下，买房人是否可以善意取得房屋？/ 279

问题 15：城镇居民能否购买农村房屋？/ 283

三、土地租赁合同纠纷存在的问题及相关案例 / 286

问题 16：土地租赁合同案件如何确定受理与管辖法院？/ 286

问题 17：土地租赁合同纠纷案件的诉讼时效为多久？/ 286

问题 18：处理土地租赁合同纠纷应遵循哪些原则？/ 287

问题 19：租赁土地上种植了农作物，如何返还土地？/ 288

问题 20：租赁期限届满，承租方是否有权主张优先租赁权？/ 288

问题 21：土地租赁合同未约定租赁期限的情况下，是否可以随时解除合同？/ 292

问题 22：如何认定土地租赁合同无效？/ 294

问题 23：土地租赁后，改变土地的农业用途的，合同是否有效？土地上的违章建筑如何处理？/ 295

问题 24：对租赁土地上的建筑物、其他附着物如何处理？/ 298

问题 25：地上违法搭建物被拆除，出租人是否应当向承租人承担赔偿责任？/ 299

问题 26：集体建设用地租赁期限可以超过 20 年吗？/ 301

编后记 / 306

第一章
农村土地流转概述

第一节 农村土地流转的概念、发展和意义

一、土地流转的概念

土地流转,既涉及土地所有权的流转,也涉及土地使用权的流转。农村土地流转过程中流转的是哪部分权利,虽然大部分的学者具体表述有所不同,但基本达成一致认识,即农村土地流转就是农村土地流转过程中权利的流通与转让。不过在具体定义上,仍存在两种不同的观点:第一种观点是从广义层面上来看,认为农村土地流转包括经营权、承包权以及农地所有权。[1] 第二种观点是从狭义层面上来看,认为农村土地流转仅指的是土地经营权的流转,是基于农村土地所有权不变的前提下,农地承包者将土地经营权转让出去,即保留承包权,转让经营权。[2] 农村土地所有权的流转是指农村集体组织的土地经过征收或征用移转给国家。征收或征用均是行政行为,属于行政关系范畴,不属于民事案件审理范围,本书不予探讨。本书中的土地流转专指农村土地使用权流转。

按照现有法律制度,农村土地分为三部分:一是农用地,包括耕地、林地、草地、养殖水面、农田水利用地以及用于农业的"四荒地";二是宅基地,即农民房屋及其院落所占用的农村土地;三是农村集体建设用地,是农村土地用于企业或者其他非农产业的土地。本书重点介绍农村土地承包经营权的流转,因其占

---

[1] 谷树忠等:《农村土地流转模式及其效应与创新》,载《中国农业资源与区划》2009年第1期。
[2] 张伟丽、扈映、米红:《中国农村土地流转:问题及影响因素——一个文献综述》,载《东岳论丛》2013年第1期。

土地流转的比例最多。"土地承包经营权流转"最早在 1995 年《国务院批转农业部关于稳定和完善土地承包关系的意见的通知》(国发〔1995〕7 号)中明确提出"建立土地承包经营权流转机制"。农村土地承包经营权流转,是指农户将依法取得的农村土地承包经营权采取转包、出租、互换、转让、入股、抵押或者其他符合有关法律和国家政策规定的方式流转承包土地经营权的行为。

二、农村土地流转的发展历程

在我国,土地承包经营权流转发展历程经历了禁止阶段、萌芽阶段、初步发展阶段、土地流转加速发展新阶段,从所有权与承包经营权两权分离到所有权、承包权、经营权三权分置的发展历程。[①]

(一)第一阶段:土地流转禁止阶段

1949~1978 年,土地流转处于禁止状态,在该阶段土地主要由国家分配,禁止在村民之间流转。1978 年,我国分田到户,极大地提高了农民生产的积极性,农民有了属于自己的土地,国家粮食生产得到极大提高。

(二)第二阶段:土地流转萌芽阶段

1978 年开始以家庭承包经营为主的农村改革,是通过农户家庭与集体经济组织签订承包合同的方式,使农户获得农村土地的使用权。这一改革使我国农村土地制度从单纯集体所有向集体所有、家庭经营的两权分离模式转变,农村土地的流转也成为可能。

1983 年,中共中央颁发了《当前农村经济政策的若干问题》后,全国农村开始普遍推行包干到户,实现了土地所有权与使用权的分离,保证了农户的独立经营权。

1987 年,国务院批准了某些沿海发达省、市就土地适度规模经营进行试验,使土地经营权的流转突破了家庭承包经营的限制,开始进入试验期。

1993 年 11 月,中共中央、国务院发布《关于当前农业和农村经济发展的若干政策措施》提出土地承包期"再延长三十年不变",同时"经发包方同意,允许土地的使用权依法有偿转让"。家庭承包经营责任制,极大地调动了广大农民群众的生产积极性。

(三)第三阶段:初步发展阶段

1995 年《国务院批转农业部关于稳定和完善土地承包关系的意见的通知》规

---

① 董新辉:《新中国 70 年宅基地使用权流转:制度变迁、现实困境、改革方向》,载《中国农村经济》2019 年第 6 期。

定："在坚持土地集体所有和不改变土地农业用途的前提下，经发包方同意，允许承包方在承包期内，对承包标的依法转包、转让、互换、入股，其合法权益受法律保护，但严禁擅自将耕地转为非耕地。"

2003年实施的《农村土地承包法》第32条规定："通过家庭承包取得的土地承包经营权可以依法采取转包、出租、互换、转让或者其他方式流转。"从法律层面体现了对于合法土地承包经营权的保护。这部法律的制定和实施，对于保持党在农村的基本政策的连续性和稳定性，更好地保护农民的合法权益，进一步调动农民的生产积极性，促进农业和农村经济的发展，具有重要而深远的意义。

2004年8月28日，第十届全国人民代表大会常务委员会第十一次会议通过新的《土地管理法》规定，任何单位和个人不得侵占、买卖或者以其他形式非法转让土地。土地使用权可以依法转让。国家为了公共利益的需要，可以依法对土地实行征收或者征用并给予补偿。国家依法实行国有土地有偿使用制度。但是，国家在法律规定的范围内划拨国有土地使用权的除外。

2005年，农业部专门出台了《农村土地承包经营权流转管理办法》（农业部令第47号），使农地流转在操作层面也实现了有法可依。

2005年3月29日，最高人民法院通过《关于审理涉及农村土地承包纠纷案件适用法律问题的解释》（法释〔2005〕6号），对审理涉及农村土地承包纠纷案件适用法律的若干问题作了解释。

2007年3月16日，第十届全国人民代表大会常务委员会第五次会议通过了《物权法》，并于2007年10月1日开始实施，该法第十一章"土地承包经营权"对我国农村土地承包经营制度作了规定。

随着农村改革的逐步深入，我国农业产业化经营的进程也在逐步推进。土地流转为农业结构调整和农民收入的进一步提高提供了充足的空间。

2008年10月，党的十七届三中全会通过的《中共中央关于推进农村改革发展若干重大问题的决定》指出，加强土地承包经营权流转管理和服务，建立健全农村土地承包权流转市场。赋予农民更加充分而有保障的承包经营权，现有土地承包关系要保持稳定并长久不变，并通过建立健全农村土地承包经营权流转市场，引导农民以转包、转让、股份合作等形式流转土地承包经营权，发展多种形式的适度规模经营。

2008年年底举行的中央农村工作会议强调，农村工作的重点任务，包括要严格执行土地承包经营权流转的各项要求，尊重农民的主体地位，建立健全土地承包经营权流转市场。

2009年中央一号文件《中共中央 国务院关于2009年促进农业稳定发展农民持续增收的若干意见》指出，要落实和保障农民的土地权益，对集体所有土地的所有权进一步界定清楚，并保障其权益。同时，进一步规范农村土地承包经营权的流转。必须让农民自愿选择，任何人不能强迫农民流转土地，或者阻止农民自愿地流转土地。中央一号文件强调做好两方面工作：一是严格落实党的十七届三中全会提出的土地流转不得改变土地的所有权，不得改变土地的用途，不得损害承包方的利益的要求。二是有关部门要加强对农民土地流转服务的管理，让农民知道谁需要转让出土地来，谁有承包别人土地的愿望和要求，并且依照法律规范签订合同，按照有关法律加强对土地流转的管理。

（四）第四阶段：土地流转加速发展新阶段

《中共中央关于全面深化改革若干重大问题的决定》强调，必须健全体制机制，形成以工促农、以城带乡、工农互惠、城乡一体的新型工农城乡关系，让广大农民平等参与现代化进程、共同分享现代化成果。要加快构建新型农业经营体系，赋予农民更多财产权利，推进城乡要素平等交换和公共资源均衡配置，完善城镇化健康发展体制机制。

随着城镇化加快，大量的农民涌入城市，农村出现了大量荒地，小农户耕作规模效益几乎为零，与我国农业现代化不符，企业迫切希望开发农村土地。面对农村经济发展中出现的问题，国家制定了相应的法律法规，为农村土地流转保驾护航。

2014年11月，中共中央办公厅、国务院办公厅印发《关于引导农村土地经营权有序流转发展农业适度规模经营的意见》，对农村土地流转的乱象进行规范，设计顶层红线，定调"三个不能搞"，划出三条红线，以引导农村土地健康流转。这三条底线为坚持土地公有制性质不改变、耕地红线不突破、农民利益不受损三条底线，在试点基础上有序推进。

2019年1月1日修正实施的《农村土地承包法》进一步规定了土地经营权的流转方式、流转时间、流转中双方权利义务的保护。

2019年8月26日，第十三届全国人民代表大会常务委员会第十二次会议表决修正通过《土地管理法》，自2020年1月1日起施行。新修改的《土地管理法》删除了原《土地管理法》第43条，即任何单位或个人需要使用土地的必须使用国有土地的规定。增加规定农村集体建设用地在符合规划、依法登记，并经三分之二以上集体经济组织成员同意的情况下，可以通过出让、出租等方式交由农村集体经济组织以外的单位或个人直接使用,同时使用者在取得农村集体建设用地之后还可以通过转让、互换、抵押的方式进行再次转让。这是《土地管理法》一个重大制度创新,取消了多年来集体建设用地不能直接进入市场流转的二元体制,为城乡一体化发展扫除了制度性的障碍。

2020年中央一号文件指出,在符合国土空间规划前提下,通过村庄整治、土地整理等方式节余的农村集体建设用地优先用于发展乡村产业项目。新编县乡级国土空间规划应安排不少于10%的建设用地指标,重点保障乡村产业发展用地。省级制定土地利用年度计划时,应安排至少5%新增建设用地指标保障乡村重点产业和项目用地。农村集体建设用地可以通过入股、租用等方式直接用于发展乡村产业。按照"放管服"改革要求,对农村集体建设用地审批进行全面梳理,简化审批审核程序,下放审批权限。推进乡村建设审批"多审合一、多证合一"改革。抓紧出台支持农村一、二、三产业融合发展用地的政策意见。

为了规范农村土地经营权流转行为,保障流转当事人合法权益,加快农业农村现代化,维护农村社会和谐稳定,《农村土地经营权流转管理办法》已经农业农村部2021年第1次常务会议审议通过,自2021年3月1日起施行。

三、土地流转的重大意义

习近平总书记对农村土地流转作出重要指示,土地流转和多种形式规模经营,是发展现代农业的必由之路,也是农村改革的基本方向。[①]中国特色社会主义农业的改革和发展,从长远的观点看,要有两个飞跃。第一个飞跃,废除人民公社,实行家庭联产承包为主的责任制。这是一个很大的进步,要长期坚持不变。第二个飞跃,适应科学种田和生产社会化的需要,发展适度规模经营,发展集体经济。这又是一个很大的进步,当然这是很长的过程。[②]农村土地流转是农村经济发展到一定阶段的产物,通过土地流转,可以开展规模化、集约化、现代化的农业经营模式。

(一)土地流转有利于优化农村资源配置

土地不仅是人类生存和发展的基础,也是农村经济发展最基本的生产要素,要进一步促进农村经济发展,就需要对农村的土地实行适度的流转。

---

① 习近平:《依法依规做好耕地占补平衡 规范有序推进农村土地流转》,载《人民日报》2015年5月27日,第1版。
② 《邓小平文选》(第3卷),人民出版社1933年版,第355页。

首先，土地流转有利于解放农村劳动力。随着农村人口进入城镇务工，农业劳动力的流失，导致大量土地无人耕种，土地流转能够在一定程度上解决土地无人耕种的问题。土地使用权的科学流转在一定程度上打破了单一家庭的传统商业模式，改善土地荒芜和遗弃的不良现象，进一步提高土地利用率和土地集约化，促进农村劳动力的解放。

其次，土地流转有利于引进先进的技术和资金。将土地集中由专业的人员或组织进行经营，促进农村土地资源的有效利用，帮助实现土地的最大经济价值，可以使大量土地集中到一起，共同经营，降低经营成本。大型承包商不仅拥有资金和技术，而且具有良好的商业头脑，可以在一定程度上提高土地投入和产出的效率，在一定程度上维护社会的稳定，在承包商承包的田地里工作，农民能够得到专业化的培训，得到更多的经济利益，农民的收入也更有保障。

再次，土地流转可以促进农村经济市场化。在农村经济发展中，实现土地种植经济的最大化往往需要市场的选择和推动，在市场化经济发展的带动作用之下，土地的价格受到市场的影响往往会出现定价的充分引导，进一步提高土地利用和土地种植资源的合理配置。

最后，土地流转可以实现农村产业集约化发展。基于农村发展的时代要求，农村经济发展中农业生产的现代化往往会由以前的分散化逐步转向集体化。这样就会使农村经济发展中土地的利用效率进一步提高。土地流转可以优化农村劳动力结构，提高劳动效率，有利于加快农业现代化和农村城镇化。

（二）土地流转有利于增加农民收入

农村土地是农村发展的载体，农民收入主要来自农业。但是，我国目前大部分地区农民还存在靠天吃饭、收入被动的情况，而将被动转化为主动的一条出路就是进行土地流转。通过土地流转，部分善于耕种土地的农户会获得更多的土地经营权，进行农业集中化经营，便于机械化、集约化生产，通过将农业规模化经营，从而获取更多的收入。同时，那些不擅于从事农业种植的农户或者无力从事农业种植的农户，可以将土地经营权流转，通过出租或者入股的形式，将土地流转给有能力承包经营的人，可以得到租金或股金。

农村土地流转可以增加农民的收入渠道，使农民不再靠体力靠天吃饭，将土地转让给他人经营，农民可以有更多的时间选择外出务工。在当前农村经济发展模式之下的土地经营流转制度，能够确保农村经济在发展的同时农民通过土地流转方式获得额外的土地收入，对于提高农民收入的稳定性能够产生积极的作用，丰富农民的收入来源。

根据马克思经济学理论，价值是在流通中实现的。"三权分置"背景下的土地流转，不仅实现了土地的价值，而且激发了土地的活力。首先，过去的农业直至农户承包经营时，土地实际上是不被计入价值的，农产品价值实际上只是农民的劳动价值。农民并没有获取土地收益，这也是农民长期收入低的一个原因（得不到财产性收入）。现在土地流转，土地价值就凸显了。一是农户的土地承包权转化为股权并能获取货币化的股权收益，二是土地在流通中实现价值并增值。其次，相比农户直接将土地经营权流转给新的经营者，土地流转给村集体经由村集体发包，一方面可降低交易成本，尤其是能够克服分散的农户直接同新经营者谈判时的弱势，防止其利益受损；另一方面，土地在经过集体统一规划、整理后积累了土地资本，土地实现增值，也就可增加承包地的流转总体收入。总之，"三权分置"的农地制度改革，不仅为促进土地集中连片实现规模经营提供了制度前提和保障，而且为农户获取土地收益从而使农民更加富裕提供了依据。①

（三）土地流转有利于实现农村经济的发展

农村经济发展的要素一是土地，二是农民。土地是农村经济发展最基础要素。进行农村土地流转，不仅可以盘活农村土地资源，而且有利于节约农村劳动力，使广大农民从小规模的农地耕种中解放出来，最终实现农村经济的发展壮大。

伴随我国快速工业化、城镇化进程，农村人口大量转移、人地分离和就业分化明显加快，"谁来种地""怎么种地"和如何提高农地利用率，成为统筹城乡发展面临的新问题。新时期有序推进农户承包土地经营权流转，发展农业适度规模经营，既是优化农村土地配置、保障粮食安全的战略选择，也是推进新型城镇化、加快农业现代化的必由之路。未来农业发展的方向应是集约化、机械化、现代化，土地承包经营权流转，可以将有限的耕地资源集中起来，进行规模化运作，利用现在的科技化水平，极大地提高农业生产的效率，降低农民的劳动成本。

集中发展土地，才能让农业得到规模化发展，利用土地流转发展特色农业和规模化农业。按照统一的规划和建设，突出地方农业产业优势，扩大特色农业发展的规模。积极培育乡村特色，打造地方农业品牌。积极利用互联网发展农业，通过培养农业技术人才，引进先进的技术和设备，实现农村经济发展的持续性和主动性。

---

① 洪银兴、王荣：《农地"三权分置"背景下的土地流转研究》，载《管理世界》2019年第10期。

第二节　农村土地流转的现状和存在的主要问题

农村土地流转发展到目前阶段，已经呈现一定的优势，但是目前土地流转的现状还是有待改善。

一、农村土地流转的现状

（一）土地流转规模小

土地流转政策实行以来，农村虽有土地流转，但是流转规模小。农民从出生就与土地待在一起，土地对于农民来说，就是其赖以生存的物质保障，所以想要用尽一切办法来维护自己田地的完整性。农民对土地的依赖性，导致即使土地的生产效率低，农民也不愿意将土地转给他人经营。由于农村劳动力老龄化，管理粗放，收入多元化和村庄空心化，大部分留在农村的都是孩子或者老人，老人从小就是看着这片土地在变化的，已经有了深厚的感情基础，就算是将土地摆在面前，也不想将土地转给承包商，在一定程度上影响了土地规模化发展。同时，由于我国的土地流转市场还不够规范，农民担心土地流转后无法收回，或者流转收益不高，无心流转。目前各地土地流转发展不平衡，经济发展快的地方，土地流转规模大，经济发展慢的地方，土地流转规模小。

（二）土地流转方式随意

土地流转方式存在随意性。土地流转配套改革滞后，农村社会化服务体系不完善，土地承包经营权流转的中介服务组织匮乏，妨碍土地承包经营权流转。政策不具体，监管措施难有力，信息不对称，土地出让市场尚未完全建立土地流转数据库，相关信息尚未得到很好的传播。许多交通不便或经济相对落后的村庄都有非常突出的土地弃置现象，特别是在山坡上，基本上是未开垦。在农村地区收入低的情况下，没有人来受让土地。财政投入不足，水利设施长期处于失修状态，农业生产仍然取决于天气。土地流转多是口头约定，虽然有书面约定，但是约定也不规范，对土地的面积和四至约定模糊，且未经发包人批准，也未备案。有的土地承包经营权人在利益面前，毁约的现象也不断发生，导致土地流转存在不确定性。

（三）土地流转争议纠纷多

农户承包土地流转集中出现在20世纪90年代，一些农户外出务工经商或从事非农就业，没有能力同时兼顾土地的农业种植，也有一些农户由于家庭人口较多，耕地不足，于是出现自发的土地流转。近年来，中央出台了一系列惠农政策，使土地经营者获得了较大利益，在此之前流转的承包土地价值有所改变，当事人一方因利益驱动，认为以前签订的流转合同内容显失公平，随即毁约，酿成纠纷。另外，在以前的土地流转中缺乏土地流转的管理，导致土地流转缺乏登记、流转手续不规范、流转土地四至不清等，导致土地流转纠纷比较多，并呈上升趋势。

二、农村土地流转中存在的主要问题

随着国家对农村土地流转政策的出台，农村人口的外流，农村土地流转出现了快速的发展状态，农村土地流转数量激增，在这种状况下，农村土地流转的纠纷日渐增加。

（一）土地流转管理机制不健全

土地流转管理主体是集体经济组织还是其他机构，目前法律没有明确规定。由于土地流转管理主体不明确，管理权限未设定，土地流转常处于较为随意的状态，现实中土地流转有的经村委会同意，有的是在村委会备案，有的是私下村民之间自行交易。集体经济组织即经济合作社多年来仅行使发包权，对土地流转管理不足，对流转土地的备案不到位，对流转土地的数量、四至登记缺失。土地流转往往是农民之间进行，经济合作社并未予以管理，土地流转常处于无人管理的状态。另外，由于管理经验和管理方式的欠缺，一些地区农村基层组织常以发展集体经济、增加农民收入为由，擅自集中农户承包地对外招商引资，人为地推行不切实际的土地规模流转，土地受让方"毁约弃耕"和土地承包方"违约退耕"的情况一定程度上存在，影响承包土地经营权流转的实效性和持续性。

（二）土地流转缺乏具体实施细则

土地流转的法律法规规定比较分散，且均系原则性规定，缺乏具体的土地流转实施细则，未形成完整的土地流转操作流程，土地流转的可操作性规定欠缺。

土地承包经营权确权登记不规范。有的只登记户主，未登记户内成员，导致户主死亡后，土地应该由谁承包经营发生争议。确权是基础，土地承包权要明确到田块、到家庭、到人，要发证到户。土地承包经营权流转备案不规范。有的土地流转签订书面合同,有的仅是口头或者他人见证,极易发生纠纷。

建立土地承包经营权流转市场机制,设立专门土地流转的登记平台,建立土地流转的信息公示制度,保障土地流转有序进行。实践检验有些法律条款要完善,有些政策性法规要修改,有些显失公平的乡规民约要用法律去约束改正,地方法院和法庭要受理农民土地权益案件,坚决打击侵权行为。加强土地流转法律规范的细则制定,并对农民进行知识培训,要把土地流转政策、法律法规列入农村法制宣传的重点,采用多种生动、有效的形式,加强农村土地承包法、合同法等法律法规和农地流转政策的宣传,使广大农户知晓农地流转的相关规定。提高农民法律素质,提升农民维权能力。建立健全土地承包经营权流转登记制度,对流转主体、流转程序、流转合同进行严格规范,明确土地用途、面积、位置图,确保权属无争议。

(三)土地利益分配机制不完善

基层政府与村集体对于农民提供的有效服务不足,在推进土地流转的过程中,有的基层干部不愿得罪某些村民,遇到纠纷时置之不理;还有的干部为获取一些利益,依靠行政手段违背农民的意愿,强制进行土地流转。[①]农村土地纠纷从表面上看是对土地经营权的争议,是权属纠纷,但从深层次看,实质是因土地升值所导致的利益之争。之前,耕种土地要缴纳税费,农民大多不愿耕种土地愿意外出务工,甚至认为土地是一种负担,所以随意处置。随着土地增值,由此产生了争夺土地的纠纷。

由于农村土地流转纠纷类型多、成因复杂,所以处理农村土地纠纷必须坚持以事实为依据,以法律为准绳,从协调保护各方当事人的合法权益出发,按照"既尊重历史,又考虑现状"的原则妥善处理。对无效的案件,要审慎衡量双方利益,不可以让诚信的一方遭受更多的损失,只有这样才能维护农村社会和谐稳定。加强法律规定的宣传,让相关农户了解农地流转的权利义务、法律责任,使广大农户增强契约意识、证据意识、守法意识和诚信意识,做到依合同办事、依法律维权。

[①] 郝丽霞:《基于农村土地流转的政府职能构建》,载《农业经济》2013年第5期。

第三节　完善农村土地流转的对策

农村土地流转中存在的问题必须得到切实解决，农村土地流转才能健康发展，农村经济发展才能持续稳定。针对土地流转中存在的问题，应从以下三方面完善土地流转的机制。

一、建立良好的土地流转运行机制

良好的土地流转机制可以保证土地流转公平健康地运行。建立健全土地流转机制，可以从以下方面入手：首先，政府需要积极帮助当地农户，以正确、规范的姿态认识土地流转工作的价值。伴随我国农村区域经济的持续发展，土地并不仅仅作为耕地使用，而是能够发挥多元化的经济效益，政府要以正确、规范的姿态教育农户，不能仅以眼前的利益而直接进行土地流转，而是要以完善的眼光评定是否进行流转。其次，政府还要以积极主动的方式给农户提供法律援助与指导，帮助农户明确自身的权益，确保农户在更为安全的交易环境中进行相关工作，同时也能保护买家的利益，真正达到互惠共利的双赢局面。[①]

二、加强完善农村土地流转管理机制

土地工作的实践经验表明，土地流转服务体系在党和国家的一系列政策文件中得到突出强调，完善的土地流转服务体系可以为农民提供便利的服务以及保障农民的合法权益。经农业部调查，全国还有一半以上的地区没有创立土地流转平台，致使全国土地流转市场发展受阻。覃顺梅通过对广西众多乡镇的研究发现，要培育农村土地承包经营权市场，形成规范的流转管理机制，需要政府积极发挥宏观调控作用，弥补市场机制的局限性。[②]还可以从农地流转金融服务的角度出发，银行等金融信用机构应加大农民贷款支持力度，分担农民的农业风险，创新金融服务体系建设，健全农村金融保险机制，解决农民创业难就业难的问题，保障农民切身利益。因此，加快农村土地流转服务平台建设，建立土地流转政策咨询机制等工作迫在眉睫，同时，还要完善农地流转的价格评估机制，维护流转各方的

---

① 王海燕：《农村土地承包经营流转的对策》，载《农民致富之友》2019年第23期。
② 覃顺梅等：《广西农村土地流转现状调查与对策分析——基于南宁、桂林7个乡镇13个村庄的调查》，载《国土资源科技管理》2013年第5期。

利益,减少流转各方之间的利益纠纷,充分发挥市场机制,从而推进土地流转市场的有序、高效发展。①

三、健全农村土地流转的法律配套机制

"三权分置"之后,流转土地承包权主体与经营权主体分离,为保障"三权分置"后农村土地流转的有序进行,必须通过建立土地经营权流转市场,制定土地承包经营权流转相关政策和措施,来引导土地流转双方进行面对面交易,以合同约束来保障流转双方权益。在租金、使用年限、毁约方处罚条例等方面最大限度地回避土地流转中的不规范行为和各种纠纷。② 为了促进土地流转的健康运行,国家已经制定并修改了相关的法律,如《农村土地承包法》《土地管理法》等,并陆续出台了相关的政策引导土地流转的健康运行。但是,在土地流转的具体实施细则方面还不完善,需要各地政府部门结合本地实际情况,出台相应的政策意见,为当地土地流转的健康运行提供保障。

徒法不足以自行,除了要有与农村土地流转机制运行配套的法律制度外,更要加强对农村土地流转工作的指导,特别是对广大农村干部的培训,增强其法律意识,增强其在土地流转中的引导和服务作用。

---

① 杨宏力、李宏盼:《农村土地流转的内涵、效应、现实困境及破解路径》,载《聊城大学学报(社会科学版)》2019年第3期。
② 闫学华:《新型城镇化背景下变革农村土地流转的方式》,载《农民致富之友》2019年第18期。

第二章
农村土地流转的类型及其纠纷

第一节 农村土地流转的分类

农村土地流转根据流转的权利性质的不同、流转主体的不同以及流转强制性的不同，可有不同的分类。

一、土地所有权流转和土地使用权流转

土地所有权流转，是指土地所有权在不同权利主体之间的流转。根据流转对象的权利性质不同，分为土地所有权流转和土地使用权流转。在我国，土地所有权属于国家和集体。1988年4月12日，第七届全国人民代表大会第一次会议通过的《宪法修正案》中明确规定："任何组织或者个人不得侵占、买卖或者以其他形式非法转让土地。土地的使用权可以依照法律的规定转让。"因此，目前土地所有权的流转主要是通过国家行政手段征收或征用，农村集体所有土地转为国家所有土地。该种流转情形不属于民事法律关系的平等主体之间的法律关系，民事法律不予调整。

土地使用权流转，是指土地使用权在不同主体之间的流转。本书主要是指集体土地经营权的流转。土地经营权流转，是指拥有土地承包经营权的农户将土地经营权（使用权）转让给其他农户或经济组织，即保留承包权，转让使用权。

二、一级流转和二级流转

根据参加权利交易双方主体不同，可以将土地流转分为一级流转和二级流转。

一级流转，是指土地承包经营权的创设，此种交易是对土地承包经营权进行初始的设定，是其从无到有的过程。即承包方对土地承包经营权的原始取得。一

级流转是农户取得土地承包经营权，主要是通过与集体经济组织签订承包合同而取得。

二级流转，是指在土地承包经营权主体将土地经营权流转给其他主体之间进行的交易，这种交易是土地承包经营权在不同主体之间移转的过程。

土地二级流转应在市场进行，是土地承包户可将依法承包的土地在二级市场进行出租和入股等方式流转。土地二级流转应遵循市场交易规则，依法进行，在二级市场流转发生的纠纷系平等民事主体之间的纠纷，可以通过仲裁或民事诉讼的方式解决。我国土地流转要不断完善二级市场，要建立土地在二级市场的流转机制，促进农村土地承包经营权进入市场交易，发挥土地的价值，搞活农村经济。本书所涉及的农村土地承包经营权的流转是二级流转。

三、土地承包经营权的转让、互换及土地经营权的转包、入股、抵押、出租

土地流转方式主要是指土地使用权的流转方式，根据流转的合同内容不同，双方之间的权利义务关系不同，分为土地经营权的转让、转包、互换、入股、抵押、出租等方式。

（一）土地承包经营权转让

承包人将其土地承包经营权移转给第三人，由第三人代替其向发包人履行承包合同的行为，第三人与发包人之间建立新的承包合同。转让的合同内容虽无改变，但是变更了承包人，终结了原承包人与发包人的权利义务关系，确立了受让人与发包人的权利义务关系。土地承包经营权转让时，承包方与第三者应订立书面协议。土地承包经营权转让与土地转让不同。土地转让行为只能发生在土地私有制的社会里，我国在农业、手工业和资本主义工商业社会主义改造基本完成之后，土地变私有制为公有制，因而不允许土地转让。但是土地的使用权可以依法转让，受让人仅对土地享有使用权，而所有权仍属于国家或集体。

（二）土地承包经营权互换

土地承包经营权互换，是指承包方之间为方便耕作或者各自需要，对属于同一集体经济组织的承包地块进行交换，同时交换相应的土地承包经营权。互换的特征包括：首先，互换要在同一集体经济组织内部进行，与其他经济组织成员进行土地互换，是无效的；其次，以互换的方式流转，应到村委会备案，并可以办理土地承包经营权证的变更登记手续，但未办理备案或者变更登记的，并不影响互换的效力；最后，互换双方原有的承包关系消灭，新的承包关系产生。

(三) 土地经营权转包

我国农村实行家庭承包经营后，承包人把自己承包的土地的部分或全部，以一定的条件发包给第三者，由第二份合同的承包人向第一份合同的承包人履行，再由第一份合同的承包人向原发包人履行合同的行为。第一份合同是承包经营权合同，第二份合同是经营权转包合同。土地经营权转包并不改变承包经营权人与发包人之间的承包合同关系。

转包和转让的区别：

1. 承接对象不同。转包土地经营权时，受让对象既可以是本集体经济组织的成员，也可以是本集体经济组织以外的农户；而转让土地承包经营权时，受让方只能是本集体经济组织的成员。

2. 与发包方关系不同。转让土地承包经营权时，承包方与发包方的土地承包关系即行终止，转让方也不再享有土地承包经营权；而转包土地承包经营权时，转包方与原发包方的承包关系没有发生变化，转包方也不失去土地承包经营权。

3. 是否需要发包方同意不同。转让土地承包经营权时，须事先应经发包方书面同意；而转包土地承包经营权时，不须发包方同意。转让须经发包方同意，这是因为：一方面，农村土地承包经营权转让，使原有的承包关系部分或者全部终止，应确立受让方与发包方之间在部分或者全部承包地上的承包关系，受让方是否符合法律规定的主体资格，是否具有承包经营的能力，直接关系承包义务的履行，因此，作为发包方必须有权审查，否则，将侵害发包方的合法权益；另一方面，农村土地承包经营权转让，使原承包方失去全部或者部分农村承包地，也失去了在农村的生活保障，如原承包方没有稳定的非农职业或者没有稳定的收入来源，允许自由转让土地承包经营权，则会使原承包方生活困难，同时会引起农村社会的不稳定。因此，转让土地承包经营权，经发包方同意是必要的。[①]

(四) 土地经营权入股

土地经营权入股，是指土地承包经营权人将土地的经营权作为一项财产投资，共同组成一个公司或经济实体，土地承包经营权人可以享受公司经营所带来的分红。土地经营权入股应当坚持自愿原则，是否将土地经营权入股应当由承包方基于自己的意愿自主决定，任何组织和个人都无权干涉，不得阻止或者强迫承包方

---

① 路正：《农村土地流转与不动产登记法律指南》，中国政法大学出版社2015年版，第17页。

将其土地经营权入股。[①]

（五）土地经营权抵押

土地经营权抵押，是指农村土地承包经营权人可以以其土地向金融机构办理融资担保的行为。《农村土地承包法》修改后，土地经营权的抵押逐渐合法化。

（六）土地经营权出租

土地经营权出租，是指承包人将土地经营权出租给本集体经济组织以外的人进行生产经营，承租人支付租金，原承包合同仍由承包方履行的行为。土地经营权出租的特点：首先，土地经营权在此过程中没有流转，仍然是原土地承包经营权人享受，当然，原土地承包经营权人仍需向发包人承担承包合同约定的义务，承租人只享有土地的使用权和收益权；其次，承租人必须是本集体经济组织以外的单位或者个人，这是土地经营权出租与转包的唯一区别也是根本区别；最后，由于土地出租并不影响原有的土地承包关系，因此，无须经过发包人许可，只需要将出租合同向发包人备案。

第二节　农村土地流转纠纷

一、农村土地流转纠纷产生原因分析

随着农村土地流转的发展进程加快，农村土地流转纠纷案件数量逐渐增多，产生土地流转纠纷案件的原因主要有以下三方面。

（一）农村土地流转的管理主体权限不明确

农村集体土地的所有权人是农村集体经济组织，具体是农村经济合作社，农村经济合作社目前行使管理权力的组成人员，权力界限并未予以明确规定。《土地管理法》第11条规定："农民集体所有的土地依法属于村农民集体所有的，由村集体经济组织或者村民委员会经营、管理；已经分别属于村内两个以上农村集体

[①] 中国法制出版社编：《农村土地承包法新解读》，中国法制出版社2010年版，第71页。

经济组织的农民集体所有的,由村内各该农村集体经济组织或者村民小组经营、管理;已经属于乡(镇)农民集体所有的,由乡(镇)农村集体经济组织经营、管理。"《民法典》第262条规定:"对于集体所有的土地和森林、山岭、草原、荒地、滩涂等,依照下列规定行使所有权:(一)属于村农民集体所有的,由村集体经济组织或者村民委员会依法代表集体行使所有权;(二)分别属于村内两个以上农民集体所有的,由村内各该集体经济组织或者村民小组依法代表集体行使所有权;(三)属于乡镇农民集体所有的,由乡镇集体经济组织代表集体行使所有权。"由此可见,在法律上集体土地所有权为村或乡、镇范围内的农民共同共有,但是具体日常的管理主体是村委会还是经济合作社不明确,经济合作社和村委会之间的职权界定不清,导致管理中存在互相扯皮或互相推诿的情形,有的地方还是一套班子,在对集体经济组织的土地如何行使管理权限,所有权行使范围和集体经济组织成员使用权之间的划分,以及管理不力的追责等方面,目前法律均鲜有涉及。

(二)农村土地流转行为规范不到位

在流转过程中,流转对象范围较局限,多为流出方的亲属或朋友,且流转形式多为口头协议,没有正式的书面协议,从经济学角度出发,如果流转双方都是追求利益最大化的"理性经济人",流转双方违约的情况就会普遍发生,对于双方权利义务的界定以及违约责任并没有成文的规定,一旦出现违约无法追究违约者的责任。[①]还有些地方虽然成立了土地流转平台,但形同虚设,该平台没有系统性体系,对于农地流转价值没有科学合理的参考标准,导致农地低价流转的混乱性与无序性。[②]

农村土地作为一种不动产,对其土地权属进行变更时应遵循严格的登记公示制度。目前,由于农村土地的政策和法律规定较为模糊,农村土地在流转过程中缺乏相应的登记公示制度,引发大量纠纷案件。主要存在如下几种情形:一是土地承包经营权初始登记四至不规范。目前有的村庄土地没有登记,有的村庄土地登记的四至仅凭村民之间的私自约定或者历史记忆,并无四至明确划分,有的与他人土地发生互换,却未办理任何变更登记手续,导致土地流转中,因农民土地承包经营权登记的不规范,在利益驱动下,发生大量纠纷。二是土地承包经营权

[①] 段贞锋:《"三权分置"背景下农地流转面临的风险及其防范》,载《理论导刊》2017年第1期。

[②] 刘启营:《健全农村土地流转市场的困境与政府行为分析》,载《安徽农业科学》2009年第21期。

权利主体登记不清晰。一般目前我国主要是通过户主作为承包经营权证的登记主体，在户主缺失的情况下，未及时进行变更登记，对户内其他成员的权利也未作明确，导致承包土地陷入权属不清的状态。每个户内成员享有土地份额不明，极易引发土地纠纷。三是土地承包经营权的流转登记制度缺乏。土地作为农户最基本的生产资料，在流转规定上一定要严格，目前土地流转并无严格的程序规定，也无明确的登记公示制度。

土地流转程序包括土地流转应遵循的步骤、采取的方式，以及土地流转完成后的备案等。目前，我国对土地流转的程序尚未健全，规范的土地流转机制还没有建立，农村土地流转过程缺乏完备的手续、必要的土地中介组织，土地流转各方不能及时进行有效的信息沟通，加上农村农民的法律意识淡薄、行为不规范，从而阻碍农村土地流转。大多数农户之间的转包、互换、出租采用"口头约定"的方式，不遵循一定的程序和履行必要的手续，不知道利用土地流转合同来规范双方的权利义务。有的即使签订了书面流转合同，内容也是不完整的，还不同程度地存在概念不清、约定不明、权利义务不确定等问题，有的甚至不具有法律效力，如擅自改变土地农业用途。这些为日后土地纠纷与矛盾留下了许多隐患，一旦形成纠纷，还难以查证约定的内容，处理起来难度相当大。

（三）土地流转配套服务机制不健全

土地流转的价格评估机制尚未形成。目前我国农村尚没有土地的定级估价机构，而且由于长期以来土地被否认为商品，只对其进行实物管理，导致其本身的商品性、价值性并不明确。当前流转土地基本没有合理的土地价格体系，没有适应市场规律的价格参考，转包费、租赁金的确定也往往不是根据市场供求规律形成。大多只是人为估算，这种不科学的土地价格形成方式，侵犯了农民参与土地流转的利益，损害了农民在土地流转过程中的权益。从实际状况看，在我国的农村土地使用权流转过程中，由于市场机制的匮乏，引起农地流转价格混乱，最终导致农民权益难以得到正常维护的现象较为普遍。各省在土地承包方面出台的法律以及政策比较少，对于农村经营权流转的运作管理也没有统一的政策性意见。[1]

土地流转的备案登记机制不健全。土地流转后如何备案、备案的方式、备案的机构、备案的时间等无明确规定，相关制度与体系均不健全，缺乏有效的约束机制。土地流转的纠纷解决力度不够。现行法律规定土地争议可以申请仲裁裁决，

---

[1] 何沙、曾宇：《农地流转中农民权益保障研究》，载《宏观经济管理》2016年第2期。

但是，仲裁裁决后的效力并不高，一旦一方当事人向法院起诉，仲裁裁决就失去效力，而当事人起诉后，特别是对于土地使用权争议，如果法院不予受理，在此情况下仲裁裁决又无效，那么农户的救济就会缺失，保障农民权益的法律救济制度还不健全。

二、农村土地流转纠纷的具体类型

（一）根据农村土地流转纠纷发生原因区分

1. 发包方发包或调整承包土地所引起的纠纷。村民委员会擅自变更上届村民委员会签订的承包合同或对土地重新发包。有的在妇女出嫁、离婚或者丧偶后，单方终止合同，剥夺妇女的土地承包经营权；有的乡镇政府滥用职权，擅自发包土地或干预农民自主经营权，干预承包合同的订立和履行。

2. 因承包合同履行引起的纠纷。承包合同约定不明确，对流转土地位置及四至约定不清，流转期限约定不明确等；承包合同一方擅自变更合同，如流转期间内擅自改变土地使用用途；双方当事人未按合同约定全面履行合同义务。

3. 村民之间流转土地引发的纠纷。流转土地未签订合同，或者合同未经同意或者备案；土地向其他经济组织成员非法转让；土地流转费用未按期支付；土地流转多次引发的争议。

4. 因经济利益驱使而引起的纠纷。随着农村土地征收的规模和数量增加，越来越多的村民因征地补偿款分配引发纠纷，有的因未取得土地补偿款分配权而起诉；有的在土地流转后，受让方因经营获利引发转让方的不满而发生纠纷。

（二）根据发生纠纷所涉及的法律关系性质区分

1. 农村土地流转涉物权纠纷。农村土地流转涉物权纠纷，是因土地流转而引发的有关物权纠纷，受物权方面的法律调整，主要体现在农村土地承包经营权的确认纠纷、侵害集体经济组织成员权益纠纷、土地承包经营权的继承纠纷。

2. 农村土地流转涉合同纠纷。农村土地流转涉合同纠纷，是因土地承包经营权的移转及流动而引发的合同类型的纠纷，受合同方面的法律调整。主要包括农村土地承包经营权的转让纠纷、土地承包经营权的转包纠纷、土地承包经营权的出租纠纷、土地承包经营权的入股纠纷、土地承包经营权的互换纠纷等。

三、对农村土地流转纠纷处理的基本原则

经济生活日新月异，法律的滞后性决定了现有的法律法规不可能对所有的土

地流转活动进行规定。土地流转过程中发生纠纷，应遵从以下几方面的处理原则。

（一）流转自由，有限干预

合同自由是私法自治的核心，在私法领域，必须尊重并保护流转主体的自主意志。农村土地流转自由，包括缔结流转合同自由、选择相对人自由、决定流转合同内容自由、变更或解除合同自由、违约补救自由、争议解决自由等多个维度。但同时需要注意的是，任何自由都不是绝对的，农村土地流转的自由应以合法为边界，越过边界的流转行为，就会受到法律的干预，其效力将被法律所否认，如涉及《民法典》规定的民事法律行为无效情形的合同会被认定为无效合同，不能达到当事人订立合同的目的。

（二）促进交易，规范秩序

土地流转的目的是优化土地资源有效配置，搞活农村经济。在审理土地流转纠纷案件时，要以服务市场经济为目的，促进交易，同时，要规范引领交易秩序。土地流转应遵循《农村土地承包法》《民法典》等法律的规定，不得违反法律法规，不得损害土地承包经营权人的合法利益。

（三）诚实信用，公平有偿

诚信原则作为合同法领域的一项基本原则，甚至被认为是合同法的帝王原则。诚信原则，是指当事人在市场经济活动中应讲究信用、恪守诺言、诚实无欺、不损人利己。诚信原则应贯穿于土地流转的整个过程，指导当事人不得为了一己私利，损害他人利益，否则，应依法承担相应的法律责任。公平原则是市场经济等价有偿原则在土地流转中的体现和必然要求。土地流转合同的签订、解除、责任承担要体现公平原则，不得因合同无效，牺牲一方利益，而使另一方获得利益。

第三章
侵害集体经济组织成员权益纠纷

第一节 概述

农村集体经济组织是农村分配土地、组织生产的重要单位。简单地说,组成农村集体经济组织的个人就是农村集体经济组织的成员。集体经济组织成员,是指在该集体经济组织生产,或生活在该组织,与该集体经济组织发生权利、义务的人。"集体经济组织成员"一词,首次在《农村土地承包法》第5条中出现,农村集体经济组织成员有权依法承包由本集体经济组织发包的农村土地。任何组织和个人不得剥夺和非法限制农村集体经济组织成员承包土地的权利。这一条规定以法律的形式明确了集体经济组织成员最基本的权利是承包经营土地的权利。

侵害集体经济组织成员权益纠纷案件,近几年出现增长势头,成了现实中集体经济组织成员权益维护面临的主要难题。本章首先从集体经济组织成员的资格界定入手,集体经济组织成员资格的确认为集体经济组织成员权益享有的前提和基础,然后就现实中常见的集体经济组织成员权益纠纷方面的问题进行分析并作出解答。

一、集体经济组织成员权益的概念

侵害集体经济组织成员权益,第一次出现是在《物权法》第63条"集体经济组织、村民委员会或者其负责人作出的决定侵害集体成员合法权益的,受侵害的集体成员可以请求人民法院予以撤销"①的规定中。集体经济组织成员享有集体经济组织各项权益,包括征地补偿款分配权益、土地流转权益、宅基地使用权益。

农村集体经济组织成员享有集体经济组织内部的权利,并承担集体经济组织

---

① 现对应《民法典》第265条。

内部的义务。农村集体经济组织成员享有权益受法律保护，集体经济组织对其成员权益应进行合法分配。集体经济组织成员权平等，并不等同于所有集体经济组织成员权益平均分配，即所有集体经济组织成员可以享有完全相同的分配权益。一般集体经济组织成员内部根据不同成员的年龄、贡献等，也会有一定的差别待遇，同样是集体经济组织成员，由于其对村集体贡献的大小不同，其享有的权利义务也不一样，村集体经济组织分配时可以允许存在一定差异性。

二、集体经济组织成员资格认定的标准

农村集体经济组织成员资格认定，是确定集体经济组织权益享有的基础，特别是关系集体经济组织成员在财产分配方面的权益，关系集体经济组织成员的基本生存问题，对集体经济组织成员资格的认定应慎重。农村集体经济组织成员资格，具有很强的身份性质，它可以依法律事件（如出生）而取得，也可以依法律行为（如因婚姻迁入）而取得。因此，集体经济组织成员资格如何认定，是处理集体经济组织成员分配权益纠纷中的关键。

关于如何确定农村集体经济组织成员资格，法律并无明确规定。由于集体经济组织成员资格取得的差异性及经济组织成员资格重要性，决定了对集体经济组织成员资格认定条件的复合型，并不应单一地固定为某一标准，而是需综合考虑成员与集体经济组织之间的关联程度进行认定，依据村民在农村集体的自然状况、生活基础和履行村集体义务、是否以农村集体经济组织土地为基本生活保障等情形来综合认定。目前，司法实践中主要依据以下几个方面判断村民是否享有集体经济组织成员资格：

第一，是否具有集体经济组织的户籍。户籍具有历史延续性，且相对统一，在当前经济发展，人口流动频繁的情况下，认定成员资格，户籍仍应当作为基本参考条件之一。一般来说成员的户籍属于农村集体经济组织。

第二，有无在集体经济组织所在地长期固定地生产、生活，并与集体经济组织形成事实上的权利义务关系，即以成员与该集体经济组织的关联度，以及对该集体经济组织贡献大小作为评定的依据。

第三，是否对农村集体经济组织的土地享有承包经营权。土地是农村集体经济组织成员最基本的生产和生活资料，具有基本生存保障的功能。对农村土地享有承包经营权，是认定集体经济组织成员资格的一个重要条件。

第四，是否以土地作为基本生活保障。现实中，一部分农民弃农从商，日常

的、现时的生活来源并不以现有土地为基本保障，但考虑其目前尚未纳入城市居民社会保障体系，仍应将其纳入集体经济组织成员之列，但如果其长期居住生活在城市，并被纳入城镇居民社会保障体系，脱离土地作业多年，应视为已经放弃了集体经济组织成员资格。

作为确定集体经济组织成员资格的条件，这几个条件并非并列关系，也不是择一关系，而是应该根据具体案件综合认定。

三、实践中常见的几类成员资格认定

问题 *1*：外嫁妇女是否享有集体经济组织成员资格？

【解答】

妇女结婚在本经济组织，不涉及户口的迁移问题，对其成员资格自然无争论。但出嫁到其他农村集体经济组织或者是出嫁到城镇的，其成员资格认定分以下两种情况：

第一，出嫁到其他农村集体经济组织的妇女的成员资格认定。妇女因婚姻而居住在夫家，但其户籍未迁出，在其原集体经济组织仍然享有农村土地承包经营权，则其为原经济组织的成员。如户籍已迁到夫家，居住生活在夫家，在夫家没有分得承包土地，在原集体经济组织保留有承包土地的，则应在其原组织享有分配权益，但对其分配时可以有差异性。如果户口虽未迁入夫家所在地集体经济组织，但其已享受该集体经济组织相关成员待遇，以该集体经济组织相关生产资料为生产、生活基础的，则应视其为夫家所在地集体经济组织成员，并享有夫家所在地的集体经济组织征地补偿费分配权。

第二，出嫁到城镇的妇女的集体经济组织成员资格认定。农村妇女出嫁到城镇，户口未迁出，承包地亦保留，但在城镇夫家居住生活的，应当认定为原组织成员，享有征地补偿费的分配权。户口已迁出，已取得城镇（不设区的市）户口，在城镇居住生活，但保留原承包土地的，不再有成员资格，不能享有征地补偿费分配权，但因保留承包土地，应当享有承包土地被征用后的安置补助费分配权。

【法律规定速查】

《中华人民共和国妇女权益保障法》（2022 年 10 月 30 日修订）

第五十五条　妇女在农村集体经济组织成员身份确认、土地承包经营、集体经济组织收益

分配、土地征收补偿安置或者征用补偿以及宅基地使用等方面,享有与男子平等的权利。

申请农村土地承包经营权、宅基地使用权等不动产登记,应当在不动产登记簿和权属证书上将享有权利的妇女等家庭成员全部列明。征收补偿安置或者征用补偿协议应当将享有相关权益的妇女列入,并记载权益内容。

第五十六条 村民自治章程、村规民约、村民会议、村民代表会议的决定以及其他涉及村民利益事项的决定,不得以妇女未婚、结婚、离婚、丧偶、户无男性等为由,侵害妇女在农村集体经济组织中的各项权益。

因结婚男方到女方住所落户的,男方和子女享有与所在地农村集体经济组织成员平等的权益。

《中华人民共和国农村土地承包法》(2018年12月29日修正)

第六条 农村土地承包,妇女与男子享有平等的权利。承包中应当保护妇女的合法权益,任何组织和个人不得剥夺、侵害妇女应当享有的土地承包经营权。

第三十一条 承包期内,妇女结婚,在新居住地未取得承包地的,发包方不得收回其原承包地;妇女离婚或者丧偶,仍在原居住地生活或者不在原居住地生活但在新居住地未取得承包地的,发包方不得收回其原承包地。

《中华人民共和国民法典》(2020年5月28日)

第一千零八十七条 离婚时,夫妻的共同财产由双方协议处理;协议不成的,由人民法院根据财产的具体情况,按照照顾子女、女方和无过错方权益的原则判决。

对夫或者妻在家庭土地承包经营中享有的权益等,应当依法予以保护。

问题 *2*:新生子女集体经济组织成员资格如何确认?

【解答】

其父母均具有该集体经济成员资格或父母一方为该组织成员,出生后其户籍登记在该组织的,虽然因"增人不增地,减人不减地"原则而没有取得承包土地经营权,但是,征地补偿款的分配是集体经济组织成员的法定权利,不是约定权利,且是集体经济组织成员生存之基本权利,可以因出生这一事件而依法律规定自然取得征地补偿费分配权,且无论是计划内生育还是计划外生育,违反计划生育成员所生子女,依法有生存权利,都应享有征地补偿费的分配权,不得以任何借口加以剥夺。作为子女其有权利选择跟随父或母一方落户,如果其一出生就选择落户母亲所在的集体经济组织,应视为其是该集体经济组织成员;如果子女为了上学便利而再次选择落户，一般可不作等同对待。

【法律规定速查】

《中华人民共和国土地管理法》（2019年8月26日修正）

第九条　城市市区的土地属于国家所有。

农村和城市郊区的土地，除由法律规定属于国家所有的以外，属于农民集体所有；宅基地和自留地、自留山，属于农民集体所有。

《中华人民共和国农村土地承包法》（2018年12月29日修正）

第五条　农村集体经济组织成员有权依法承包由本集体经济组织发包的农村土地。任何组织和个人不得剥夺和非法限制农村集体经济组织成员承包土地的权利。

第十六条　家庭承包的承包方是本集体经济组织的农户。农户内家庭成员依法平等享有承包土地的各项权益。

《中华人民共和国民法典》（2020年5月28日）

第十三条　自然人从出生时起到死亡时止，具有民事权利能力，依法享有民事权利，承担民事义务。

第十四条　自然人的民事权利能力一律平等。

问题 3：丧偶和离婚妇女的集体经济组织成员资格如何认定？

【解答】

丧偶和离婚的妇女，回娘家居住生活，户籍和承包地仍在夫家的，具有夫家所在地的集体经济组织成员资格，享有征地补偿款分配权；若户籍已迁回娘家，居住生活在娘家，仅承包地因"减人不减地"原则而留在夫家的，不再对夫家所在集体经济组织的征地补偿款享有分配权，但是，该承包土地毕竟为其生存所依附，因此，应当对该承包土地被征用后的安置补助费享有分配权。

【法律规定速查】

《中华人民共和国农村土地承包法》（2018年12月29日修正）

第三十一条　承包期内，妇女结婚，在新居住地未取得承包地的，发包方不得收回其原承包地；妇女离婚或者丧偶，仍在原居住地生活或者不在原居住地生活但在新居住地未取得承包地的，发包方不得收回其原承包地。

《中华人民共和国民法典》(2020年5月28日)

第一千零八十七条　离婚时，夫妻的共同财产由双方协议处理；协议不成的，由人民法院根据财产的具体情况，按照照顾子女、女方和无过错方权益的原则判决。

对夫或者妻在家庭土地承包经营中享有的权益等，应当依法予以保护。

问题 4：服刑人员是否丧失集体经济组织成员资格？

【解答】

村民因刑事犯罪被判处较长刑期入狱服刑，丧失了人身自由权利乃至政治权利，但不因此而丧失民事主体资格即民事权利能力。征地补偿款的分配权是一种私权利，即民事权利，农村集体经济组织成员资格是一种民事主体资格，所以，依照民法理论，服刑人员在服刑期间不应失去对土地所享有的权利，承包土地经营权和征地补偿费分配权仍应依法享有，不得剥夺。

【法律规定速查】

《中华人民共和国农村土地承包法》(2018年12月29日修正)

第五条　农村集体经济组织成员有权依法承包由本集体经济组织发包的农村土地。

任何组织和个人不得剥夺和非法限制农村集体经济组织成员承包土地的权利。

第二十七条第一款　承包期内，发包方不得收回承包地。

问题 5：大中专在校生和服兵役人员有无集体经济组织成员资格？

【解答】

在校就读的农村大中专学生，没有独立的经济来源，其学业的完成，主要靠土地收益，无论户籍是否迁出，均应为原经济组织成员，享有征用土地补偿费分配权。服兵役是为了履行维护国家安全义务，政策应当给予优待，无论其户籍是否已迁出，在法定的承包期间，都应享有征地补偿费分配权。

【案例】

因上大学将户口迁出,不能作为其丧失集体经济组织成员资格的条件
——龙某与大足区宝顶镇某村第二村民组侵害集体经济组织成员权益纠纷案[①]

案情: 原告父母系被告某村二组(原四组)土生土长的农村居民,原告于1991年10月20日出生后就将户口登记在了被告处,随父母一起在被告处居住生活,并在1998年第二轮土地承包时承包经营了被告集体经济组织的土地。2010年9月,原告考上了重庆工商职业学院,按照政策规定于2010年11月4日将户口从某村二组迁入学校所在地的重庆市九龙坡区华龙大道1号10-4,户口性质从农村居民家庭户口变更为城镇居民户口。原告大学毕业后于2013年6月27日又将户口从重庆市九龙坡区华龙大道1号10-4回迁至某村二组,户口性质仍然登记为城镇居民。2015年11月6日,某村二组(含原四组、五组)申请对其所有的110.54亩经营性建设用地入市交易,土地用途为商服,出让年限为40年,宗地编号为ZJ20-1501号。2015年11月23日,经过公开拍卖交易,重庆大足石刻旅游集团有限公司以3950万元竞得该宗地的集体经营性建设用地使用权,扣除其他相关费用后,某村二组共收益1950.9006万元,其中原某村四组获得944.2119万元,某村五组获得1006.6887万元。被告某村二组(原四组)通过村民会议制定了分配方案,决定将本次集体土地流转试点项目获得的集体收益按35 000元/人进行分配,该方案认为原告不属被告正常人口,只能享有40%的分配比例。(1)2012年10月21日,某村二组(甲方)与本组的非农业人口、结婚未转户人员(乙方)签订了协议书,内容为"经甲乙双方达成一致意见,由本社集体资金一次性解决乙方以前的遗留问题,其每人补偿500元,从此以后集体的所有收入不再享有,其国家的政策补偿由本人自行争取,自行享有",原告龙某未在该协议上签字;(2)庭审中,被告称原告大学毕业后在铁路部门上班,有正式工作,但未提供相应的证据证明。

龙某向法院提出诉讼请求:请求法院确认原告与被告其他经济组织成员享有同等的集体经济收益分配权,由被告支付原告集体土地入市试点项目集体收益款35 000元。一审法院判决,由被告大足区宝顶镇某村第二村民组支付原告龙某农村集体经营性建设用地流转入市收益款35 000元。

[①] 参见重庆市大足区人民法院(2016)渝0111民初7516号民事判决书。

分析：按照法律规定，村民会议有权决定土地流转收益的使用、分配方案，但不得侵犯本集体经济组织成员相应的合法权益。本案中，原告龙某系被告某村二组土生土长的农村居民，自出生之日起具有被告集体经济组织成员资格。虽然原告因考上大学于 2010 年 11 月 4 日将户口从某村二组迁入学校所在地的重庆市九龙坡区华龙大道 1 号 10-4，户口性质从农村居民家庭户口变更为城镇居民户口，但原告在将农村户口变为城镇户口时并未享有相应的安置补偿，且原告于 2013 年 6 月 27 日将户口从重庆市九龙坡区华龙大道 1 号 10-4 回迁至某村二组，继续承包被告集体经济组织土地，并将其收益作为生活来源。关于被告在庭审中辩称原告毕业后在铁路部门工作，有固定的收入，原告原有的集体经济组织成员资格已经丧失的问题，由于被告并未提供证据证明原告在转为非农业户口后已纳入国家公务员序列或者事业单位编制，故原告并未丧失被告集体经济组织成员资格；2012 年某村二组（甲方）已与本组的非农业人口、结婚未转户人员（乙方）签订了协议书，确定由甲方补偿乙方每人 500 元，从此以后集体的所有收入不再享有的问题，由于原告龙某并未在该协议书上签字，且被告以签订协议书的形式剥夺原告集体经济组织成员的资格，严重侵犯了原告的生存权，违反了国家法律法规及政策上的规定，该协议书对原告不具有约束力。被告将集体土地流转入市后所获得的收益确定凡属本集体经济组织成员按 35 000 元 / 人进行分配，却以原告不具有被告集体经济组织成员资格，不属被告正常人口为由，确定原告只能享有 40% 的分配比例，明显侵犯了原告作为被告集体经济组织成员的合法权益，对原告要求分配土地流转收益 35 000 元的诉讼请求，予以支持。

【法律规定速查】

《中华人民共和国农村土地承包法》（2018 年 12 月 29 日修正）

第二十七条 承包期内，发包方不得收回承包地。

国家保护进城农户的土地承包经营权。不得以退出土地承包经营权作为农户进城落户的条件。

承包期内，承包农户进城落户的，引导支持其按照自愿有偿原则依法在本集体经济组织内转让土地承包经营权或者将承包地交回发包方，也可以鼓励其流转土地经营权。

承包期内，承包方交回承包地或者发包方依法收回承包地时，承包方对其在承包地上投入而提高土地生产能力的，有权获得相应的补偿。

问题 6："空挂户"可以取得集体经济组织成员资格吗?

【解答】

"空挂户",是指为了上学或进城经商的方便,将户口登记在亲戚的户籍簿上的情形,其入户的目的不是加入该集体经济组织,既未对该集体经济组织作出贡献,也未取得该集体经济组织土地的承包经营权,不能视为该农村集体经济组织成员。

第二节 侵害集体经济组织成员权益纠纷的问题及有关案例

集体经济组织成员依法对集体所有的动产和不动产享有占有、使用、收益以及对集体财产进行管理决策的权利。侵害集体经济组织成员权益纠纷,主要是就集体经济组织成员对集体资产有无分配权益发生的纠纷。实践中此类纠纷涉及的问题比较多,且关系集体经济组织成员的基本权利,是享有其他权益的前提,因此,在实践中处理要慎重。

一、侵害集体经济组织成员权益纠纷成因分析

随着农村经济发展的不断加快和城市化建设进程的加速,城市周边农村面临大量的整体拆迁,农村集体土地被征收或征用。在此种背景下,集体土地一旦被征收或征用,就面临着征地补偿款的分配问题。目前最主要的争议就是集体经济组织在征地补偿款分配方面发生的争议,征地补偿款分配引发了大量集体经济组织成员因分配权益受侵害而提起诉讼或申诉信访。经对侵害集体经济组织成员权益纠纷案件进行分析,笔者认为主要存在以下几方面原因:

一是标准确定不统一。由于各个集体经济组织成员的组成情况不一,且目前国家政策或法律也无明确的认定标准,集体经济组织在认定成员资格身份时存在认识偏差,在集体经济组织成员的分配权益标准方面存在差异。

二是思想观念守旧。集体经济组织成员及负责人,长期生活在农村,其思想观念受传统观念影响较深,存在一定程度上的"重男轻女"、歧视外来人员等思想,导致在认定成员资格方面不能一视同仁,亲疏有别,从而引发纠纷。

三是个别村干部滥用权力。有的村干部利用职权,谋取私利。由于农村家族势力、帮派势力的存在,农村利益纠葛复杂,存在人为制造不公平分配的现象。

二、存在问题及有关案例分析

问题 1:村民权益受到侵犯,如何保护自己的合法权益?

【解答】

集体经济组织成员权益侵权纠纷案件的原告应是集体经济组织的成员。集体经济组织成员分配权益侵权案由有两种,一种是侵害集体经济组织成员权益纠纷,另一种是承包地征收补偿费用分配纠纷。集体经济组织成员是否系因其户内承包土地被征收而主张的分配权益是区分两种案由的依据。未发包的土地被征收后集体经济组织成员对补偿费用分配不服或者承包人之外的其他集体组织成员对补偿费用分配不服的,适用侵害集体经济组织成员权益纠纷。集体经济组织成员承包经营的土地被国家依法定程序征收后,因依法给予的补偿费用分配发生的纠纷是承包地征收补偿费用分配纠纷。

【案例1】

村民具有村股份经济合作社股权证,应认定其享有分配权益资格
——刘某等四人诉某村村民委员会、村承包小组侵害集体经济组织成员权益纠纷案①

案情:刘某与宋某系夫妻关系,刘某1、刘某2系其子女,四人均落户于某村。2017年,该村承包小组的部分土地被国家征用,每人可分得土地征用款7852.3元,刘某等四人共计可分得31 409.2元。但村承包小组只同意按60%的经济利益分配,刘某等四人无法接受。刘某等四人认为,刘某等作为该村集体经济组织的成员,依法应享有与本承包小组成员同等的参与分配土地征用补偿费的权

---

① 参见四川省乐山市中级人民法院(2018)川11民终1524号民事判决书。

利,承包小组不向刘某等四人发放与本组成员同等数额的土地征用补偿费,不符合法律规定,侵犯了其合法权益;某村村民委员会对村承包小组的土地补偿费分配方案未能履行管理与监督职责,应承担连带责任。刘某等四人遂起诉至法院,要求村承包小组支付土地征用款31 409.2元,某村村民委员会对上述款项承担连带责任。

一审法院判决对刘某等四人的分配主张,予以支持。某村村民委员会对村承包小组土地征收补偿的分配未能履行其管理与监督职责,应对上述债务承担连带责任。

承包小组不服上诉称,刘某的父辈长期从事船上运输,没有固定住所,把户口挂靠在承包小组,后再把刘某安插在承包小组。刘某等四人在承包小组没有宅基地,平时与组内其他成员互不往来,不参加组内组织的义务劳动,故一审判决是不公平的。请求撤销一审判决,查清事实后依法改判或发回重审。刘某等四人辩称,刘某的父亲是1962年响应国家号召,下放到村里的,不是挂靠的。刘某是集体经济组织成员,也履行了应该履行的义务。

二审法院经审查认为,刘某等四人具有村股份经济合作社股权证,鉴于只有具有农村集体经济组织成员资格才能成为村股份经济合作社的股东,因此,可以认定刘某等四人具有集体经济组织成员资格。承包小组上诉主张刘某等四人不具有集体经济组织成员资格,与事实不符,不予采信。农村集体土地是对集体经济组织全体成员的基本生活保障,只要土地属于农村集体经济组织所有,就始终存在保障作为自然共同体的集体经济组织的全体成员基本生活的功能。作为一种集体所有的自然资源,集体土地的形成与集体经济组织成员的个人劳动或者贡献没有关系。承包小组上诉以权利义务一致为由主张对刘某等人差别对待,不予支持。综上所述,判决驳回上诉,维持原判。

分析： 土地补偿费实质上是对集体土地所有权的补偿。土地补偿费的性质决定了土地补偿费只能在本集体经济组织成员内部进行分配。2005年《最高人民法院关于审理涉及农村土地承包纠纷案件适用法律问题的解释》(以下简称《农村土地承包司法解释》)第24条关于"农村集体经济组织或者村民委员会、村民小组,可以依照法律规定的民主议定程序,决定在本集体经济组织内部分配已经收到的土地补偿费。征地补偿安置方案确定时已经具有本集体经济组织成员资格的人,请求支付相应份额的,应予支持"[1]的规定进一步明确主张土地补偿费的原告为征地补偿安置方案确定时已经具有本集体经济组织成员资格的人,不具有集体经济

---

[1] 现对应2020年修正的《农村土地承包司法解释》第22条。

组织成员资格的人，不能参与土地补偿费的分配。因此，刘某等四人是否能获得土地补偿费取决于其四人是否具有小组集体经济组织的成员资格。具有村股份经济合作社股权证（以下简称股权证）属于农村集体经济组织对原告具有成员资格无异议的情形。由于只有具有成员资格的村民才能成为合作社的股民，拥有股权证的人必然具有成员资格，因此，原告具有股权证，即意味着农村集体经济组织对原告具有成员资格的认可。农村集体经济组织在向村民颁发股权证后，在诉讼中又不认可其具有集体经济组织成员资格，有违诚信原则，不属于双方对原告是否具有成员资格有争议的情形。因此，本案通过股权证的认定来确认刘某等四人具有成员资格。

【风险提示】

股份经济合作社是集体经济组织成员组成的经济组织，其社员和集体经济组织成员应是一致的，既然已经具备了股份经济合作社社员的身份，也应该认可其具有集体经济组织成员身份。作为集体经济组织成员，应享有分配集体经济组织成员权益的资格，集体经济组织不得剥夺。

【案例2】

侵害集体经济组织成员合法权益的收益分配方案应当依法撤销
——蒋某某与某社区第一居民组侵害集体经济组织成员权益纠纷案[①]

案情： 某地是实施农村集体经营性建设用地入市改革试点地区。当地某社区第一居民组所有的一块农村集体经营性建设用地被纳入入市试点范围。该地块最终采取出让方式入市交易，土地用途为工业用地，出让年限为40年，入市价格为12.07万元／亩（其中，土地流转补偿费、青苗及地上附着物补偿费6.6万元／亩，土地开发成本费、集体收益部分5.47万元／亩），确认航拍测绘面积136.82亩，获得入市收益1651.42万元。

2020年8月，某社区第一居民组对入市收益中的青苗及地上附着物补偿费、土地流转补偿费制定分配方案如下：可纳入分配的费用为青苗及地上附着物补偿费、土地流转补偿费（6.6万元／亩），以户为单位，按照每户现场实际测量的承包地面积进行计算；全体承包农户现场测量的承包地面积共计198.97亩，需分配

[①] 参见最高人民法院2024年1月23日发布的涉农民事典型案例。

的资金为 1313.2 万元。

原告蒋某某及其父母均系某社区第一居民组集体经济组织成员，但在某社区第一居民组均没有承包地。原告蒋某某认为某社区第一居民组制定的收益分配方案严重侵害其合法权益，遂提起诉讼，请求法院判决撤销某社区第一居民组于 2020 年 8 月作出的收益分配方案。

审理法院认为，《物权法》第 63 条第 2 款规定，集体经济组织、村民委员会或者其负责人作出的决定侵害集体成员合法权益的，受侵害的集体成员可以请求人民法院予以撤销。[①] 本案中，某社区第一居民组制定的分配方案，以全体承包农户现场测量土地面积 198.97 亩为基数，按照 6.6 万元/亩的入市交易价格标准向承包农户分配青苗及地上附着物补偿费、土地流转补偿费，合计需要费用 1313.2 万元，而此次入市按照航拍面积 136.82 亩，实际获得的青苗及地上附着物补偿费、土地流转补偿费为 903.01 万元（6.6 万元/亩×136.82 亩）。依照某社区第一居民组制定的分配方案分配青苗及地上附着物补偿费、土地流转补偿费，大量占用了属于全体集体经济组织成员共同所有的土地开发成本费、集体收益部分等入市收益，必然导致包括蒋某某在内的少数没有承包地或者承包地面积较小的集体经济组织成员在另行分配集体收益时可分得的收益减少，直接损害了包括蒋某某在内的少数没有承包地或者承包地面积较小的集体经济组织成员的合法权益，故该分配方案不应作为收益分配的依据。法院依法判决撤销了某社区第一居民组作出的收益分配方案。

典型意义：农村集体经营性建设用地入市改革试点是党中央、国务院作出的深化农村土地制度改革的重大决策，而入市收益分配作为农村集体经营性建设用地入市改革试点工作的关键末梢，直接关乎农民能否公正、公平享有农村土地制度改革红利。农村集体经济组织虽然享有自行分配集体收益的权利，但所形成的分配集体收益的决议必须符合法律和国家政策规定，不得侵害集体经济组织成员的合法权益。本案中，人民法院依法对虽经民主议定程序作出但侵害集体经济组织成员合法权益的收益分配方案予以撤销，及时有效维护了少数无承包地以及承包地较少的集体经济组织成员的合法权益。该案裁判对于规范农村集体经济组织依法行使自治权分配集体收益具有重要指导意义，也有利于农村集体经营性建设用地入市改革试点工作的顺利推进，充分体现了人民法院为深化农村土地制度改

---

① 现对应《民法典》第 265 条第 2 款。

革提供司法服务和保障的职能作用。

【法律规定速查】

《中华人民共和国农村土地承包法》（2018年12月29日修正）

第十七条　承包方享有下列权利：

（一）依法享有承包地使用、收益的权利，有权自主组织生产经营和处置产品；

（二）依法互换、转让土地承包经营权；

（三）依法流转土地经营权；

（四）承包地被依法征收、征用、占用的，有权依法获得相应的补偿；

（五）法律、行政法规规定的其他权利。

《最高人民法院关于审理涉及农村土地承包纠纷案件适用法律问题的解释》（2020年12月29日修正）

第二十二条　农村集体经济组织或者村民委员会、村民小组，可以依照法律规定的民主议定程序，决定在本集体经济组织内部分配已经收到的土地补偿费。征地补偿安置方案确定时已经具有本集体经济组织成员资格的人，请求支付相应份额的，应予支持。但已报全国人大常委会、国务院备案的地方性法规、自治条例和单行条例、地方政府规章对土地补偿费在农村集体经济组织内部的分配办法另有规定的除外。

问题 2：村民有承包地未耕种可以分配承包地征收补偿费用吗？

【解答】

土地补偿费归农村集体经济组织所有；地上附着物及青苗补偿费归地上附着物及青苗的所有者所有。集体经济组织作为土地补偿费的所有者，其有权对土地补偿费进行分配。集体经济组织分配是在集体经济组织成员之间进行。虽户口在农村，生活在农村，但未从事农业生产，未耕种承包地，也不以农村承包地为主要生活依赖的人，其实质已非集体经济组织成员，主张分配承包地征收补偿费用的，一般不予支持。

【案例】

未从事农业生产并不以农村土地为主要生活依赖的人员，不得分配承包地征收补偿费用

——赵某诉峨眉山市胜利镇某村 7 组承包地征收补偿费用分配纠纷案[①]

案情： 原告赵某自出生取得四川省峨眉山市某村 7 组农村承包责任地一份。1995 年，为上学获得小镇户口并迁出该组，取得四川省峨眉山市绥山镇户口，直至纠纷发生，峨眉山市绥山镇未迁入设区的市。2011 年 7 月，赵某创办了峨眉山市一家家具店，注册资金 10 万元。赵某创业失败后，入职四川某有限公司，并于 2017 年 5 月 28 日签订了无固定期限劳动合同，并办理了养老保险。赵某在某有限公司供职期间，虽住所地在某村 7 组，但未从事农业生产，其责任田主要由其亲戚耕种。2017 年 6 月，某村 7 组土地被征收，赵某要求获得承包地征收补偿费用被某村 7 组拒绝，由此发生纠纷。一审法院判决驳回其诉讼请求。

分析： 农村承包地是农民生产生活的主要资源，是农民赖以生存的根本，承包地征收补偿费用作为对失地农民的弥补，只能由依赖于农村土地生活的农民予以分配。本案中，赵某出生时作为某村 7 组组员获得承包地，但为了获得更优的教育资源将户口迁至绥山镇，其创业失败后并未从事农业生产，也获得了其他替代性生活保障，纳入社会保障体系，对农村建设没有贡献，也断离了对农村土地的生活依赖，不能获得承包地征收补偿费用。

【风险提示】

集体经济组织成员判断标准主要为是否实际承包经营土地，且是否以农业收入为主要生活来源。虽然出生时是集体经济组织成员，但在其成年之后进入城镇生活，并且不再以农业作为生活的主要来源，其身份已经发生转变，其已经不具有成员权，不应再享有集体经济组织的分配权益。集体经济组织成员资格的认定涉及承包地征收补偿费用的分配权益，不能仅以其土地承包经营权作为判断标准，因土地承包经营权期限较长，且土地承包经营权是以户为单位承包，涉及个人应分析其具体情况，在此期间脱离对土地的基本依赖，不应再享有分配资格。

[①] 参见四川省乐山市中级人民法院（2018）川 11 民终 1524 号民事判决书。

【法律规定速查】

《中华人民共和国农村土地承包法》（2018 年 12 月 29 日修正）

第十六条 家庭承包的承包方是本集体经济组织的农户。

农户内家庭成员依法平等享有承包土地的各项权益。

第十七条 承包方享有下列权利：

（一）依法享有承包地使用、收益的权利，有权自主组织生产经营和处置产品；

（二）依法互换、转让土地承包经营权；

（三）依法流转土地经营权；

（四）承包地被依法征收、征用、占用的，有权依法获得相应的补偿；

（五）法律、行政法规规定的其他权利。

《中华人民共和国民法典》（2020 年 5 月 28 日）

第二百四十三条 为了公共利益的需要，依照法律规定的权限和程序可以征收集体所有的土地和组织、个人的房屋以及其他不动产。

征收集体所有的土地，应当依法及时足额支付土地补偿费、安置补助费以及农村村民住宅、其他地上附着物和青苗等的补偿费用，并安排被征地农民的社会保障费用，保障被征地农民的生活，维护被征地农民的合法权益。

征收组织、个人的房屋以及其他不动产，应当依法给予征收补偿，维护被征收人的合法权益；征收个人住宅的，还应当保障被征收人的居住条件。

任何组织或者个人不得贪污、挪用、私分、截留、拖欠征收补偿费等费用。

《最高人民法院关于审理涉及农村土地承包纠纷案件适用法律问题的解释》（2020 年 12 月 29 日修正）

第二十条 承包地被依法征收，承包方请求发包方给付已经收到的地上附着物和青苗的补偿费的，应予支持。

承包方已将土地经营权以出租、入股或者其他方式流转给第三人的，除当事人另有约定外，青苗补偿费归实际投入人所有，地上附着物补偿费归附着物所有人所有。

第二十二条 农村集体经济组织或者村民委员会、村民小组，可以依照法律规定的民主议定程序，决定在本集体经济组织内部分配已经收到的土地补偿费。征地补偿安置方案确定时已经具有本集体经济组织成员资格的人，请求支付相应份额的，应予支持。但已报全国人大常委会、国务院备案的地方性法规、自治条例和单行条例、地方政府规章对土地补偿费在农村集体经济组织内部的分配办法另有规定的除外。

问题 3：集体经济组织还未分配土地补偿费用，法院是否可以受理村民要求分配费用的案件？

【解答】

农村集体土地征收补偿费用的使用、分配方案，属于村民自治的范畴，在农村集体经济组织作出分配方案之前，农村集体经济组织成员向人民法院起诉要求分配土地补偿费的，人民法院不应作为民事案件受理，已受理的，应裁定驳回起诉。

【案例】

集体经济组织未作出分配方案之前，村民起诉主张分配不予受理
——严某等42人诉安某等6人、秀山县隘口镇某村上湾组、某水库征地移民领导小组办公室土地征用补偿费分配纠纷案[①]

案情： 2006年，因修建某水库涉及征地补偿，亚盛沟组的原属凉水井组的村民与上湾组内原上、下湾组村民为争议地的所有权权属发生纠纷，经隘口镇政府调解未果。2009年11月25日，上湾组向秀山县政府提出确权申请。2012年11月28日，秀山县政府以申请人上湾组（原上、下湾组），被申请人亚盛沟组（原凉水井组），第三人龙某、安某，作出《关于某村上湾组与亚盛沟组林地所有权纠纷的处理决定》，认定事实：争议地名"老屋基"，又称"雷打岩"。位于秀山县隘口镇芩龙河、梁桥河交汇处西山，南以河为界，北以上下湾组土为界，东以木家林岭抵河，西以老蛇沟屯堡村界为界，面积为52亩，属峭壁陡岩裸林地。当时由下湾组安某等6人划定三个生产队的林地界线，即木格洞到木家林壕口荒山属于下湾组；木家林至老蛇沟接屯堡林界属于上湾组；一坳环路以上至二坳属于凉水井组。内口湾（争议地内的小地名）处的部分耕地，系20世纪70年代因修百岁水库时，由原下湾组集体将其开荒的位于老屋基的耕地补给凉水井组。凉水井组将该耕地发包给本组龙某等三户承包经营。因三承包户对征地面积无争议，已领取补偿款。根据修建茶山和百岁水库土地微调原则以及耕地以下属于岩山的具体

[①] 参见重庆市第四中级人民法院（2016）渝04民终215号民事裁定书。

情况，未将林地（岩山）补给凉水井组。原上湾组、下湾组、凉水井组在某水库征地公告时各自为独立的村民小组。20世纪80年代中期，秀山县办理集体林权证时，涉案争议地未办理登记备案。本案是林地所有权争议，不是承包地使用权争议，第三人龙某主张的权利与本案权属争议属于两种不同类土地的不同权属，提出的土地承包经营权，不属于本案审理范围。重庆市第四中级人民法院于2013年8月14日作出（2013）渝四中法行初字第00065号行政判决书，判决驳回亚盛沟组的诉讼请求。亚盛沟组仍不服，向重庆市高级人民法院上诉。重庆市高级人民法院于2013年12月19日作出（2013）渝高法行终字第00296号行政判决书，判决驳回亚盛沟组上诉，维持原判。本案争议林地地名为"老屋基"又称"雷打岩"，即木家林至老蛇沟接屯堡林界的林地。另查明，上湾组村民未就本案所涉土地补偿费分配形成分配方案。法院审理认为，严某等42人请求上湾组返还征地补偿款264 213元，但上湾组并未形成统一的分配方案，故严某等42人请求被告返还土地补偿费不属于人民法院管辖范围，不予受理，现已受理，依法应裁定驳回起诉。

分析： 2004年《土地管理法》第10条[1]规定："农民集体所有的土地依法属于村农民集体所有的，由村集体经济组织或者村民委员会经营、管理；已经分别属于村内两个以上农村集体经济组织的农民集体所有的，由村内各该农村集体经济组织或者村民小组经营、管理；已经属于乡（镇）农民集体所有的，由乡（镇）农村集体经济组织经营、管理。"2014年《土地管理法实施条例》第26条规定，土地补偿费归农村集体经济组织所有。因此，"老屋基"林地的征地补偿款属于上湾组集体经济组织所有，上湾组委托村民领取征地补偿费合法、正当。《村民委员会组织法》第24条第1款第7项以及《重庆市实施〈中华人民共和国村民委员会组织法〉办法》第24条第1款第6项均规定，涉及村民利益的事项中的征地补偿费的使用、分配方案，经村民会议讨论决定方可办理。因此，上湾组领取"老屋基"征地补偿款后，如何分配，以及是否只在"老屋基"林地原所属集体经济组织成员间分配，均属于上湾组集体经济组织民主自治的范畴，不属于民事案件的受理范围。另外，"老屋基"林地在原上湾组、原下湾组合并之前属于原上湾组还是原下湾组所有的问题，根据2004年《土地管理法》第16条第1款[2]的规定，应当由人民政府确权处理，也不属于民事案件的受理范围。

---

[1] 现对应2019年修正的《土地管理法》第11条。
[2] 现对应2019年修正的《土地管理法》第14条第1款。

【风险提示】

农民集体所有的土地依法属于村农民集体所有的，由村集体经济组织或村民委员会经营、管理。土地补偿费归农村集体经济组织所有。在农村集体经济组织作出分配方案之前，农村集体经济组织成员向人民法院起诉要求分配土地补偿费的，人民法院不能作为民事案件受理；已受理的，应裁定驳回起诉。

【法律规定速查】

《中华人民共和国村民委员会组织法》（2018年12月29日修正）

第二十四条　涉及村民利益的下列事项，经村民会议讨论决定方可办理：

（一）本村享受误工补贴的人员及补贴标准；

（二）从村集体经济所得收益的使用；

（三）本村公益事业的兴办和筹资筹劳方案及建设承包方案；

（四）土地承包经营方案；

（五）村集体经济项目的立项、承包方案；

（六）宅基地的使用方案；

（七）征地补偿费的使用、分配方案；

（八）以借贷、租赁或者其他方式处分村集体财产；

（九）村民会议认为应当由村民会议讨论决定的涉及村民利益的其他事项。

村民会议可以授权村民代表会议讨论决定前款规定的事项。

法律对讨论决定村集体经济组织财产和成员权益的事项另有规定的，依照其规定。

《最高人民法院关于审理涉及农村土地承包纠纷案件适用法律问题的解释》（2020年12月29日修正）

第一条　下列涉及农村土地承包民事纠纷，人民法院应当依法受理：

（一）承包合同纠纷；

（二）承包经营权侵权纠纷；

（三）土地经营权侵权纠纷；

（四）承包经营权互换、转让纠纷；

（五）土地经营权流转纠纷；

（六）承包地征收补偿费用分配纠纷；

（七）承包经营权继承纠纷；

（八）土地经营权继承纠纷。

农村集体经济组织成员因未实际取得土地承包经营权提起民事诉讼的，人民法院应当告知其向有关行政主管部门申请解决。

农村集体经济组织成员就用于分配的土地补偿费数额提起民事诉讼的，人民法院不予受理。

问题 4：户口性质是认定集体经济组织成员的唯一条件吗？

【解答】

户口是国家机关确定公民常住生活地的基本依据，但是目前由于人口流动比较频繁，户口不再是确定农民居住生活的唯一依据，故户口性质并非认定集体经济组织成员资格的唯一标准，人民法院应以是否形成较为固定的生产、生活关系，是否具有集体经济组织所在地户口，是否需要以本集体经济组织土地为基本生活保障等来综合分析判断。

【案例】

古某虽系非农业户口，因无其他替代性生活保障，不得剥夺其集体经济组织成员资格
——古某诉某社区居民委员会 7 组侵害集体经济组织成员权益纠纷案[①]

案情：古某系古某 1 和谢某之女，古某 1 与谢某于 1991 年 7 月离婚，离婚后，古某随父亲古某 1 生活。古某 1 于 1992 年 12 月 23 日与某社区 7 组村民罗某梅结婚，古某随父亲古某 1 一起居住在某社区 7 组处。1997 年 12 月 22 日，古某将户口迁入某社区 7 组，并办理了农转非。2011 年起，某社区 7 组所有的土地陆续被征用。某社区 7 组取得土地补偿费等费用后，按照在本集体经济组织承包土地的人均分配 21 700 元、未承包土地但户口在本集体经济组织的人均分配 17 700 元的标准进行了分配。古某向一审法院起诉请求：判决某社区 7 组立即给付土地补偿费等集体资金 17 700 元。一审判决被告在判决生效后 10 日内支付古某土地补偿费等集体资金共计 17 700 元。被告不服上诉，二审判决驳回上诉，维持原判。

分析：古某养母是某社区 7 组集体经济组织成员，古某父亲因婚姻取得集体经济组织成员资格，古某亦将户口迁入了某社区 7 组处，并在其处长期居住、生

[①] 参见重庆市第三中级人民法院（2016）渝 03 民终 1977 号民事判决书。

活。古某虽然是非农业户口，但未取得其他集体经济组织成员资格，也未加入城镇居民社会保障体系，且长期在某社区 7 组处居住、生活，按照集体经济组织成员资格不能"两头占"或"两头空"的原则，古某应具有某社区 7 组集体经济组织成员资格，理应参与该组土地补偿费等集体资金的分配并享有同等分配权。古某请求判令某社区 7 组支付土地补偿费 17 700 元，符合法律规定，予以支持。

【风险提示】

集体经济组织成员资格认定，不仅是一项身份认定，更是一种生存权利的保障，具有集体经济组织成员资格，才能获得分配权益。在认定集体经济组织成员资格方面，应综合考量各种情况，不可以单以户口确定。且随着户口的淡化，未来认定集体经济组织成员资格应主要看其居住生活及生存来源情况等综合因素。

【法律规定速查】

《中华人民共和国民法典》（2020 年 5 月 28 日）

第二百六十四条　农村集体经济组织或者村民委员会、村民小组应当依照法律、行政法规以及章程、村规民约向本集体成员公布集体财产的状况。集体成员有权查阅、复制相关资料。

第二百六十五条　集体所有的财产受法律保护，禁止任何组织或者个人侵占、哄抢、私分、破坏。

农村集体经济组织、村民委员会或者其负责人作出的决定侵害集体成员合法权益的，受侵害的集体成员可以请求人民法院予以撤销。

《中华人民共和国农村土地承包法》（2018 年 12 月 29 日修正）

第二十七条　承包期内，发包方不得收回承包地。

国家保护进城农户的土地承包经营权。不得以退出土地承包经营权作为农户进城落户的条件。

承包期内，承包农户进城落户的，引导支持其按照自愿有偿原则依法在本集体经济组织内转让土地承包经营权或者将承包地交回发包方，也可以鼓励其流转土地经营权。

承包期内，承包方交回承包地或者发包方依法收回承包地时，承包方对其在承包地上投入而提高土地生产能力的，有权获得相应的补偿。

《最高人民法院关于审理涉及农村土地承包纠纷案件适用法律问题的解释》（2020 年 12 月 29 日修正）

第二十二条　农村集体经济组织或者村民委员会、村民小组，可以依照法律规定的民主议定程序，决定在本集体经济组织内部分配已经收到的土地补偿费。征地补偿安置方案确定时已经具有本集体经济组织成员资格的人，请求支付相应份额的，应予支持。但已报全国人大常委会、国务院备案的地方性法规、自治条例和单行条例、地方政府规章对土地补偿费在农村集体经济组织内部的分配办法另有规定的除外。

问题 5：集体经济组织的决定内容违法，村民应如何保护自己权利？

【解答】

集体经济组织召开全体村民代表大会表决结果的内容不得与宪法、法律、法规和国家的政策抵触，不得有侵犯村民的人身权利、民主权利和合法财产权利的内容。集体经济组织、村民委员会或者其负责人作出的决定侵害集体成员合法权益的，受侵害的集体成员可以请求人民法院予以撤销。

【案例】

村民会议虽通过民主程序决定，但侵犯村民合法权益的决定无效
——徐某诉某村民委员会、某经济合作社侵害集体经济组织
成员权益纠纷案①

案情： 原告徐某母亲倪某2系倪某1（原告徐某外祖父）农业承包家庭户内成员，该户家庭成员均系乐清市翁垟街道某村村民。该户家庭成员于1999年12月1日参加了第二轮农村集体土地承包，承包经营本村土地。2013年8月15日，倪某2与浙江省龙泉市兰巨乡W村的徐某1结婚，2014年10月15日，倪某2生育一子徐某。2016年7月5日，徐某的户籍随倪某2依据出生申报登记在倪某1户内。2017年4月10日，某村召开全体村民代表大会，会议通过的村集体资金分配表决结果如下："……一、出生及迁入、死亡的分配方案：1. 出生截止于方案公示后第20天晚上12点前，凭出生证为准。同意：51票 不同意：1票 弃权：1票……十一、除女儿户的入赘女婿外，其他户口迁入的女婿与外孙、外孙女、外甥、外甥女等一律不享受分配。同意：47票 不同意：1票 弃权：3票 0.3分配：1票 0.5分配：1票……"之后，被告开始按此标准对征地补偿资金进行

---

① 参见浙江省乐清市人民法院（2018）浙0382民初833号民事判决书。

分配，但以徐某系非女儿户迁入户口的外孙为由拒绝按上述标准予以发放，从而引起本案之诉。2018 年 3 月 8 日，浙江省龙泉市兰巨乡人民政府出具证明，证明徐某父亲徐某 1 系非农业户口人员，徐某未在该乡登记过户口。乐清市翁垟街道某村分配集体资金每份 7000 元，共计 20 771 250 元。

原告徐某起诉请求：判令两被告支付原告征地补偿款 7000 元及利息损失（利息损失以 7000 元为基数，自 2017 年 6 月 13 日起按中国人民银行同期贷款利率计算至判决确定的履行之日止）。被告某村民委员会、某经济合作社未作答辩。法院判决：被告某村民委员会、某经济合作社应在判决生效后十日内支付原告徐某村集体资金分配款 7000 元。

分析： 2002 年《农村土地承包法》第 15 条规定，家庭承包的承包方是本集体经济组织的农户。① 原告母亲倪某 2 依法参加土地承包，现虽已结婚，但户口未迁出乐清市翁垟街道某村，亦未在新居住地取得承包地。根据 2002 年《农村土地承包法》第 30 条关于"发包方不得收回其原承包地"的规定②，倪某 2 在翁垟街道某村仍有承包地，应为翁垟街道某村的集体经济组织成员，依法享有该集体经济组织成员的各项权利。原告徐某系倪某 2 与徐某 1 的婚生子，其户籍于 2016 年 7 月 5 日因出生申报随倪某 2 登记在外祖父倪某 1 户内，故随其母亲倪某 2 取得被告村集体经济组织成员资格，所以，根据全体村民代表大会表决的被告村集体资金分配方案中关于"出生截止于方案公示后第 20 天晚上 12 点前，凭出生证为准"的规定，原告应享有与本村同一时段内出生的其他村民同等的分配权益。根据《村民委员会组织法》第 27 条第 2 款的规定，被告村召开全体村民代表大会，表决结果的内容不得与宪法、法律、法规和国家的政策抵触，不得有侵犯村民的人身权利、民主权利和合法财产权利的内容。但上述分配方案关于"除女儿户的入赘女婿外，其他户口迁入的女婿与外孙、外孙女、外甥、外甥女等一律不享受分配"的规定将原告徐某排除在村集体资金分配对象之外，侵害了原告作为集体经济组织成员的合法权益，应属于无效条款。2005 年《农村土地承包司法解释》第 24 条规定，征地补偿方案确定时已经具有本集体经济组织成员资格的人，请求支付相应份额的，应予支持。③

---

① 现对应 2018 年修正的《农村土地承包法》第 16 条第 1 款。
② 现对应 2018 年修正的《农村土地承包法》第 31 条。
③ 现对应 2020 年修正的《农村土地承包司法解释》第 22 条。

【法律规定速查】

《中华人民共和国农村土地承包法》（2018年12月29日修正）

第十六条　家庭承包的承包方是本集体经济组织的农户。

农户内家庭成员依法平等享有承包土地的各项权益。

《中华人民共和国村民委员会组织法》（2018年12月29日修正）

第二十七条　村民会议可以制定和修改村民自治章程、村规民约，并报乡、民族乡、镇的人民政府备案。

村民自治章程、村规民约以及村民会议或者村民代表会议的决定不得与宪法、法律、法规和国家的政策相抵触，不得有侵犯村民的人身权利、民主权利和合法财产权利的内容。

村民自治章程、村规民约以及村民会议或者村民代表会议的决定违反前款规定的，由乡、民族乡、镇的人民政府责令改正。

第三十六条　村民委员会或者村民委员会成员作出的决定侵害村民合法权益的，受侵害的村民可以申请人民法院予以撤销，责任人依法承担法律责任。

村民委员会不依照法律、法规的规定履行法定义务的，由乡、民族乡、镇的人民政府责令改正。

乡、民族乡、镇的人民政府干预依法属于村民自治范围事项的，由上一级人民政府责令改正。

《中华人民共和国民法典》（2020年5月28日）

第二百六十五条　集体所有的财产受法律保护，禁止任何组织或者个人侵占、哄抢、私分、破坏。

农村集体经济组织、村民委员会或者其负责人作出的决定侵害集体成员合法权益的，受侵害的集体成员可以请求人民法院予以撤销。

《最高人民法院关于审理涉及农村土地承包纠纷案件适用法律问题的解释》（2020年12月29日修正）

第二十二条　农村集体经济组织或者村民委员会、村民小组，可以依照法律规定的民主议定程序，决定在本集体经济组织内部分配已经收到的土地补偿费。征地补偿安置方案确定时已经具有本集体经济组织成员资格的人，请求支付相应份额的，应予支持。但已报全国人大常委会、国务院备案的地方性法规、自治条例和单行条例、地方政府规章对土地补偿费在农村集体经济组织内部的分配办法另有规定的除外。

问题 6：集体经济组织成员的分配权益是否应该有所区分？

【解答】

集体经济组织成员在集体经济组织的分配权益多少，主要由集体经济组织召开大会，并经半数以上成员同意表决通过。集体经济组织可以针对成员的贡献大小、土地多少等确定分配条件。在集体经济组织中的分配权利一律平等，但是分多分少可以有所不同。集体经济组织的无地成员，在未举证证明其系地上附着物和青苗所有权人的情况下，对征地补偿的土地青苗费和地上附着物的补偿款不享有分配权利。

【案例】

村集体经济组织可以根据村民具体情况作出不同分配
——徐某诉重庆市九龙坡区陶家镇某村 12 社土地承包经营权纠纷案①

案情： 2003 年 1 月 22 日，徐某母亲赵某因夫妻投靠，由重庆市江津区德感镇某村 7 社迁至重庆市九龙坡区陶家镇某村 12 社，徐某于 2010 年 10 月 21 日迁入重庆市九龙坡区陶家镇某村 12 社 13 号，徐某系某村 12 社集体经济组织成员，在该村 12 社无承包地。2013 年 5 月，因修建九龙坡区中央湿地公园，某村 12 社的土地被依法征用，九龙坡区人民政府因此以 22 000 元／亩为补偿标准向被征地人员发放补偿款，补偿金额性质为土地青苗费和地上构（附）着物综合补偿款。徐某提起诉讼要求某村 12 社支付每人 1.37 亩集体土地收益补偿款 30 140 元。法院判决驳回其诉讼请求。

分析： 本案徐某虽为某村 12 社的集体组织成员，但其在某村 12 社并无承包土地。因此，徐某作为该社无地人口，对此次征地补偿的土地青苗费和地上构（附）着物综合补偿款并不享有分配权利。当然，徐某作为某村 12 社的集体经济组织成员，其可以要求同等分配该社集体经济组织的财产和收益，但这种分配要求的前提必须是款项性质为集体财产或收益、经过民主议定程序讨论决定分配的总金额和各社员所得金额。若徐某对其分得金额有异议，认为侵犯了其平等分配权利，可向人民法院提起诉讼要求补足差额。显然，徐某混淆了提起本次诉讼要求分配的款项性质。《九龙坡区陶家镇某村 12 社人均承包地面积确认方案》系某村 12 社经

---

① 参见重庆市第五中级人民法院（2016）渝 05 民终 8191 号民事判决书。

过民主议定程序作出的，程序合法，应对该分配方案予以尊重，唯其如此才能维护农村经济生活秩序稳定以及充分尊重基层自治程序。故一审判决驳回诉讼请求。

【风险提示】

集体经济组织成员虽享有分配的权利，但是分配多少，集体经济组织可以根据本村的实际情况，结合村民的贡献大小、年龄等，经过集体经济组织成员大会或者代表会议依法作出不同的分配决定。

【法律规定速查】

《中华人民共和国村民委员会组织法》（2018年12月29日修正）

第二条 村民委员会是村民自我管理、自我教育、自我服务的基层群众性自治组织，实行民主选举、民主决策、民主管理、民主监督。

村民委员会办理本村的公共事务和公益事业，调解民间纠纷，协助维护社会治安，向人民政府反映村民的意见、要求和提出建议。

村民委员会向村民会议、村民代表会议负责并报告工作。

第二十七条 村民会议可以制定和修改村民自治章程、村规民约，并报乡、民族乡、镇的人民政府备案。

村民自治章程、村规民约以及村民会议或者村民代表会议的决定不得与宪法、法律、法规和国家的政策相抵触，不得有侵犯村民的人身权利、民主权利和合法财产权利的内容。

村民自治章程、村规民约以及村民会议或者村民代表会议的决定违反前款规定的，由乡、民族乡、镇的人民政府责令改正。

《中华人民共和国民法典》（2020年5月28日）

第二百六十二条 对于集体所有的土地和森林、山岭、草原、荒地、滩涂等，依照下列规定行使所有权：

（一）属于村农民集体所有的，由村集体经济组织或者村民委员会依法代表集体行使所有权；

（二）分别属于村内两个以上农民集体所有的，由村内各该集体经济组织或者村民小组依法代表集体行使所有权；

（三）属于乡镇农民集体所有的，由乡镇集体经济组织代表集体行使所有权。

问题 7：出嫁女未迁出户口，随其上户的子女是否为该集体经济组织的成员？

【解答】

认定集体经济组织成员户籍应区分村民户籍取得是否系原始取得。结合村民在其父亲户籍地是否有承包土地，且是否以土地为主要生活来源，是否取得其他替代性基本生活保障等多重因素综合确认。出嫁女未迁出户口，且系集体经济组织的成员，随其上户的子女也应是集体经济组织成员。

【案例】

出嫁女未迁出户口，随其上户的子女应享有该集体经济组织分配权益
——王某1、王某2诉被告左云县小京庄乡某村民委员会侵害集体经济组织成员权益纠纷案①

案情： 赵某系小京庄乡某村村民，原告王某1、王某2系赵某的子女，二人出生后便随其母赵某落户小京庄乡某村，户口一直未迁移。1994年赵某之父赵某1与村委会签订《土地承包合同》时，赵某为家庭成员。赵某与本案两原告在其丈夫王某3户籍地朔州市山阴县马营乡A村未承包过土地。2015年6月，被告某村民委员会组织村民投票确认集体收益的发放范围，有投票权村民超过半数同意"已出嫁女儿户享受村民待遇，非原住村民外甥不享受村民待遇"。此后，村委会按每人14 000元标准向表决后符合享受村民待遇的村民发放了2015年集体收益，二原告的母亲赵某已领取，但村委会未向二原告发放。二原告向法院请求撤销左云县小京庄乡某村民委员会对二原告不享有与其他村民同等待遇的决定，并支付二原告2015年村集体收益28 000元。法院判决：撤销被告左云县小京庄乡某村民委员会对原告王某1、王某2不享有与其他村民同等待遇的决定；被告左云县小京庄乡某村民委员会于判决生效后十日内支付原告王某1、王某2 2015年村集体收益各14 000元。一审宣判后，原告、被告均未上诉。

分析： 集体收益分配权作为集体经济组织成员的重要权益之一，关系村民的生存和发展利益。具有集体经济组织成员资格是享有土地补偿款分配权的前提。对集体经济组织成员资格的确定，不能以该主体户籍是否在本集体经济组织作为

---

① 参见山西省左云县人民法院（2016）晋0226民初282号民事判决书。

唯一的标准，户口落在本村，可以成为本村的村民，但是未必取得该集体经济组织成员资格。农村集体土地是农民的基本生活保障，以农村集体土地作为基本生活保障的，宜认定其集体经济组织成员的资格，反之，则不宜认定。因此，对于集体经济组织成员资格的认定，除了以该当事人是否具有户籍登记为基本的形式标准外，还应结合当事人户籍是否系原始取得且未曾迁出，在其父亲户籍地是否有承包土地，且是否以土地为主要生活来源，是否取得其他替代性基本生活保障等多重因素综合确认。赵某出生在小京庄乡某村，户籍所在地也在该村且从未迁移，1994年作为家庭成员承包了村里的耕地，故其具有该村集体经济组织成员资格，对此被告也认可；作为赵某子女的二原告自出生起便以该村为户籍所在地，况且二原告全家在其父户籍所在地无承包土地，故王某1、王某2自出生时便原始取得该村集体组织成员资格，理应享受该村村民同等待遇，有权主张同其他村民同等分配集体收益。被告某村民委员会以村民决议决定不分给二原告村集体收益的理由不能成立，因此，对二原告的诉讼请求应予支持。

【风险提示】

妇女享有与男子同样的权利，对于随出嫁女落户的子女，应享有同其母一样的分配权益。村民大会或村民代表会议在行使涉及村民重大利益的表决权时，除了程序要合法外，表决的内容要遵守宪法、法律、行政法规的规定，不得侵犯村民的合法权益，否则，即使经过多数表决通过也可以被撤销。

【法律规定速查】

《中华人民共和国妇女权益保障法》（2022年10月30日修订）

第五十六条　村民自治章程、村规民约，村民会议、村民代表会议的决定以及其他涉及村民利益事项的决定，不得以妇女未婚、结婚、离婚、丧偶、户无男性等为由，侵害妇女在农村集体经济组织中的各项权益。

因结婚男方到女方住所落户的，男方和子女享有与所在地农村集体经济组织成员平等的权益。

第七十五条　妇女在农村集体经济组织成员身份确认等方面权益受到侵害的，可以申请乡镇人民政府等进行协调，或者向人民法院起诉。

乡镇人民政府应当对村民自治章程、村规民约，村民会议、村民代表会议的决定以及其他涉及村民利益事项的决定进行指导，对其中违反法律、法规和国家政策规定，侵害妇女合法权益的内容责令改正；受侵害妇女向农村土地承包仲裁机构申请仲裁或者向人民法院起诉的，农村土地承包仲裁机构或者人民法院应当依法受理。

《中华人民共和国民法典》（2020年5月28日）

第二百六十一条 农民集体所有的不动产和动产，属于本集体成员集体所有。

下列事项应当依照法定程序经本集体成员决定：

（一）土地承包方案以及将土地发包给本集体以外的组织或者个人承包；

（二）个别土地承包经营权人之间承包地的调整；

（三）土地补偿费等费用的使用、分配办法；

（四）集体出资的企业的所有权变动等事项；

（五）法律规定的其他事项。

第二百六十五条 集体所有的财产受法律保护，禁止任何组织或者个人侵占、哄抢、私分、破坏。

农村集体经济组织、村民委员会或者其负责人作出的决定侵害集体成员合法权益的，受侵害的集体成员可以请求人民法院予以撤销。

第一千零八十七条 离婚时，夫妻的共同财产由双方协议处理；协议不成的，由人民法院根据财产的具体情况，按照照顾子女、女方和无过错方权益的原则判决。

对夫或者妻在家庭土地承包经营中享有的权益等，应当依法予以保护。

问题 8：农村夫妻离婚时土地承包经营权如何分配？

【解答】

土地承包经营权属于用益物权，是一种财产权。该权利可以与所有权分离而单独处分。且这种处分行为也不会损坏所有权人的利益。因此，土地承包经营权在法律上是可以分割的。承包方是夫妻的，在承包合同履行期间解除婚姻关系时，就承包经营的权利义务未达成协议，且双方均具有承包经营主体资格的，人民法院在处理离婚案件时，应当按照家庭人口、老人的赡养、未成年子女的抚养等具体情况，对其承包经营权进行分割。

【**案例**】

离婚妇女可以与村委会单独签订土地承包经营权合同
——徐某1等五人与周宁县纯池镇某村民委员会农村土地承包合同纠纷案[①]

案情： 1985年10月，某村委会开展承包土地工作，徐某1户下有7口人，包括户主徐某、妻子周某、儿子徐某1、儿媳许某、女儿徐某3、徐某4以及长孙女徐某2，承包4.62亩耕地。徐某1与许某于1998年6月离婚。1999年，某村委会在土地延包工作中，与徐某1户签订土地承包合同，合同编号为01050，承包耕地4.62亩，包括土地名为"上带洋""上带坡""占家垅""坑头"等地块。同时，某村委会又与许某签订土地承包合同书（编号为01033），耕地面积为1.98亩。徐某1户在2018年的土地确权中发现许某持有耕地承包合同。徐某1户向一审法院起诉请求：（1）确认某村委会和许某双方于1999年12月31日签订的耕地承包合同书（编号01033）无效；（2）责令某村委会分别和徐某1户、许某重新签订耕地承包合同。

一审判决： 某村委会与许某于1999年12月31日签订的耕地承包合同书（编号01033）无效。

许某不服一审判决，提起上诉称，一审法院没有区分农村土地一轮承包与二轮承包的区别，错误地将一轮承包所有政策延续到二轮承包，错误地认定许某侵犯了徐某1户的承包经营权。

二审判决： 一、撤销一审判决；二、确认周宁县纯池镇某村民委员会与许某于1999年12月31日订立的耕地承包合同书（编号01033）中土地面积0.66亩的部分无效；三、徐某1户与许某户应当分别与周宁县纯池镇某村民委员会重新签订书面承包合同，并换发相应的权属证书，承包地的具体坐落由周宁县纯池镇某村民委员会组织确定；四、驳回徐某1等五人的其他诉讼请求。

分析： 根据查明的事实，本案系因承包期内许某离婚分户引发，且双方未就此达成协议，为家庭内部就农村土地承包经营权分割所引起的纠纷，依法属于人民法院受理民事诉讼的范围，应依据离婚析产的法律规定进行处理，即在保护妇女合法权益的基础上，按照家庭人口、老人赡养、未成年子女抚养等具体情况，对土地承包经营权进行分割。徐某1户承包土地时，其户内有7人，人均面

[①] 参见福建省周宁县人民法院（2019）闽0925民初163号民事判决书。

积 0.66 亩（4.62 亩÷7，以下以 1 份指代）。许某离婚时，徐某 1 户内人口增至 10 人，人均 0.7 份（7 份÷10）。许某离婚分户后，分得 3 份（1.98 亩÷0.66 亩），其户内有 2 人，人均 1.5 份；徐某 1 户实际留有 4 份，其户内人口减至 8 人，人均 0.5 份。鉴于许某户明显多分，法院酌情调整为徐某 1 户 5 份，面积 3.3 亩，许某户 2 份，面积 1.32 亩，具体坐落由某村委会组织确定，不予认定。许某名下的 0.66 亩系因某村委会违法调整造成，侵害了徐某 1 户的承包经营权，徐某 1 户请求确认许某与某村委会所签订的承包合同中该部分无效，有事实和法律依据，予以支持。分割后，双方应当分别与某村委会重新签订书面承包合同，并换发相应的权属证书，分割后的承包期限为家庭承包的剩余承包期限。

【法律规定速查】

《中华人民共和国农村土地承包法》（2018 年 12 月 29 日修正）

第五条 农村集体经济组织成员有权依法承包由本集体经济组织发包的农村土地。

任何组织和个人不得剥夺和非法限制农村集体经济组织成员承包土地的权利。

第六条 农村土地承包，妇女与男子享有平等的权利。承包中应当保护妇女的合法权益，任何组织和个人不得剥夺、侵害妇女应当享有的土地承包经营权。

《中华人民共和国妇女权益保障法》（2022 年 10 月 30 日修订）

第七十五条 妇女在农村集体经济组织成员身份确认等方面权益受到侵害的，可以申请乡镇人民政府等进行协调，或者向人民法院起诉。

乡镇人民政府应当对村民自治章程、村规民约，村民会议、村民代表会议的决定以及其他涉及村民利益事项的决定进行指导，对其中违反法律、法规和国家政策规定，侵害妇女合法权益的内容责令改正；受侵害妇女向农村土地承包仲裁机构申请仲裁或者向人民法院起诉的，农村土地承包仲裁机构或者人民法院应当依法受理。

《中华人民共和国民法典》（2020 年 5 月 28 日）

第一千零八十七条 离婚时，夫妻的共同财产由双方协议处理；协议不成的，由人民法院根据财产的具体情况，按照照顾子女、女方和无过错方权益的原则判决。

对夫或者妻在家庭土地承包经营中享有的权益等，应当依法予以保护。

问题 9：村民是否可以直接起诉要求法院确认其集体经济组织成员资格？

【解答】

村民起诉要求法院确认其享有集体经济组织成员资格的案件，法院不予受理。但当集体经济组织、村民小组等以其组织内部讨论作出的分配决定侵害了集体组织成员合法权益的，受侵害的集体组织成员依法可以请求人民法院维护其成员权益。

【案例】

村民请求支付土地征收分配款项的，应该先取得村民资格
——艾某诉云和县石塘镇某村第二村民小组侵害
集体经济组织成员权益纠纷案[①]

案情： 1995 年 9 月 1 日，云和县石塘镇某村村民叶某的户籍因就学由云和县石塘镇某村迁往温州机械工业学校。2008 年 8 月 26 日，原告艾某与叶某登记结婚。2009 年 5 月 27 日，原告艾某的户籍迁入云和县石塘镇叶某户。原告艾某与叶某分别于 2009 年 1 月 29 日、2012 年 6 月 6 日生育长女原告叶艾某 1、次女原告叶艾某 2，两女分别于 2009 年 9 月 1 日、2013 年 2 月 4 日申报落户至叶某户，户籍所在地均为云和县石塘镇某村。2015 年至 2016 年，云和县石塘镇因"旅游开发"需要征收石塘镇某村第二村民小组的土地，小组成员每人可分得土地征收补偿款 17 959.04 元。2017 年，政府因地质灾害安置小区需要征收石塘镇某村第二村民小组的土地，该小组成员每人可分得土地征收补偿款 2032.5 元。另外，云和县石塘镇某村第二村民小组在砂石场分红中，小组成员每人可获补贴 88 元。

被告以其村里已召开村民户主会议，最终投票决定认为三原告不能享有某村股份经济合作社的股权，不具备股份经济合作社成员的资格为由，拒绝向三原告分配相应的集体收益份额。三原告曾于 2016 年诉至云和法院，要求云和法院认定三原告具备云和县石塘镇某村股份经济合作社的股东资格，云和法院于 2016 年 4 月 27 日作出（2016）浙 1125 民初 432 号民事裁定书，裁定对三原告的起诉不予受理。2017 年 1 月 19 日，三原告再次诉至云和法院，要求被告支付土地征收补偿款及公益林补偿款，云和法院经审查认为，判定三原告是否享有案涉款项的

---

① 参见浙江省云和县人民法院（2018）浙 1125 民初 1201 号民事判决书。

前提是要确认其是否享有集体经济组织成员资格，但集体经济组织成员资格的确认不属于人民法院主管的民事诉讼范围，遂于2017年3月13日作出（2017）浙1125民初144号民事裁定书，裁定驳回三原告的起诉。2018年8月1日，云和县石塘镇人民政府向叶某出具回复书，确认三原告具有石塘镇某村村集体组织成员资格（第二生产队）和村股份经济合作社社员资格。最终，三原告于2018年8月7日向云和法院提起诉讼，要求被告支付土地征收补偿款及公益林补偿款等共计65 559.62元。云和法院于2018年10月24日作出（2018）浙1125民初1201号民事判决书，判决被告云和县石塘镇某村第二村民小组支付三原告土地征收补偿款、分红款等共计60 238.62元。

分析：民事主体的人身权利、财产权利以及其他合法权益受法律保护，任何组织或者个人不得侵犯。本案原告艾某因婚嫁将户籍迁入被告所属的行政村，艾某两个女儿出生的户籍登记在被告所属的行政村，三原告均已在被告组内成员叶某户落户，三原告在未取得成员资格时，向法院起诉被裁定驳回，直到三原告向人民政府申请确认其成员资格后，才享有集体经济组织成员资格，这时其作为集体经济组织成员主张其应与被告其他成员享有同等的权利，享受相同的福利待遇，应予以支持。对于三原告要求分配生态公益林补偿金的诉请，因生态公益林的划定和补偿不是平等主体之间的民事法律关系，原告也未提交相应证据证明，遂不应支持。对于被告提出因叶某的户籍已转为非农，曾经给人当过养子，以此提出三原告不能享受被告组成员待遇的抗辩，无法律依据，不应支持。

【风险提示】

确认合作社社员资格的诉请，不属于法院受理范围，只有在社员的具体分配权益受到侵害，要求法院判决其应享有分配款项时，法院才能审查其有无社员资格。具体因分配权益受到侵害，要求支付分配款项时，法院才予以受理。

【法律规定速查】

《最高人民法院关于审理涉及农村土地承包纠纷案件适用法律问题的解释》（2020年12月29日修正）

第一条 下列涉及农村土地承包民事纠纷，人民法院应当依法受理：

（一）承包合同纠纷；

（二）承包经营权侵权纠纷；

（三）土地经营权侵权纠纷；

（四）承包经营权互换、转让纠纷；

（五）土地经营权流转纠纷；

（六）承包地征收补偿费用分配纠纷；

（七）承包经营权继承纠纷；

（八）土地经营权继承纠纷。

农村集体经济组织成员因未实际取得土地承包经营权提起民事诉讼的，人民法院应当告知其向有关行政主管部门申请解决。

农村集体经济组织成员就用于分配的土地补偿费数额提起民事诉讼的，人民法院不予受理。

问题 *10*：村民自治组织经民主程序制定，且内容合法的决定是否应予以撤销？

【解答】

村民认为村民委员会或者村民大会作出的决定侵害其合法权益的，可以向人民法院起诉请求撤销。村民委员会或者村民大会经民主程序制定，且内容未违反法律、行政法规强制性规定的决议不应予以撤销。农村集体土地征用补偿款中，不同类别的补偿款因赔偿项目、赔偿对象、款项性质不同，应允许补偿款的分配存在差别。

【案例】

集体经济组织的合法分配方案，村民请求撤销不予支持
——马某等479人诉某村村委会、某经济合作社侵害集体经济组织
成员权益纠纷案[①]

案情： 程某等1172人原系甲村村民，马某等479人原系乙村村民。2002年5月16日，当地县政府作出部分行政村区域调整的批复，撤销甲村、乙村，合并建立某村，村委会驻原甲村。涉案林地总面积为975亩，自1975年以来一直属于甲村集体所有，由甲村集体通过摊派方式组织村民进行绿化和建设。1982年，集体土地首

---

① 参见浙江省安吉县人民法院（2017）浙0523民初674号民事判决书。

次确权颁证时，该林地所有权登记为甲村集体所有。2007年，该林地换发新证之后，其村集体所有权的性质未发生变更。2001年2月12日，甲村村委会与全村8个村民小组签订关于涉案山林经营权和所有权的政策处理意见，内容包括涉案山林所有权属全村8个村民小组的全体村民所有；该山林由村集体统一管理，统一委托村民个人护养及对小部分茶叶、小竹经营承包及开发，所承包收益归村集体；该山林被征用产生的征用费和收益归全村8个村民小组所有，按2000年年底人口数的比例分配等。该协议签订之前未经民主议定程序，事后亦未办理林地所有权变更登记。

2002年至2015年，本属于某村集体所有的小石塔林地所获得的收益，一直由原乙村村民进行分配，原甲村村民未获分配。2016年7月18日，国家征收涉案林地779.7105亩，并向某村村委会支付土地补偿款1398.348万元、安置补助费1118.6784万元、青苗补偿款349.252 605万元，合计2866.279万元。2016年12月1日，某村村委会通知全村50名村民代表于次日参加征地分配村民代表会议。2016年12月2日，实到35名村民代表就《关于某山林征地款分配的决定》进行表决，有34人签字同意，原乙村的代表均拒绝到会。该决议内容为："1. 青苗补偿费按照谁种植谁受益原则，结合村合并之前的实际情况，此款分配给原甲村八个生产队的村民（分配比例按2001年2月12日的处理意见定）；2. 安置补助费原则上是为了解决以土地为主要生产资料并取得生活来源的农业人口，遵循此原则和结合第一条，此款分配给原甲村八个生产队的村民（分配比例按2001年2月12日的处理意见定）；3. 土地补偿费按照《土地管理法实施条例》及县政府征用土地政策，属于村集体所有，结合本村现状和实际情况，为搁置争议，决定暂缓此款的分配，等多方研讨后再定。"2016年12月7日，某村村委会、某合作社根据上述决议作出《关于某山林土地征用款分配方案》，该方案按照2000年年底的原甲村户籍人口计算，人均分配13 000元，总共分配14 066 000元。

原乙村村民认为上述分配决定和分配方案侵害其集体经济组织成员权益，故诉至法院请求撤销该分配决定和分配方案。一审法院判决驳回原告马某等479人的诉讼请求。

分析：集体所有权作为公有制形式，不同于集体经济组织成员之间共有，集体所有权形态下，集体经济组织成员的权利主要是通过成员权来体现，两村合并后使组织的成员人数增加，会对成员权对应的分配利益产生影响，但不影响村集体所有权的性质。案涉林地属于甲村集体所有已由物权登记所确认，甲村村委会与全村8个村民小组虽在2001年2月12日签订了《关于某山林经营权和所有权的政策处理意见》，意将村集体所有性质变更为甲村全体村民共有或8个村民小组共有，但签订之前未经民主议定程序，事后亦未办理林地所有权变更登记，根据《土地管理法》第12条以及《村民委员会组织法》第24条之规定，该意见的签订不产生使村集体所有权这种单一的权利主体形态变更为全体村民共有或甲村8个村民小组共有的物权变动效力，案涉林地直到征收前一直系村集体所有。故对两被告以及第三人关于案涉林地原本就属于或因上述意见的签订变更为甲村村民共有或村民小组共有的意见不予采纳。甲村、乙村合并以后，原来的两个村集体合并为一个村集体，乙村的村民理应作为某村的一分子享有合并后的村集体组织的成员权，但是，享有集体经济组织的成员权也不意味着对所有的集体财产均享有平等的分配权。案涉《关于某山林征地款分配的决定》分配的款项是安置补助费、地上附着物和青苗的补偿费，而不是对土地补偿费进行分配，其与因土地补偿费分配方案实行差别待遇侵害特定人群的合法权益全然不同。土地补偿费是对经由征收消灭的集体土地所有权的补偿，集体土地所有权的权利主体是农民集体，因此，土地补偿费的受益主体也只能是农民集体。土地补偿费系集体土地所有权的替代物价值，其金额大小与集体组织成员的劳动没有关系，因此，每个集体经济组织成员的分配权应当是均等的。而安置补助费、地上附着物和青苗的补偿费在本质上都是劳动所得或应支付给特定对象，如何对集体组织成员进行分配应属于村民自治的事项。案涉《关于某山林征地款分配的决定》以及《关于某山林土地征用款分配方案》，是在综合考量案涉林地由村集体通过摊派方式组织甲村村民进行绿化和建设，以及本应属于某村集体所有的小石塔林地对外收益由乙村村民进行分配的实际情况而确定的，并经由合法的民主议定程序，其分配方式和标准是合情、合理的，既未超出村民自治的合理界限，也不违反法律的规定。综上所述，乙村村民作为某村集体的一分子理应对土地补偿费享有平等的分配权，但上述决议及分配方案尚未侵犯到其合法权益，并无撤销之必要，故对原告马某等479人关于撤销上述决议和分配方案的诉讼请求不予支持。

【风险提示】

村民委员会是村民自我管理、自我教育、自我服务的基层群众性自治组织，其作出的决定事关村民的切身利益，是村民自治的直接体现。村民委员会作出的合法决定，村民无权撤销。但同时，村民委员会作出的决定违法时，通过设置相应法律救济途径的方式即通过诉讼可以撤销村民委员会的决定，对该权利进行限制，以防止村民委员会或其成员滥用权力侵害村民的合法权利。

【法律规定速查】

《中华人民共和国土地管理法》（2019年8月26日修正）

第十一条　农民集体所有的土地依法属于村农民集体所有的，由村集体经济组织或者村民委员会经营、管理；已经分别属于村内两个以上农村集体经济组织的农民集体所有的，由村内各该农村集体经济组织或者村民小组经营、管理；已经属于乡（镇）农民集体所有的，由乡（镇）农村集体经济组织经营、管理。

《中华人民共和国村民委员会组织法》（2018年12月29日修正）

第二十七条　村民会议可以制定和修改村民自治章程、村规民约，并报乡、民族乡、镇的人民政府备案。

村民自治章程、村规民约以及村民会议或者村民代表会议的决定不得与宪法、法律、法规和国家的政策相抵触，不得有侵犯村民的人身权利、民主权利和合法财产权利的内容。

村民自治章程、村规民约以及村民会议或者村民代表会议的决定违反前款规定的，由乡、民族乡、镇的人民政府责令改正。

第三十六条第一款　村民委员会或者村民委员会成员作出的决定侵害村民合法权益的，受侵害的村民可以申请人民法院予以撤销，责任人依法承担法律责任。

《最高人民法院关于审理涉及农村土地承包纠纷案件适用法律问题的解释》（2020年12月29日修正）

第二十二条　农村集体经济组织或者村民委员会、村民小组，可以依照法律规定的民主议定程序，决定在本集体经济组织内部分配已经收到的土地补偿费。征地补偿安置方案确定时已经具有本集体经济组织成员资格的人，请求支付相应份额的，应予支持。但已报全国人大常委会、国务院备案的地方性法规、自治条例和单行条例、地方政府规章对土地补偿费在农村集体经济组织内部的分配办法另有规定的除外。

问题 11：当土地权属证上登记的使用权人与实际使用权人不一致时，土地补偿款是否应遵循"谁耕种、谁受益"的原则进行分配？

【解答】

土地权属证上登记的使用权人与实际使用权人不一致时，地上附着物及青苗补偿费归地上附着物及青苗的所有者所有；除非双方有约定，否则，土地补偿款分配应考虑双方的利益。土地补偿款由土地所有权人统一领取,可以根据村民使用土地情况,确定具体分配比例。农村集体经济组织或者村民委员会、村民小组制定的"村规民约"只要不违反法律的禁止性规定,不侵犯集体经济组织成员的权益,集体经济组织有自主分配的权利。

【案例】

集体经济组织作为集体土地所有权人,其对被征收土地的补偿费用,有权进行分配
——某村第八村民小组与叶某承包地征收补偿费用分配纠纷案[①]

案情: 2016年5月30日,某村所在镇人民政府与被告叶某签订征地补偿协议,征用位于该村地名为"下坑"的林地一处,该林地征用补偿费共计197 580.24元。被征收的案涉"下坑"林地,系1982年10月20日由县人民政府划给叶某1(系本案被告叶某的爷爷)的自留山,并拥有使用权证。1991年3月,叶某1户因移民外迁使用权证被吊销。2007年证载林地所有权人和使用权人为原告。1996年起,该自留山由被告叶某户开垦并种植了板栗等果树。2017年2月13日,原告召开村民小组会议,决定对上述林地补偿款按65%(128 427.16元)归叶某所有,35%(69 153.08元)归原告集体所有。2017年2月14日,镇人民政府将上述征地补偿款打入了叶某账户。此后,被告叶某于2017年2月19日按35%的比例,将其中66 600元补偿款打给了原告组长刘某,对剩余的2553.08元补偿款未交付给原告,从而导致纠纷,原告诉至法院。云和县人民法院判决如下:一、被告叶某应于判决生效之日起三日内支付原告云和县石塘镇某村民小组土地补偿款2553.08元;二、驳回原告村民小组本案其他诉讼请求。一审宣判后,原告、被告双方均未上诉,本案判决已生效。

分析: 本案案涉地名为"下坑"的林地,虽然证载所有权人和使用权人为某村民小组,但该林地原属于自留山性质,从1996年起由被告叶某户开垦并种植板栗等果树,由被告进行管理和收益。现因该林地被征用,给被告造成了一定的损失,故被告有权获得相应的补偿。

关于农村集体经济组织或者村民委员会、村民小组制定的"村规民约"中涉

---

① 参见浙江省云和县人民法院(2017)浙1125民初786号民事判决书。

及的土地补偿款分配方案的效力问题。集体在收到土地补偿费后通常会制定分配方案进行分配。根据《村民委员会组织法》第1条"为了保障农村村民实行自治，由村民依法办理自己的事情，发展农村基层民主，维护村民的合法权益，促进社会主义新农村建设，根据宪法，制定本法"、第2条"村民委员会是村民自我管理、自我教育、自我服务的基层群众性自治组织，实行民主选举、民主决策、民主管理、民主监督"的规定，集体制定"土地补偿费分配方案"的行为属于集体经济组织全体成员内部的事情，是村民依据《宪法》和《村民委员会组织法》行使的自治权利。所制定的"土地补偿费分配方案"是集体意志的体现。《农村土地承包司法解释》第24条[①]规定："农村集体经济组织或者村民委员会、村民小组，可以依照法律规定的民主议定程序，决定在本集体经济组织内部分配已经收到的土地补偿费。征地补偿安置方案确定时已经具有本集体经济组织成员资格的人，请求支付相应份额的，应予支持。但已报全国人大常委会、国务院备案的地方性法规、自治条例和单行条例、地方政府规章对土地补偿费在农村集体经济组织内部的分配办法另有规定的除外。"本案中，对于案涉征地补偿款 197 580.24 元的分配，系经原告、被告双方协商，并经原告村民小组会议讨论后确定按65%（128 427.16 元）归叶某所有，35%（69 153.08 元）归原告集体所有进行分配，该分配方案符合民主议定程序，不违反法律规定，对原告、被告双方均有约束力。故，对原告要求判决案涉地征用补偿全部归原告所有的诉请，不予支持。根据该案土地补偿款按65%（128 427.16 元）归叶某所有，35%（69 153.08 元）归原告集体所有的分配方案，扣除被告叶某已经支付给原告的土地补偿款 66 600 元，对未交足的 2553.08 元部分应一并支付给原告。

【风险提示】

制定分配方案行为是一个民主议定程序，决定内部分配是一种自治权利。应根据成员资格时间、是否承包有土地等因素考虑怎么分、分多分少等。对于自治权利，法院不宜过多干预，除非该分配方案违反法律的禁止性规定，或者侵犯集体经济组织成员的合法权益。

---

① 现对应2020年修正的《农村土地承包司法解释》第22条。

【法律规定速查】

《中华人民共和国村民委员会组织法》（2018年12月29日修正）

第二条　村民委员会是村民自我管理、自我教育、自我服务的基层群众性自治组织，实行民主选举、民主决策、民主管理、民主监督。

村民委员会办理本村的公共事务和公益事业，调解民间纠纷，协助维护社会治安，向人民政府反映村民的意见、要求和提出建议。

村民委员会向村民会议、村民代表会议负责并报告工作。

《中华人民共和国农村土地承包法》（2018年12月29日修正）

第十三条　农民集体所有的土地依法属于村农民集体所有的，由村集体经济组织或者村民委员会发包；已经分别属于村内两个以上农村集体经济组织的农民集体所有的，由村内各该农村集体经济组织或者村民小组发包。村集体经济组织或者村民委员会发包的，不得改变村内各集体经济组织农民集体所有的土地的所有权。

国家所有依法由农民集体使用的农村土地，由使用该土地的农村集体经济组织、村民委员会或者村民小组发包。

《中华人民共和国土地管理法实施条例》（2021年7月2日修订）

第三十二条　省、自治区、直辖市应当制定公布区片综合地价，确定征收农用地的土地补偿费、安置补助费标准，并制定土地补偿费、安置补助费分配办法。

地上附着物和青苗等的补偿费用，归其所有权人所有。

社会保障费用主要用于符合条件的被征地农民的养老保险等社会保险缴费补贴，按照省、自治区、直辖市的规定单独列支。

申请征收土地的县级以上地方人民政府应当及时落实土地补偿费、安置补助费、农村村民住宅以及其他地上附着物和青苗等的补偿费用、社会保障费用等，并保证足额到位，专款专用。有关费用未足额到位的，不得批准征收土地。

问题 12：农嫁女离婚后，农嫁女及其抚养的子女是否可以享有夫家所在村集体经济组织分配权益？

【解答】

离婚并不能成为丧失集体经济组织成员资格的条件，农嫁女离婚后户口未迁出，仍然在夫家所在地的，并不丧失所在村集体经济组织成员的资格。村集体经济组织的决定违法侵犯成员权益的情况下，法院可以直接依据分配方案中同等条件下其他集体经济组织成员享有的分配权益直接判决，并未侵犯集体经济组织的自主分配权益。

【案例】
农嫁女离婚后，农嫁女及其子女在夫家集体经济组织的分配权益应受保护
——林某及其女谢某1诉某村村民委员会、某村经济合作社侵害
集体经济组织成员权益纠纷案[①]

案情： 原告林某与谢某于1992年10月登记结婚，婚后户口迁往谢某所在村，次年7月生育一女名谢某1（原告二）。1999年，谢某作为户代表与被告签订《土地承包合同》，并于同年取得土地承包权证，户内成员有谢某、林某、谢某1等。2007年7月，原告林某与谢某离婚，婚生女谢某1由原告林某抚养。2015年1月15日，林某及谢某1在被告村另立一户。2018年1月，被告村民会议通过征地款补偿分配方案，补偿原则以儿子为户数，分配比例总户头占50%，总人口占50%，年满18周岁立一户。现已离婚的一方带子女对象，虽户口未迁离本村，离走方不给予享受，子女与抚养方同等享受。每户头发放12 790元，每人口发放2750元。现谢某已再婚，并已生育一子，谢某按户分得12 790元，按人口共三人，分得8250元，合计21 040元。被告未将两原告列入分配名单。两原告不服起诉至法院，请求依法判令两被告支付两原告土地补偿分配款21 040元。

一审法院判决认为，现林某虽与谢某离婚，但其户口仍然登记在该村，且其在原户籍地未享受土地承包权益，故两原告提出对分配费按人口享有与本集体经济组织成员同等的分配权，应予支持（2750×2=5500元）。两原告另立的户口，并不代表其已经另立了一户土地承包户，故两被告根据分配方案，按原谢某户分配12 790元，符合规定。至于两原告按户应享有的分配权益，由其在谢某户内自行解决。被告不服，提起上诉。二审法院驳回上诉，维持原判。

分析： 2009年《农村土地承包法》第30条[②]规定，承包期内，妇女结婚，在新居住地未取得承包地的，发包方不得收回其原承包地；妇女离婚或者丧偶，仍

---

① 参见浙江省瑞安市人民法院（2019）浙0381民初10094号民事判决书。
② 现对应2018年修正的《农村土地承包法》第31条。

在原居住地生活或者不在原居住地生活但在新居住地未取得承包地的，发包方不得收回其原承包地。《妇女权益保障法》第33条第1款[①]规定，任何组织和个人不得以妇女未婚、结婚、离婚、丧偶等为由，侵害妇女在农村集体经济组织中的各项权益。农村集体经济组织成员资格是一项基本权利，是农民生存权和发展权的基础，不能因离婚而剥夺其原已享有的集体经济组织中的各项权益。离婚仅是对婚姻关系的解除，并不必然导致其对集体经济组织中的权利义务的变更，应以离婚后农嫁女及其子女是否已加入其他集体经济组织作为判断标准。农嫁女嫁入夫家后，其户口一般也随其夫迁入所在村庄，并在其夫所在的集体经济组织参与生产、生活，其已相应的退出原来的集体经济组织，如因离婚剥夺其成员资格，会导致离婚妇女缺乏基本生活保障，不利于弱势群体利益的保护。农嫁女在加入集体经济组织后，参与承包经营土地的耕作与管理，并履行了集体经济组织的义务，相应的应享有集体经济组织成员分配的权利。本案中，林某虽然离婚，但其户口仍然在夫家村，林某与其女儿谢某1均享有被告村的土地承包经营权，不能因林某离婚而剥夺其集体经济组织成员的资格。法院对村规民约的审查应仅限于违法性审查，而不应该作合理性审查。本案谢某与林某离婚后，谢某又再婚并生育一子，被告在分配时以户为单位进行分配，谢某户可以享受分配权益，而林某因离婚，林某及谢某1却无法享受分配权益，由于被告作出分配方案系按户分配，虽然未分配到个人不合理，但考虑该分配方案并未违法，一审中并未直接判决被告支付按户分配的补偿费合理，体现了对村民自治合法范围的事项不予干涉和村民会议决定的尊重。但若两被告剥夺了两原告按人口分配的资格，违反法律规定，法院可判决支付。法院按照被告通过的分配方案，即每人口发放2750元，依法直接判决两被告支付，是在遵循村民原分配方案基础上的判决，并未侵犯村民自治权。

【风险提示】

离婚妇女，其离婚并不能成为剥夺其集体经济组织分配权益的依据。离婚妇女作为弱势群体，其在离婚后的生活问题以及其抚养子女的生活问题，集体经济组织应当予以考虑，不能因其离婚剥夺其合法分配权益，更不能对男女进行不平等对待。

---

① 现对应2022年修订的《妇女权益保障法》第56条第1款。

【法律规定速查】

《中华人民共和国妇女权益保障法》（2022年10月30日修订）

第五十六条 村民自治章程、村规民约，村民会议、村民代表会议的决定以及其他涉及村民利益事项的决定，不得以妇女未婚、结婚、离婚、丧偶、户无男性等为由，侵害妇女在农村集体经济组织中的各项权益。

因结婚男方到女方住所落户的，男方和子女享有与所在地农村集体经济组织成员平等的权益。

第五十七条 国家保护妇女在城镇集体所有财产关系中的权益。妇女依照法律、法规的规定享有相关权益。

《中华人民共和国农村土地承包法》（2018年12月29日修正）

第六条 农村土地承包，妇女与男子享有平等的权利。承包中应当保护妇女的合法权益，任何组织和个人不得剥夺、侵害妇女应当享有的土地承包经营权。

第三十一条 承包期内，妇女结婚，在新居住地未取得承包地的，发包方不得收回其原承包地；妇女离婚或者丧偶，仍在原居住地生活或者不在原居住地生活但在新居住地未取得承包地的，发包方不得收回其原承包地。

第五十七条 发包方有下列行为之一的，应当承担停止侵害、排除妨碍、消除危险、返还财产、恢复原状、赔偿损失等民事责任：

（一）干涉承包方依法享有的生产经营自主权；

（二）违反本法规定收回、调整承包地；

（三）强迫或者阻碍承包方进行土地承包经营权的互换、转让或者土地经营权流转；

（四）假借少数服从多数强迫承包方放弃或者变更土地承包经营权；

（五）以划分"口粮田"和"责任田"等为由收回承包地搞招标承包；

（六）将承包地收回抵顶欠款；

（七）剥夺、侵害妇女依法享有的土地承包经营权；

（八）其他侵害土地承包经营权的行为。

《中华人民共和国民法典》（2020年5月28日）

第一千零八十七条 离婚时，夫妻的共同财产由双方协议处理；协议不成的，由人民法院根据财产的具体情况，按照照顾子女、女方和无过错方权益的原则判决。

对夫或者妻在家庭土地承包经营中享有的权益等，应当依法予以保护。

问题 13：承包期内土地被收回后，村民是否有权要回？

【解答】

农村土地承包经营权是农户的一项法定的民事权利，关系农户的基本生存权。承包到期后，依据国家政策法律规定，可以再行延长。在承包经营权人未放弃土地承包经营权之前，任何人或组织不得随意剥夺农户承包经营土地的权利。集体经济组织应将农户承包经营的土地返还。

【案例】

应依法保障农户承包土地的权利，不得擅自收回其承包经营的土地
——原告徐某与被告某村村民委员会农村土地承包合同纠纷案①

案情： 原告系被告村村民，户籍为农业户籍。1985年1月1日，原告、被告签订了《联产承包责任制合同书》，约定原告承包经营被告所有的口粮田2.66亩、责任田2.83亩，承包期限15年不变，增人减口15年内不作个别调整。原告将责任田2.83亩流转给其弟徐某1种植经营；自1994年始，原告将口粮田2.66亩流转给案外人吴某种植经营，吴某随后将口粮田流转给案外人张某种植经营，1999年，张某将该土地返还给原告，2000年年初，原告将该土地流转给案外人冯某种植经营。上述土地经营流转期间，土地占有种植人负责缴纳各项种植经营费用。1997年8月27日，中共中央办公厅、国务院办公厅发布了《关于进一步稳定和完善农村土地承包关系的通知》，其中第2条明确要求认真做好延长土地承包期的工作，在具体工作中，必须明确以下几点：(1)在第一轮土地承包到期后，土地承包期再延长30年，指的是家庭土地承包经营的期限。集体土地实行家庭联产承包制度，是一项长期不变的政策。(2)土地承包期再延长30年，是在第一轮土地承包的基础上进行的。开展延长土地承包期工作，要使绝大多数农户原有的承包土地继续保持稳定。不能将原来的承包地打乱重新发包，更不能随意打破原生产队土地所有权的界限，在全村范围内平均承包。已经做了延长土地承包期工作的地方，承包期限不足30年的，要延长到30年。(3)承包土地"大稳定、小调整"的前提是稳定。其中特别强调"小调整"只限于人地矛盾突出的个别农户，不能对所有农户进行普遍调整，不得利用"小调整"提高承包费，增加农民

---

① 参见天津市第二中级人民法院（2014）二中民一终字第0371号民事判决书。

负担。"小调整"的方案要经村民大会或村民代表大会三分之二以上成员同意并报乡（镇）人民政府和县（市、区）人民政府主管部门审批。1998年6月，在原《联产承包责任制合同书》承包期内，被告按照国家有关政策统一与本村村民签订了《农渔村集体经济承包合同书》，承包合同期限为30年，自1998年1月1日起至2027年12月31日止，但被告未与原告签订《农渔村集体经济承包合同书》。

原告徐某起诉请求依法延长原告与被告1985年1月1日订立的《联产承包责任制合同书》承包期限30年。

被告辩称，首先，原告、被告于1985年签订《联产承包责任制合同书》后，原告将该合同书所涉土地进行了数次流转，截至1998年第二轮土地延包时，原告名下已不存在任何土地，与被告不存在所谓的延包关系。其次，被告认为原告起诉已经超过诉讼时效。按照原告的陈述，1998年开始第二轮土地承包，原告应当知晓其权利受到侵害，但原告直至2014年起诉已经超过诉讼时效。最后，农村土地承包是民主自治，应当遵循民主协商，法院无权就承包合同的期限进行认定，本案不属于法院受理范围。综上所述，请求法院依法驳回原告的诉讼请求。一审判决延长原告徐某与被告签订的《联产承包责任制合同书》土地承包期限至2027年12月31日。驳回原告徐某的其他诉讼请求。

宣判后，被告提出上诉。二审判决驳回上诉，维持原判。

分析： 原告徐某系被告集体经济组织成员，1985年原告徐某以家庭联产承包方式取得土地承包经营权，并与被告签订了《联产承包责任制合同书》。根据当时的政策规定，承包合同约定的粮田土地承包期为15年不变。在土地承包期限内，虽然存在原告徐某将承包的土地交由他人耕种，并由土地实际种植经营人缴纳土地各项费用的事实，但该事实并不能认定为原告徐某将其土地承包经营权转让他人。被告所举证据地亩账，有多处改动痕迹，且无原告徐某的确认，该证据材料不具有证明效力。故，被告主张至1998年6月进行土地延包时，原告徐某名下已无承包土地，不能成立。1998年6月，被告按照国家相关政策与村民签订延长土地承包期限的《农渔村集体经济承包合同书》代替《联产承包责任制合同书》，根据政策规定，就原告徐某《联产承包责任制合同书》项下土地，被告应当与原告徐某签订《农渔村集体经济承包合同书》。被告未与原告徐某签订延包合同，原告徐某有权利要求延长土地承包经营权期限。原告徐某述称自2013年向案外人主张土地承包经营权时方知被告应当而没有与其签订土地延包合同，予以采信。故，被告以诉讼时效抗辩原告徐某的诉讼主张,不能成立。《农村土地承包司法解释》第 7 条规定:"承包合同约定或者土地承包经营权证等证书记载的承包期限短于农村土地承包法规定的期限,承包方请求延长的,应予支持。"原告徐某的诉讼主张符合上述规定。

【法律规定速查】

《中华人民共和国民法典》(2020 年 5 月 28 日)

第三百三十六条　承包期内发包人不得调整承包地。

因自然灾害严重毁损承包地等特殊情形,需要适当调整承包的耕地和草地的,应当依照农村土地承包的法律规定办理。

第三百三十七条　承包期内发包人不得收回承包地。法律另有规定的,依照其规定。

第三百三十九条　土地承包经营权人可以自主决定依法采取出租、入股或者其他方式向他人流转土地经营权。

《中华人民共和国农村土地承包法》(2018 年 12 月 29 日修正)

第十条　国家保护承包方依法、自愿、有偿流转土地经营权,保护土地经营权人的合法权益,任何组织和个人不得侵犯。

第二十八条　承包期内,发包方不得调整承包地。

承包期内,因自然灾害严重毁损承包地等特殊情形对个别农户之间承包的耕地和草地需要适当调整的,必须经本集体经济组织成员的村民会议三分之二以上成员或者三分之二以上村民代表的同意,并报乡(镇)人民政府和县级人民政府农业农村、林业和草原等主管部门批准。承包合同中约定不得调整的,按照其约定。

《最高人民法院关于审理涉及农村土地承包纠纷案件适用法律问题的解释》(2020 年 12 月 29 日修正)

第七条　承包合同约定或者土地承包经营权证等证书记载的承包期限短于农村土地承包法规定的期限,承包方请求延长的,应予支持。

第四章
农村土地承包经营权流转纠纷

第一节　概述

一、农村土地承包经营权流转纠纷的概念

土地承包经营权，是指以耕作、养殖或畜牧等农业为目的，承包人依法通过承包而取得的对农村土地占有、使用、收益的权利。

农村土地承包经营权流转纠纷，是指当事人之间因承包经营土地在流转经营过程中发生的争议。农村土地承包经营权流转纠纷案件是目前我国农村土地发生争议最多的案件。

土地承包经营权流转的主体，依照《农村土地承包法》的规定，是指享有承包权的农户。农户得依自己的意思将享有的农村土地承包经营权以转包、互换、出租、转让或者其他方式流转。任何组织和个人不得强迫或者阻碍。农户是指户口在农村的常住户。

承包经营权的流转实际上是对地上权的处分，其包含两种模式：一种是对承包合同的处分，即农户将与集体经济组织签订的承包合同有条件地转让给第三人，从而解除与集体经济组织的承包关系，如土地承包经营权的转让；另一种是不改变原与集体经济组织的承包关系，而是将承包合同标的物即土地经营权转由第三人使用、控制，如土地承包经营权的转包、出租、入股等。

土地承包经营权流转的目的是获得收益或补偿。依照《农村土地承包法》的规定，农户流转承包经营权后可以依法取得转包费、租金、转让费等，这种流转收益归承包方所有，任何组织和个人不得擅自截留、扣缴。

根据争议的权属类型和主要适用法律不同，分为涉物权纠纷和涉合同纠纷两大类，前者主要是就土地承包经营权的权利归属发生的纠纷，主要包括土地承包

经营权确认纠纷、承包地征收补偿费用分配纠纷、土地承包经营权继承纠纷；后者主要是因土地承包经营权流转合同履行过程中发生的纠纷，主要包括土地经营权转包合同纠纷、土地承包经营权转让合同纠纷、土地承包经营权互换合同纠纷、土地经营权入股合同纠纷、土地经营权抵押合同纠纷、土地经营权出租合同纠纷等。

二、我国的政策解读

2001年12月30日，中共中央下发了《关于做好农户承包地使用权流转工作的通知》，允许土地使用权的合法流转，规定"农户承包地使用权流转要在长期稳定家庭承包经营制度的前提下进行"，并提出"农户承包地使用权流转必须坚持依法、自愿、有偿的原则"。

2004年4月30日，国务院办公厅发布《关于妥善解决当前农村土地承包纠纷的紧急通知》，明确要尊重和保障外出务工农民的土地承包权和经营自主权，严格禁止违背农民意愿强迫流转承包地。

2008年10月，党的第十七届三中全会通过的《关于推进农村改革发展若干重大问题的决定》指出，要赋予农民更加充分而有保障的土地承包经营权，现有土地承包关系要保持稳定并长久不变；完善土地承包经营权权能，依法保障农民对承包土地占有、使用、收益等权利；加强土地承包经营权流转管理和服务，建立健全土地承包经营权流转市场；按照依法自愿有偿原则，允许农民以转包、出租、互换、转让、股份合作等形式流转土地承包经营权，发展多种形式的适度规模经营。

2013年3月1日，农业部、财政部、国土资源部、中农办、国务院法制办、国家档案局联合下发《关于确定2013年全国农村土地承包经营权登记试点地区的通知》，确定北京市平谷区等105个县（市、区）为2013年全国农村土地承包经营权登记试点地区，逐步展开农村土地承包经营权登记。

2014年11月20日，中共中央办公厅、国务院办公厅印发《关于引导农村土地经营权有序流转发展农业适度规模经营的意见》，该意见的关键要点为放活土地经营权，以家庭承包经营为基础，推进家庭经营、集体经营、合作经营、企业经营等多种经营方式共同发展；推进土地承包经营权确权登记颁证工作；鼓励创新土地流转形式；探索新的集体经营方式等。

2015年1月27日，农业部、中央农村工作领导小组办公室、财政部、国土部、国务院法制办、国家档案局联合发布《关于认真做好农村土地承包经营权确权登记颁证工作的意见》，明确2015年继续扩大试点范围，在2014年进行3个整省和27个整县试点的基础上，再选择江苏、江西、湖北、湖南、甘肃、宁夏、吉林、贵州、河南等9个省（区）开展整省试点，并提出要坚持稳定土地承包关系，现阶段农村土地工作坚持以确权确地为主。

2018年12月29日，第十三届全国人民代表大会常务委员会第七次会议对《农村土地承包法》进行修改，此次修改《农村土地承包法》的主要目的是依法保障农民的土地财产权益，稳定农村土地关系保持长久不变，扩大土地承包经营权权能，赋予第三方经营主体土地经营权。此次修改将过去的"两权分离"制度创新为"三权分置"，以更有效地保障农村集体经济组织和承包农户的合法权益，同时也更有利于促进现代农业发展。

2021年1月26日，农业农村部2021年第1次常务会议审议通过《农村土地经营权流转管理办法》，对土地流转的方式、流转合同、流转管理作出了明确规定。

第二节　涉物权纠纷及案例解读

土地纠纷中涉物权纠纷主要是土地承包经营权纠纷，因土地承包经营权的归属、使用、收益、处分及遭受侵害而发生的纠纷。

土地承包经营权的主要特征如下：

第一，土地承包经营权的主体具有特定性。土地承包经营权的主体为农业生产经营者。根据承包方式的不同，土地承包经营权的主体可以分为家庭承包的土地承包经营权主体即在承包地所属的村集体经济组织从事农业生产的个人或农户，其他方式承包的土地承包经营权主体即承包"四荒"土地及农田水利设施用地等土地的承包地所属的集体经济组织以外的单位或个人。

第二，土地承包经营权的客体是集体经济组织所有或国家所有的，为集体经济组织长期使用的农用土地。

第三，土地承包经营权是在他人土地上为农业性质的耕作、养殖或者畜牧的用益物权。

第四，土地承包经营权为有限物权。[①] 根据《民事案件案由规定》的分类，土地承包经营权纠纷项下包括土地承包经营权确认纠纷、承包地征收补偿费用分配纠纷、土地承包经营权继承纠纷。

土地承包经营权确认纠纷是对土地承包经营权是否成立以及其归属和内容发生的争议，而承包地征收补偿费用分配纠纷、土地承包经营权继承纠纷是在已经确立土地承包经营权归属的情况下发生的纠纷。

土地承包经营权纠纷一般由承包地所在地的人民法院管辖。

一、土地承包经营权确认纠纷存在的问题及相关案例

土地承包经营权确认纠纷，是指就土地承包经营权是否成立及其归属和内容所发生的纠纷。这里的确认纠纷是以享有实际的土地承包经营权为前提，如果尚未取得土地承包经营权，其主张享有土地承包经营权，属于土地使用权的确权纠纷，对于集体经济组织成员是否享有土地使用权，应该由行政主管部门进行确定。

问题 1：非本村的村民或单位可以承包本村的土地吗？

【解答】

集体经济组织的土地属于集体经济组织所有，本集体经济组织成员享有土地承包经营权。但是，随着土地流转法律政策的修改，本村的土地也可以承包给其他集体经济组织的成员或单位。2018年12月29日修正的《农村土地承包法》第52条规定，发包方将农村土地发包给本集体经济组织以外的单位或者个人承包，应当事先经本集体经济组织成员的村民会议三分之二以上成员或者三分之二以上村民代表的同意，并报乡（镇）人民政府批准。由本集体经济组织以外的单位或者个人承包的，应当对承包方的资信情况和经营能力进行审查后，再签订承包合同。可见，目前随着土地流转的加速，国家对土地承包经营权的对象已经逐渐放开，这样有利于引进先进的资源和技术人才，从而促进土地流转的发展。

---

① 景汉朝：《民事案件案由新释新解与适用指南》，中国法制出版社2018年版，第147页。

【案例】

村干部未经民主议定程序擅自以村委会名义对外发包土地合同无效
——某村民委员会与于某某土地承包经营权确认纠纷案[①]

案情： 2014年8月3日，朱某某在任某村党支部书记期间，以某村民委员会名义与外村村民于某某签订《土地使用权流转合同》，约定将某村50亩土地流转给于某某经营，流转时间为2014年10月20日至2025年10月20日。流转费为每亩每年400元。双方约定，若村民委员会提前收回土地，按剩余种植年限每年每亩600元的标准对于某某进行赔偿。后双方实际履行合同，于某某将土地承包费全部支付给朱某某。朱某某离任后，村民委员会以朱某某未经民主议定程序私自将村集体土地发包给外村村民于某某，侵害了村集体合法权益为由向人民法院提起诉讼，请求确认朱某某与于某某签订的《土地使用权流转合同》无效，并请求判令于某某返还其占有的村集体土地50亩。

审理法院认为，于某某非该村集体经济组织成员，朱某某未经法定的民主议定程序就以村民委员会名义向于某某发包村集体土地，亦未报当地政府批准，违反了《农村土地承包法》的相关规定，故朱某某以某村民委员会名义与于某某签订的《土地使用权流转合同》无效。法院判决于某某向某村民委员会返还其占有的土地50亩，并按照公平原则，判令某村民委员会以每年每亩400元的标准向于某某返还合同剩余土地经营年限4年的承包费80 000元及占用资金期间的利息。

典型意义： 本案案涉土地系村民委员会经营、管理的农民集体所有土地。依据《土地管理法》《农村土地承包法》的相关规定，案涉农村土地发包给本集体经济组织以外的单位或者个人承包，应当事先经本集体经济组织成员的村民会议三分之二以上成员或者三分之二以上村民代表的同意，并报乡（镇）人民政府批准。本案中，人民法院依法认定未经法定民主议定程序将村集体土地发包给村集体经济组织成员以外个人的合同无效，对于规范村集体对外发包土地行为，切实维护村集体及其成员的合法权益，维护农村社会和谐稳定具有重要意义。

[①] 参见最高人民法院2024年1月23日发布的涉农民事典型案例。

问题 2：没有取得土地承包经营权可以向法院起诉吗？

【解答】

集体经济组织成员因未实际取得土地承包经营权提起民事诉讼的，人民法院应当告知其向有关行政主管部门申请解决。法院作为司法机关，其行使的是司法权，是纠纷发生以后的再确认与分配，而不是对财产的初次分配。法院无权进行初始权利的分配。集体经济组织成员未实际取得土地承包经营权，不可以直接向法院起诉。

【案例】

村民因未实际取得土地承包经营权起诉的，法院不予受理
——董某诉刘某、某村民委员会土地承包经营权确认纠纷案①

案情：2002年8月10日，吴某与武某（刘某妻子）签订协议，约定吴某将涉案土地使用权及地上房屋转让给武某。2011年11月26日，原告董某（甲方）与被告刘某（乙方）签订了一份协议书，约定："一、甲方购买乙方位于地震台北侧道西第四栋日光温室及承包地、地上附着物，价格为人民币伍拾万元整（500 000元）；二、乙方在2012年6月1日前将房屋及猪舍交付甲方，乙方正居住的住房在7月交付甲方，甲方将购日光温室款一次性付清给乙方，并签订转让购买协议；三、甲方于2011年12月26日交付乙方购日光温室定金人民币壹万元整，如双方违约交对方违约金壹拾万元整。"被告出具三张收据及收条，载明其分三次收到原告该协议价款共计45万元。农村土地承包经营权证书显示：3305 液化气南土地0.143垧及附着物（房屋、日光温室）的承包方名称为吴某，承包期限自1996年1月1日至2016年12月31日。董某向一审法院起诉请求：依法确认董某对案涉日光温室使用范围内的1430平方米的土地具有承包经营权。一审法院认为：本案中董某主张其对涉案土地享有土地承包经营权，但现有证据不能证明董某为诉争土地的承包经营权人，涉案土地承包经营权现登记于吴某名下，现原告、被告双方对土地承包经营权有争议，土地使用权权属争议不属于民事案件受案范围。故裁定：驳回原告董某的起诉。

分析：2005年《农村土地承包司法解释》第1条第1款、第2款规定："下

---

① 参见吉林省敦化市人民法院（2019）吉2403民初370号民事裁定书。

列涉及农村土地承包民事纠纷，人民法院应当依法受理：（一）承包合同纠纷；（二）承包经营权侵权纠纷；（三）承包经营权流转纠纷；（四）承包地征收补偿费用分配纠纷；（五）承包经营权继承纠纷。集体经济组织成员因未实际取得土地承包经营权提起民事诉讼的，人民法院应当告知其向有关行政主管部门申请解决。"[①] 本案中，董某主张其对涉案土地享有承包经营权，但因董某并非从有承包经营权的吴某或武某处流转取得承包经营权，刘某妻子享有土地承包经营权不等于刘某享有土地承包经营权，现有证据不能证明刘某为诉争土地的承包经营权人，涉案土地承包经营权现登记于吴某名下，现原告、被告双方对土地承包权有争议，属于对土地使用权的权属确认争议，土地使用权权属争议不属于民事案件受案范围。

【风险提示】

《农村土地承包法》第23条规定："承包合同自成立之日起生效。承包方自承包合同生效时取得土地承包经营权。"土地承包经营权的取得需要签订土地承包合同。土地承包经营权人在实际取得土地承包经营权后，可以起诉要求法院确认其享有土地承包经营权，但如果未实际取得土地承包经营权，应当向有关行政主管部门申请解决。

【法律规定速查】

《中华人民共和国农村土地承包法》（2018年12月29日修正）

第二十三条　承包合同自成立之日起生效。承包方自承包合同生效时取得土地承包经营权。

《中华人民共和国土地管理法》（2019年8月26日修正）

第十四条第一款　土地所有权和使用权争议，由当事人协商解决；协商不成的，由人民政府处理。

《最高人民法院关于审理涉及农村土地承包纠纷案件适用法律问题的解释》（2020年12月29日修正）

第一条　下列涉及农村土地承包民事纠纷，人民法院应当依法受理：

（一）承包合同纠纷；

（二）承包经营权侵权纠纷；

（三）土地经营权侵权纠纷；

---

① 现对应2020年修正的《农村土地承包司法解释》第1条。

（四）承包经营权互换、转让纠纷；

（五）土地经营权流转纠纷；

（六）承包地征收补偿费用分配纠纷；

（七）承包经营权继承纠纷；

（八）土地经营权继承纠纷。

农村集体经济组织成员因未实际取得土地承包经营权提起民事诉讼的，人民法院应当告知其向有关行政主管部门申请解决。

农村集体经济组织成员就用于分配的土地补偿费数额提起民事诉讼的，人民法院不予受理。

问题 3：领取土地承包经营权证，而未签订土地承包合同，是否取得土地承包经营权？

【解答】

土地承包经营权作为一种用益物权，是依据土地承包合同而创设的，且不施行登记生效主义，土地承包经营权证书仅仅是证明土地承包经营权的凭证，并非设立土地承包经营权的依据，因此，在土地承包合同与土地承包经营权证书记载的内容不一致的情形下，应当以土地承包合同为准。承包合同自成立之日起生效。承包方自承包合同生效时取得土地承包经营权。无土地承包合同，但有土地承包经营权证书，不能作为取得土地承包经营权证的依据。

【案例】

未签订土地承包合同的不能取得土地承包经营权

——周某承包经营户与某村村民委员会、

某村经济合作社及第三人井某土地承包经营权纠纷案[①]

案情：1998 年第二轮土地承包时，周某承包某村土地 19.7 亩，案外人贺某承包某村土地 23.7 亩。2012 年 4 月 10 日，某村对贺某实际耕种土地进行实测时填写的农村承包耕地实清实测登记表中将当时贺某并没有和某村签订承包合同取得经营权但是实际耕种的 18.33 亩土地，填写为新增地，该实清实测登记表由测量

---

① 参见黑龙江省哈尔滨市中级人民法院（2019）黑 01 民终 2402 号民事判决书。

负责人赵某和村法定代表人以及贺某、周某签字确认。2015年3月4日，周某与贺某经某村签订了转让合同，贺某将家庭承包地23.7亩以及贺某没有和某村签订承包合同取得经营权但是实际耕种的18.33亩土地一共42.03亩全部转让给了周某，转包期限为2015年3月4日至2027年12月31日，并且在周某的农村土地承包经营权证书上进行了记载。2016年1月16日，周某与井某在没有某村参加的情况下自行签订土地转包合同，约定"周某将某村自己承包地55亩转包给井某经营耕种二年"，期限至2017年12月30日。2017年7月20日，合作社向井某收取了18.33亩土地2016年的新增资源承包费1400元。周某承包经营户向一审法院起诉请求：判令某村将周某承包地18.33亩核定为新增地源的行为违法；判令合作社收取18.33亩承包地新增资源承包费行为违法并判令返还收取的18.33亩承包地的新增资源承包费1400元。一审判决驳回原告诉讼请求。原告不服上诉后，二审判决驳回上诉，维持原判。

分析：《农村土地承包法》第23条规定，承包合同自成立之日起生效。承包方自承包合同生效时取得土地承包经营权。根据原《物权法》的规定（现《民法典》规定为第333条），以家庭承包方式取得的土地承包经营权作为一种用益物权，是依据土地承包合同而创设的，且不实行登记生效主义，土地承包经营权证书仅仅是证明土地承包经营权的凭证，并非设立土地承包经营权的依据，因此，在土地承包合同与土地承包经营权证书记载的内容不一致的情形下，应当以土地承包合同为准。

《农村土地承包法》第12条规定，国务院农业农村、林业和草原主管部门分别依照国务院规定的职责负责全国农村土地承包经营及承包经营合同管理的指导。县级以上地方人民政府农业农村、林业和草原等主管部门分别依照各自职责，负责本行政区域内农村土地承包经营及承包经营合同的管理。乡（镇）人民政府负责本行政区域内农村土地承包经营及承包经营合同管理。上述案例中，周某虽有土地承包经营权证书，但没有实际与某村村委会签订土地承包合同，其并未取得所占土地的土地承包权，该案涉土地被某村村委会作为新增地源进行收费，周某请求判令某村村委会将周某承包地核定为新增地源的行为违法并返还新增资源承包费，实质是确认某村村委会新增地源的行为无效，也就是确认某村村委会新增地源这个行政行为的无效。新增地源收费是人民政府农业农村主管部门依照自己的职责授权村委会实施的涉及农村土地承包经营的管理行为，该类案件不宜作为民事案件受理。

周某与贺某在合同中约定贺某将 42.03 亩土地交由周某经营后,在某村对贺某实际耕种土地进行实测时,将贺某没有与某村签订承包合同但实际耕种的 18.33 亩土地即案涉土地填写为新增地,并由测量单位、某村以及贺某、周某签字。依据周某签字行为,并结合某村提供的《土地承包合同书》记载贺某二轮承包 23.7 亩土地的情形,应当认定案涉土地不在贺某二轮土地承包经营范围内。周某在经营权变更登记记载转入贺某土地 42.03 亩却在实清实测登记表中将案涉土地填写为新增地的行为,系其对案件事实的自认以及对自己民事权利和诉讼权利的处分。某村在周某同意的情况下将案涉土地核定为新增地源的行为没有侵害周某的民事权益。《民法典》第 333 条规定,土地承包经营权自土地承包经营权合同生效时设立。农户取得土地承包经营权的途径是与发包方签订承包合同并以承包合同作为确定农户是否取得土地承包经营权的依据,而不是领取土地承包经营权证。周某虽然办理了土地承包经营权变更登记,但因缺少了土地承包合同而没有取得案涉土地经营权。

【风险提示】

《民法典》第 333 条第 1 款规定:"土地承包经营权自土地承包经营权合同生效时设立。"可见,《民法典》对土地承包经营权的物权变动模式采用了意思主义物权变动模式,因此,在承包合同与土地承包经营权证发生冲突时,应以承包合同作为确定农户取得土地承包经营权的依据。农户取得土地承包经营权的途径是与发包方签订承包合同,并以有无承包合同作为确定农户是否取得土地承包经营权的依据,而不是领取土地承包经营权证。虽然办理了土地承包经营权变更登记,但因未签订农村土地承包合同,也不能取得案涉土地承包经营权。

【法律规定速查】

《中华人民共和国农村土地承包法》(2018 年 12 月 29 日修正)

第二十条 土地承包应当按照以下程序进行:

(一)本集体经济组织成员的村民会议选举产生承包工作小组;

(二)承包工作小组依照法律、法规的规定拟订并公布承包方案;

(三)依法召开本集体经济组织成员的村民会议,讨论通过承包方案;

(四)公开组织实施承包方案;

(五)签订承包合同。

第二十二条 发包方应当与承包方签订书面承包合同。

承包合同一般包括以下条款：

（一）发包方、承包方的名称，发包方负责人和承包方代表的姓名、住所；

（二）承包土地的名称、坐落、面积、质量等级；

（三）承包期限和起止日期；

（四）承包土地的用途；

（五）发包方和承包方的权利和义务；

（六）违约责任。

第二十三条 承包合同自成立之日起生效。承包方自承包合同生效时取得土地承包经营权。

《中华人民共和国土地管理法》（2019年8月26日修正）

第十三条 农民集体所有和国家所有依法由农民集体使用的耕地、林地、草地，以及其他依法用于农业的土地，采取农村集体经济组织内部的家庭承包方式承包，不宜采取家庭承包方式的荒山、荒沟、荒丘、荒滩等，可以采取招标、拍卖、公开协商等方式承包，从事种植业、林业、畜牧业、渔业生产。家庭承包的耕地的承包期为三十年，草地的承包期为三十年至五十年，林地的承包期为三十年至七十年；耕地承包期届满后再延长三十年，草地、林地承包期届满后依法相应延长。

国家所有依法用于农业的土地可以由单位或者个人承包经营，从事种植业、林业、畜牧业、渔业生产。

发包方和承包方应当依法订立承包合同，约定双方的权利和义务。承包经营土地的单位和个人，有保护和按照承包合同约定的用途合理利用土地的义务。

《中华人民共和国民法典》（2020年5月28日）

第三百三十三条 土地承包经营权自土地承包经营权合同生效时设立。

登记机构应当向土地承包经营权人发放土地承包经营权证、林权证等证书，并登记造册，确认土地承包经营权。

问题 4：针对未取得的土地承包经营权要求赔偿提起的民事诉讼，法院是否支持？

【解答】

诉讼赔偿的前提是基于集体经济组织成员享有的土地承包经营权受到侵害，因未实际取得土地承包经营权，也就不存在因此而造成的损失，故其提起的民事赔偿诉讼的利害关系不存在。应先由行政主管部门确权后，再起诉请求民事赔偿。未取得土地承包经营权的情况下，直接起诉请求赔偿的，法院不予受理。

【案例】
未取得土地承包经营权，直接起诉要求村委会赔偿损失，法院不予受理
——邹某诉某村村民委员会土地承包合同纠纷案①

案情：原告系被告某村村民，于2001年申请享受农村五保供养待遇，村里在2004年将原告承包的责任田收回，依据《辽宁省农村五保供养办法》第20条规定，其私有财产可以由农村五保供养服务机构代管，具体方式应当在供养协议中载明，私有财产被他人合法占用的，占用人应当履行供养义务或者支付收益。原告起诉请求法院判令被告赔偿承包田的财产损失总计6万元。一审法院认为，原告邹某作为五保户，未取得农村土地承包经营权，属于集体经济组织成员因未实际取得土地承包经营权，人民法院应当告知其向有关行政主管部门申请解决的情形。综上所述，依照《农村土地承包司法解释》第1条第2款之规定，裁定驳回原告邹某的起诉。

分析：2004年《土地管理法》第16条规定："土地所有权和使用权争议，由当事人协商解决；协商不成，由人民政府处理。单位之间的争议，由县级以上人民政府处理；个人之间、个人与单位之间的争议，由乡级人民政府或者县级以上人民政府处理。当事人对有关人民政府的处理决定不服的，可以自接到处理决定通知之日起三十日内，向人民法院起诉。在土地所有权和使用权争议解决前，任何一方不得改变土地利用现状。"②本案中，原告主张赔偿的诉讼是基于其享有土地承包经营权而提起，在其未实际取得土地承包经营权之前，相应的赔偿诉讼不属于法院受理范围，应由有关行政主管部门解决。

【风险提示】
土地承包经营权实际取得是法院受理土地承包经营权类型纠纷案件的前提，实际取得的依据是其有签订过土地承包合同或者相关的权利享有凭证，如果未签订土地承包合同的，基于土地承包经营权衍生的相关赔偿诉讼，均不属于法院受理

---

① 参见辽宁省沈阳市苏家屯区人民法院（2018）辽0111民初3940号之一民事裁定书。
② 现对应2019年修正的《土地管理法》第14条。

范围。应先由人民政府处理，对人民政府的处理决定不服的，再向人民法院起诉。

【法律规定速查】

《中华人民共和国土地管理法》（2019年8月26日修正）

第十四条　土地所有权和使用权争议，由当事人协商解决；协商不成的，由人民政府处理。

单位之间的争议，由县级以上人民政府处理；个人之间、个人与单位之间的争议，由乡级人民政府或者县级以上人民政府处理。

当事人对有关人民政府的处理决定不服的，可以自接到处理决定通知之日起三十日内，向人民法院起诉。

在土地所有权和使用权争议解决前，任何一方不得改变土地利用现状。

《最高人民法院关于审理涉及农村土地承包纠纷案件适用法律问题的解释》（2020年12月29日修正）

第一条　下列涉及农村土地承包民事纠纷，人民法院应当依法受理：

（一）承包合同纠纷；

（二）承包经营权侵权纠纷；

（三）土地经营权侵权纠纷；

（四）承包经营权互换、转让纠纷；

（五）土地经营权流转纠纷；

（六）承包地征收补偿费用分配纠纷；

（七）承包经营权继承纠纷；

（八）土地经营权继承纠纷。

农村集体经济组织成员因未实际取得土地承包经营权提起民事诉讼的，人民法院应当告知其向有关行政主管部门申请解决。

农村集体经济组织成员就用于分配的土地补偿费数额提起民事诉讼的，人民法院不予受理。

问题 5：如何认定土地承包经营权已经实际取得？

【解答】

土地承包经营权的取得有两种途径：一是原始取得，即直接从发包人处取得，土地承包经营权自土地承包合同生效时设立。二是继受取得，即土地承包经营权人取得土地承包经营权是从其他承包经营权人处流转取得，流转双方应当签订书面合同且经发包方同意或者备案。土地经营权流转，当事人双方应当签订书面流转合同。从两种取得途径看，土地承包经营权实际取得的依据是签订书面合同。

【案例】

已经与村委会签订承包合同书应确认其享有土地承包经营权
——王某1与某村村民委员会、第三人王某2土地承包经营权确认纠纷案[①]

案情：2016年下半年，原告王某1携带《集体土地农业用地使用证》和《土地承包合同书》到某村村民委员会进行土地确权，村民委员会以原告和第三人王某2之间有土地纠纷为由暂停确权。诉争土地为原告西南岭3.6亩承包地（王某2租种原告的承包地）。第三人王某2称诉争土地已过户到其名下且称某村二轮土地承包合同书已进行了修改。之后两年，原告多次与某村协商处理此事未果。此后原告通过信访投诉，某村于2018年6月21日同意在村民委员会办公室查看原告的留存合同。经查，发现一轮（1982年）和二轮（1995年）土地承包合同均被修改，但没有相关村委会工作人员的签认，且此前原告对此事并不知情。2018年7月9日，经乡纪委工作人员现场实地调查取证并询问当年老会计后，确认土地承包合同中修改内容的真实意思并非将诉争土地承包经营权转移至王某2名下，而只是作为租种时计提（交公粮）依据，且原告签名捺印并非原告本人所签，是会计个人所为。原告系被告某村集体经济组织成员。1995年第二轮土地承包时，原告代表户内成员与被告某村签订《土地承包合同》，取得了16.6亩土地的承包经营权，其中包括案涉3.6亩土地。1995年1月，土地管理局依据《土地承包合同书》为原告登记颁发了《集体土地农业用地使用证》。2016年新一轮土地确权时，原告与第三人王某2因诉争"西南岭3.6亩"土地权属产生争议，后经乡、村两级协商解决未果，引发本案诉讼。法院判决确认原告对"西南岭3.6亩"土地享有承包经营权。

分析：原告作为农户与被告发包方某村自愿签订农村土地承包合同，并据此取得《集体土地农业用地使用证》，应当认定原告王某1依法取得了诉争土地的承包经营权，其合法权益受法律保护。在承包期内，非依法定程序调整，其土地承

[①] 参见山西省大同市平城区人民法院（2018）晋0213民初951号民事判决书。

包经营权不得变更。第三人王某2虽辩称与原告口头约定对诉争土地进行了转让，但其未提供证据证明其承担了诉争土地的交纳征购提留款、农业税及领取粮食直补款等承包经营权利义务，无法证明双方已按口头合同约定内容实际履行，而且作为发包方的某村出具证明证实，村委会会计在土地承包合同底簿标注内容仅作为农业税费交纳的依据，并不代表土地权属变更转让。综上所述，第三人王某2关于诉争土地承包经营权转让为其所有的抗辩理由，依据不足，不予采纳。对于原告主张确认享有"西南岭3.6亩"土地承包经营权的诉请，予以支持。

【风险提示】

土地承包经营权人对承包经营土地负有管理的义务，在其将土地交给他人代为管理经营时，应签订书面合同，明确双方的权利义务，以防止发生纠纷。承包合同是明确发包方、承包方的权利义务关系并具有法律效力的文书，是承包方依法承包集体所有的土地的合法依据，是约定当事人双方权利义务的重要凭证，土地承包到户后，一定要签订书面合同。签订书面承包合同，便于当事人认真履行合同，互相监督，也有利于解决可能出现的纠纷。《农村土地承包法》对书面承包合同内容进行明确规定，应予以遵守，以防止纠纷的发生。

【法律规定速查】

《中华人民共和国农村土地承包法》（2018年12月29日修正）

第二十条 土地承包应当按照以下程序进行：

（一）本集体经济组织成员的村民会议选举产生承包工作小组；

（二）承包工作小组依照法律、法规的规定拟订并公布承包方案；

（三）依法召开本集体经济组织成员的村民会议，讨论通过承包方案；

（四）公开组织实施承包方案；

（五）签订承包合同。

第二十二条 发包方应当与承包方签订书面承包合同。

承包合同一般包括以下条款：

（一）发包方、承包方的名称，发包方负责人和承包方代表的姓名、住所；

（二）承包土地的名称、坐落、面积、质量等级；

（三）承包期限和起止日期；

（四）承包土地的用途；

（五）发包方和承包方的权利和义务；

（六）违约责任。

第二十三条　承包合同自成立之日起生效。承包方自承包合同生效时取得土地承包经营权。

《中华人民共和国民法典》（2020 年 5 月 28 日）

第三百三十三条　土地承包经营权自土地承包经营权合同生效时设立。

登记机构应当向土地承包经营权人发放土地承包经营权证、林权证等证书，并登记造册，确认土地承包经营权。

问题 6：代耕人是否因代耕取得土地承包经营权？

【解答】

代耕人，是指经土地承包经营权人的委托而代替其使用和管理承包土地的人。现实中，许多农户由于无力耕种，而将土地交由其他集体经济组织成员代为管理并耕种，有的代为耕种时间长达数年之久，代耕人与承包经营权人之间形成的是新的合同关系，代耕人在合同未约定转让土地承包经营权的情况下，不能因代耕而取得代耕土地的承包经营权。承包经营权人主张代耕人返还土地的，人民法院应予支持。法院应综合考虑实际情况，作出判决。

【案例】

代耕他人土地，不能因代耕而取得土地承包经营权
——张某 1 与张某 2 土地承包经营权确权纠纷案[①]

案情： 原告、被告之间是同村同宗叔侄关系。20 世纪 80 年代初期，某村按照国家政策实行分田到户，原告户分得责任田，其中包括案涉 0.6 亩耕地。1991 年至 1992 年，经双方协商，原告将案涉耕地交给被告作鱼塘使用。此后，通过被告的开挖，被告开始对案涉土地在内的约 8 亩的鱼塘进行经营养殖至今，双方一直相安无事。后二人产生纠纷，当地政府《关于张某 1 信访事项的处理意见书》中载：经查实，案涉土地面积 0.6 亩，属水田。该地本来是你（张某 1）使用，在 1990 年左右，该地连同周边土地被张某 2 挖鱼塘，并由张某 2 使用。现双方就

---

① 参见广东省惠州市中级人民法院（2018）粤 13 民终 5653 号民事判决书。

使用权属问题产生纠纷……原告向一审法院提出以下诉讼请求：判令被告立即停止侵权，恢复、还原0.6亩水田并归还给原告，确认由原告使用该土地。

本案系土地承包经营权确认纠纷，法院应当对当事人的合法权益予以平等保护。一审判决驳回其诉讼请求，原告上诉。二审法院判决：一、撤销一审民事判决；二、被告张某2应于判决发生法律效力之日起三十日内返还案涉0.6亩土地承包经营权给原告张某1。

分析： 代耕者与被代耕者二者之间仅系一种委托耕种关系，而并非土地承包经营权的转包，其法律特征符合土地经营权转包的构成条件。具体表现在：第一，转包发生在原土地承包户与次承包人之间。第二，转包只要不违反法律禁止性规定，可不经原始发包人（村集体）的同意和参与，这与代耕的产生及形成过程一致。第三，转包不导致原承包人的土地承包经营权消灭，这与被代耕人保留《土地承包经营权证》《农村土地使用权证》等权属证书的实际情况一致。第四，转包的对价在原承包人与次承包人身上得到体现，这与代耕人获得收益和被代耕人免去缴纳税费义务的实际情况一致。上述四点，体现了代耕关系所具有的土地经营权转包的法律性质。承认了代耕关系的转包性质，也就承认了被代耕人保留和享有的土地承包经营权。因此，在一般的代耕关系中，对于原土地承包经营户提出确认其对代耕地之土地承包经营权的，或者要求代耕人在合理期限交还代耕地的，应予支持。

代耕是承包方在一定期限内将部分或者全部土地由本集体经济组织内部的其他农户代为耕种，承包方与发包方的承包关系不变。本案土地承包经营权流转行为发生在1991年至1992年，判断土地承包经营权流转的依据是当时的法律法规，不能适用2003年实施的《农村土地承包法》。而当时，土地承包经营权流转只有两种类型，一是自愿交回集体或弃耕、丢荒由集体收回重新发包，二是代耕。从双方当时的约定看，原告并未将土地交回集体重新发包。既然不存在重新发包，那么原告、被告之间就是代耕关系，即原告将案涉0.6亩耕地交由被告代耕。被告并未与村集体签订承包合同，被告不能因代耕取得土地承包经营权。

【风险提示】

土地承包经营权应通过和集体经济组织签订书面承包合同而取得。代耕仅仅是取得土地的经营权，并不能因耕种而获得土地的承包权，村民的承包权非因其主动放弃而不能随意剥夺。村民可以将自己承包的土地出租或免费让他人耕种，但他人不能因耕种而获得土地的承包权。土地承包权和土地经营权可以分离。

【法律规定速查】

《中华人民共和国农村土地承包法》（2018年12月29日修正）

第九条 承包方承包土地后，享有土地承包经营权，可以自己经营，也可以保留土地承包权，流转其承包地的土地经营权，由他人经营。

第四十条 土地经营权流转，当事人双方应当签订书面流转合同。

土地经营权流转合同一般包括以下条款：

（一）双方当事人的姓名、住所；

（二）流转土地的名称、坐落、面积、质量等级；

（三）流转期限和起止日期；

（四）流转土地的用途；

（五）双方当事人的权利和义务；

（六）流转价款及支付方式；

（七）土地被依法征收、征用、占用时有关补偿费的归属；

（八）违约责任。

承包方将土地交由他人代耕不超过一年的，可以不签订书面合同。

《中华人民共和国民法典》（2020年5月28日）

第五百零九条 当事人应当按照约定全面履行自己的义务。

当事人应当遵循诚信原则，根据合同的性质、目的和交易习惯履行通知、协助、保密等义务。

当事人在履行合同过程中，应当避免浪费资源、污染环境和破坏生态。

第五百一十条 合同生效后，当事人就质量、价款或者报酬、履行地点等内容没有约定或者约定不明确的，可以协议补充；不能达成补充协议的，按照合同相关条款或者交易习惯确定。

问题 7：土地承包经营权在第一轮承包到期后，第二轮必然继续享有对该土地的承包经营权吗？

【解答】

集体经济组织作为集体土地的所有人和管理主体，经过集体组织成员依法表决后，可以在集体经济组织内部重新分配发包土地。集体经济组织依法在第一轮土地承包期限届满时收回承包地，并在第二轮承包开始后在集体经济组织内重新对土地进行分配发包，第一轮承包时的承包人主张对原承包地仍享有承包经营权的，不予支持。

【案例】
土地承包经营合同到期后，集体经济组织有权重新发包土地
——方某1、方某2诉刘某承包经营权合同纠纷案[①]

案情： 1985年，被告刘某一家在某村落实第一轮土地承包期间，分得该村口粮田，面积约0.8亩。2010年该村在进行第二轮土地承包时，原分给刘某一家的口粮田被收回集体。2011年8月3日，该村经民主议定程序，决定将本村果园地（面积约6.2亩）进行发包，并经镇政府批准。被告刘某原经营的口粮田在该村发包的果园地范围内。2011年8月8日，该村将果园地发包以公开投标方式进行公示，2011年8月15日，原告方某1、方某2及吴某共同参与投标中标并与该村签订《果园承包合同》，合同约定了承包地点、面积、四至、承包期限、承包款等内容。合同由双方签名盖章并经镇农村承包合同办理处鉴证。合同签订后，方某1、方某2依约上缴了全部承包款，在取得承包果园地承包经营权后没有进行经营管理。2014年8月，被告刘某在原告承包的果园西侧建一约20平方米的房屋，并委托其胞弟刘某1继续对其原分得的口粮田地进行经营管理。原告方某1、方某2向法院起诉要求被告刘某自行拆除、清退其建设位于果园的房屋一间及所围墙基，并将该范围的土地归还被告经营，法院判决予以支持。

分析： 原告依据《果园承包合同》及镇政府批准承包经营土地并缴纳了土地承包费，可以证实原告已通过向该村经联社承包的方式获得案涉土地的承包经营权。被告主张其占用的土地系村第一轮承包分配给其家庭的，但从本案证据来看，该村村委会已于2009年11月8日向镇政府提出申请，拟将村第一轮承包的口粮田和责任田收回集体进行重新分配，镇政府于2009年11月13日批复予以同意，而后该村经联社将案涉土地进行发包并经过镇政府的同意。现被告并没有提交证据证实其在该村第二轮土地承包中继续获得案涉土地的经营权，因此，刘某主张其占用的土地系村分配给其家庭的口粮田的理由不成立。

[①] 参见广东省揭阳市中级人民法院（2017）粤52民终482号民事判决书。

【风险提示】

法律规定承包期内不得收回承包地。承包期满后，集体经济组织有权依法收回承包地，并重新发包。集体经济组织是农村土地的所有权人，其有权经过其组织内成员大会或代表会议表决通过后，在集体经济组织内部重新分配发包土地。

【法律规定速查】

《中华人民共和国农村土地承包法》（2018年12月29日修正）

第二十一条　耕地的承包期为三十年。草地的承包期为三十年至五十年。林地的承包期为三十年至七十年。

前款规定的耕地承包期届满后再延长三十年，草地、林地承包期届满后依照前款规定相应延长。

第二十八条　承包期内，发包方不得调整承包地。

承包期内，因自然灾害严重毁损承包地等特殊情形对个别农户之间承包的耕地和草地需要适当调整的，必须经本集体经济组织成员的村民会议三分之二以上成员或者三分之二以上村民代表的同意，并报乡（镇）人民政府和县级人民政府农业农村、林业和草原等主管部门批准。承包合同中约定不得调整的，按照其约定。

第二十九条　下列土地应当用于调整承包土地或者承包给新增人口：

（一）集体经济组织依法预留的机动地；

（二）通过依法开垦等方式增加的；

（三）发包方依法收回和承包方依法、自愿交回的。

第三十条　承包期内，承包方可以自愿将承包地交回发包方。承包方自愿交回承包地的，可以获得合理补偿，但是应当提前半年以书面形式通知发包方。承包方在承包期内交回承包地的，在承包期内不得再要求承包土地。

《中华人民共和国民法典》（2020年5月28日）

第三百三十二条　耕地的承包期为三十年。草地的承包期为三十年至五十年。林地的承包期为三十年至七十年。

前款规定的承包期限届满，由土地承包经营权人依照农村土地承包的法律规定继续承包。

《最高人民法院关于审理涉及农村土地承包纠纷案件适用法律问题的解释》（2020年12月29日修正）

第五条　承包合同中有关收回、调整承包地的约定违反农村土地承包法第二十七条、第二十八条、第三十一条规定的，应当认定该约定无效。

第六条 因发包方违法收回、调整承包地，或者因发包方收回承包方弃耕、撂荒的承包地产生的纠纷，按照下列情形，分别处理：

（一）发包方未将承包地另行发包，承包方请求返还承包地的，应予支持；

（二）发包方已将承包地另行发包给第三人，承包方以发包方和第三人为共同被告，请求确认其所签订的承包合同无效、返还承包地并赔偿损失的，应予支持。但属于承包方弃耕、撂荒情形的，对其赔偿损失的诉讼请求，不予支持。

前款第（二）项所称的第三人，请求受益方补偿其在承包地上的合理投入的，应予支持。

问题 8：村民与村委会签订承包合同后，村委会可以因为选举换届而主张已经签订的合同无效吗？

【解答】

村委会与村民签订合同，经过了民主议定程序表决通过，为有效合同，村委会应当履行合同。上届村委会与下届村委会选举换届，虽然组成人员不同，但不影响村委会作为法人主体对外的效力。上届村委会签订的合同，对下届村委会有约束力，下届村委会成员不得以换届为理由，主张上一届村委会签订的发包合同无效。承包合同对双方均具有约束力，村委会应当予以遵守。

【案例】

村委会与村民签订土地承包合同后，不得因承办人或者
村委会班子人员的换届变动而变更或者解除
——高某与某村村民委员会农村土地承包合同纠纷案[①]

案情： 1998 年二轮土地发包前，原告高某与某村村民刘某登记结婚，高某户籍未迁移到该村。二轮土地发包时，因高某家未能向村集体交纳 5000 元村委会建设补偿款，发包方某村集体未发包给刘某和二人生育的女儿高某 1 责任田。案涉 30 亩土地原属于某村的人工林，2007 年、2008 年打防火隔离带开垦了该块土地，面积为 330 亩，由村委会承包给高某耕种了多年。近年来，高某开始向村集体和政府有关部门主张要地事宜。2017 年，高某向村集休主张重新分得上地，未

[①] 参见黑龙江省黑河市爱辉区人民法院（2018）黑 1102 民初 1447 号民事判决书。

能解决，后向乡政府反映，乡政府与该村村委会干部沟通后责令村集体予以解决，该届村委会干部商量后形成将该村委会房后的防火隔离带中的30亩发包给高某家耕种的意见。2017年7月5日，村民委员会班子成员李某、王某、王某1、戴某、梁某召开会议，会议决定，二轮土地发包时高某没有交钱是没有分得土地的原因，经上级部门答复可以给地，但需补交5000元钱，村委和党委一致同意给地，现在召开村民代表大会决议，李某、王某、王某1、梁某在《会议记录》上签字捺印。当天高某召集该村村民到村委会召开村民代表会议，会议主持人为时任村委会主任李某，记录人为村委会会计王某，会议记载，首先村主任李某发言，高某1（高某女儿）1998年分地时只分得3亩，当时想要30亩土地必须交5000元，但高某1父亲高某当时拿不出这些钱。现在村里防火隔离带有330亩，经两委决定给高某1东面30亩，现在看看大家的意见……最后大家你一言我一语地表示了自己的意见，一致通过给高某1该村防火隔离带东面的30亩土地，无直补。会上和会后有28位村民在《会议记录》上签字捺印，同意将防火隔离带中的30亩发包给高某1耕种，当天高某在村委会安排部分村民就餐以示谢意。2017年11月16日，东山村村委会与高某签订了《土地发包合同》，村委会将其房后的防火隔离带30亩发包给高某家耕种，约定承包期自2017年11月16日至第三轮土地发包时止，高某一次性交清1998年二轮土地发包时村委会建设补偿款5000元，无直补补贴（综合油补贴），只有种植补贴给予补助。当日，高某按照合同约定支付给时任村会计王某5000元，会计向其出具书面收据。2018年2月，该村经选举产生新一届村委会干部，原村会计王某将高某的补交款5000元上交该届村委会干部遭到拒收。而后新一届村委会召开村民会议，决定将村里防火隔离带330亩土地包括上届村委会发包给高某家的30亩一同发包给该村村民路某一年，当年案涉土地30亩由路某承包耕种。

高某诉请确认原告与被告签订的《土地发包合同》合法有效，并将属于原告使用的土地归原告使用。

被告村民委员会辩称，2018年2月7日经选举产生新一届村委会班子，原告说的《土地发包合同》、《会议记录》和交款的收据，现村委会班子不清楚，经核查没有这笔5000元的款项。原告提供的《会议记录》和《土地发包合同》不具有法律效力。

一审法院判决，确认原告高某与被告某村村民委员会于2017年11月16日签订的《土地发包合同》合法有效，双方继续履行合同。

分析：《农村土地承包法》第3条规定，农村土地承包采取农村集体经济组织内部的家庭承包方式，农村集体经济组织成员有权依法承包由本集体经济组织发包的农村土地，任何组织和个人不得剥夺和非法限制农村集体经济组织成员承包土地的权利。农民通过家庭承包方式依法享有土地承包权，在性质上属于物权，发包方以承包人未交纳相关费用而不予分给土地是对法定物权的侵害，集体经济组织成员因未实际取得土地承包经营权可以向有关行政主管部门申请解决。本案中，高某妻子和女儿系某村集体成员，1998年二轮土地承包时，因高某未能交纳村委会建设补偿款而未实际取得土地承包权。近年来，高某一家向村集体及有关部门反映并主张分得土地，经村委会研究决定将村委会防火隔离带中30亩土地发包给高某家耕种，并召开村民代表会议表决，而后由村委会和家庭户主高某签订了《土地发包合同》，高某按照合同约定补交了相关费用5000元。高某作为家庭户主，代其女儿主张取回土地承包权，村委会在其管理的防火隔离带的土地中给予调剂解决，符合当前的国家法律政策，亦没有违背民主议定原则。原《合同法》规定，依法成立的合同，受法律保护，对当事人具有法律约束力。[①]当事人应当按照约定履行自己的义务，不得擅自变更或者解除合同。双方签订的《土地发包合同》不违反法律的强制性规定，是当事人的真实意思表示，发包方不得因承办人或者村委会班子人员的换届变动而变更或者解除。

【风险提示】

农村土地承包经营权的取得应以农村土地承包合同为依据，一旦村民代表大会表决同意，并签订土地承包合同，合同即应予以遵守。除非存在法律规定的无效情形，否则，双方应该依法履行合同确定的权利义务。村委会换届仅是其内部工作人员的变动，并不导致对外民事主体的变更，不影响上届村委会签订合同的效力。

【法律规定速查】

《中华人民共和国农村土地承包法》（2018年12月29日修正）

第二十五条 承包合同生效后，发包方不得因承办人或者负责人的变动而变更或者解除，也不得因集体经济组织的分立或者合并而变更或者解除。

《中华人民共和国民法典》（2020年5月28日）

第五百三十二条 合同生效后，当事人不得因姓名、名称的变更或者法定代表人、负责

---

① 现对应《民法典》第465条。

人、承办人的变动而不履行合同义务。

问题 9：村民能否起诉要求法院判决集体经济组织与其签订第二轮农村土地承包合同？

【解答】

农民的土地承包经营权属于用益物权，系通过一定形式依法取得的特定物权。根据《农村土地承包法》相关规定，只有农村集体经济组织与村民订立了农村土地承包经营合同，村民才能取得土地承包经营权。二轮土地承包合同是一份新的合同，缔约应在意思表示一致的基础上，且缔约主体意思自由，人民法院亦不能判决强制要求农村集体经济组织与其成员签订土地承包经营合同。

【案例】

村民与集体经济组织未签订承包合同的情况下，
法院不得判决强制要求双方签订合同
——沈某与某村村民委员会、某村股份经济合作社、第三人王某、俞某
土地承包经营权纠纷案[①]

案情： 原告沈某原系被告某村的村民。1983 年，原告取得家庭承包田 3.5 亩。1999 年 4 月 30 日，原告农转非迁入城镇。原告与第三人王某均确认在 1988 年原告将其所有的知青房转让给第三人王某，但此转让是否包含农田双方各执一词，后第三人在受让的房屋基础上扩建了相应房屋并进行了相应农村私人建房审批，故原告第一轮承包田 3.5 亩中 1.6 亩包含第三人在第二轮土地承包权上的 1.384 亩及后扩建房屋经审批部分转为农村建房宅基地。另原告第一轮承包田中的 1.9 亩交由俞某 1（系第三人俞某之父，俞某 1 现已故）种植，据俞某陈述，此 1.9 亩土地在第二轮承包中已由某村承包给他人种植。对第三人俞某该陈述，被告某村村民委员会予以确认。原告曾向有关部门进行信访等，2009 年 10 月 25 日，原告所在地农业经济局就原告丈夫就承包土地方面信访一事出具《关于信访事项调处情况的报告》，载明"经查，信访人沈某原系某村 10 社（现并入被告某村村民委员会）农民，当初仅沈某一人为农业户口，并在农村第一轮土地承包时

[①] 参见浙江省嘉善县人民法院（2018）浙 0421 民初 4890 号民事裁定书。

取得 3.5 亩承包土地。第二轮承包时未签订承包合同，沈某于 1999 年 4 月 30 日迁入城镇转为非农户口。据反映，沈某未取得二轮承包土地原因在于除划给其他农户承包的土地之外，另有 1.5 亩由本村农户即第三人王某种植，在二轮土地承包时由王某户签订承包合同，当初沈某未提出异议。故建议被告某村村民委员会在全面掌握情况的基础上，尽快根据规定程序，妥善进行调处"。法院经审理认为，原告认为其享有土地承包经营权，向法院起诉集体经济组织要求承包土地，人民法院不应予以受理，已经受理的应当驳回起诉。

分析：本案原告没有通过订立农村土地承包经营合同而合法取得土地承包经营权，双方民事法律关系尚未建立，民事诉权基础并不存在。村民因村集体经济组织不发包而没有实际取得土地承包经营权的，有权要求所在镇、街道政府履行相关监督管理职责，寻求行政救济，政府依法应在法定期限内作出答复。二轮土地承包合同是重新订立的合同，是承包人取得承包经营权的法律依据，是一份新的合同。缔约不能以强制力强迫进行，故人民法院亦不能判决要求农村集体经济组织与其成员签订土地承包经营合同。对于农村土地承包经营权的取得问题，根据《农村土地承包司法解释》第 1 条第 2 款的规定，集体经济组织成员因未实际取得土地承包经营权提起民事诉讼的，人民法院应当告知其向有关行政主管部门申请解决。另外，缔约行为遵循当事人意思自治的原则，不能以强制力强迫为之，人民法院亦不能判决要求农村集体经济组织与其成员签订土地承包经营合同。故如前述案例不宜由人民法院处理，法院裁定驳回起诉，合理合法。

【风险提示】

集体经济组织与其成员之间签订的土地承包经营合同，并不是单纯意义上的民事合同，具有一定的行政性质，作为集体经济组织应当将集体土地分配给集体经济组织成员，但是，在集体经济组织未分配土地的情况下，集体经济组织成员应当通过行政途径取得土地的承包经营权。法院作为司法机构，并不能判决当事人签订合同，土地承包经营权取得前提是与集体经济组织签订承包经营合同，在未签订的情况下，法院无权作出裁判。

【法律规定速查】

《中华人民共和国农村土地承包法》（2018 年 12 月 29 日修正）

第十九条 土地承包应当遵循以下原则：

（一）按照规定统一组织承包时，本集体经济组织成员依法平等地行使承包土地的权利，也可以自愿放弃承包土地的权利；

（二）民主协商，公平合理；

（三）承包方案应当按照本法第十三条的规定，依法经本集体经济组织成员的村民会议三分之二以上成员或者三分之二以上村民代表的同意；

（四）承包程序合法。

第二十条 土地承包应当按照以下程序进行：

（一）本集体经济组织成员的村民会议选举产生承包工作小组；

（二）承包工作小组依照法律、法规的规定拟订并公布承包方案；

（三）依法召开本集体经济组织成员的村民会议，讨论通过承包方案；

（四）公开组织实施承包方案；

（五）签订承包合同。

《中华人民共和国民法典》（2020年5月28日）

第五条 民事主体从事民事活动，应当遵循自愿原则，按照自己的意思设立、变更、终止民事法律关系。

问题 10：农村土地承包合同可以解除吗？解除分哪些情形？

【解答】

农村土地承包合同解除包括两种：一是法定解除，指土地承包合同生效后，没有履行或未履行完毕前，当事人在法律规定的解除条件出现时，行使解除权而使合同关系消灭；二是协议解除，土地承包合同双方在协商一致的基础上，在不损害国家、集体和第三人利益的前提下，终止土地承包合同的权利和义务。协议解除土地承包合同又分为两种：一是事后协议解除土地承包合同；二是约定将来享有解除权，在符合条件时解除土地承包合同。

【案例】
荒山承包合同未约定解除条件的情况下，不能随意解除
——某村经济合作社与陈某农村土地承包合同纠纷案[①]

案情： 2000年4月1日，某村经济合作社与邻村村民陈某签订了一份山场承包合同，将该村一片荒山承包给陈某种植脐橙等经济林。承包面积为23亩，承包期自2000年4月1日起至2030年3月底止，前五年免交承包款，之后每年的承包款为690元，交纳期限为每年12月20日前，逾期五日未交加收滞纳金10%，以此累进增收。合同还约定在承包期内如有补助款和奖励，归承包方所有；若发现有人偷苗木、果实，发包方应支持承包方进行处理等内容。合同签订后，陈某支付了2005年4月1日起至2008年3月31日止三年承包款。因2008年严重冰冻导致果树全部死亡，陈某在承包山场内改种杉树等。2010年下半年，该村在征得陈某同意的情况下，将该山场内的5亩土地收回转租给他人建猪场养猪。2017年，该村要求陈某支付拖欠多年的山场租金，因陈某对交纳数额有异议而未交。该村经济合作社认为，陈某多年不交租金，致其不能实现合同目的，遂起诉至法院要求解除承包合同，并要求陈某支付拖欠的承包款。陈某则认为，2010年下半年村经济合作社要求退还5亩山场，应扣除5亩山场的承包款；该村以前一直未向其主张过承包款，更没有提出要终止合同，故不同意解除承包合同。

一审判决： 一、驳回原告某村经济合作社要求解除原告、被告双方于2000年4月1日签订的山场承包合同的诉讼请求；二、被告陈某于判决生效后十日内给付原告某村经济合作社自2008年4月1日起至2017年3月31日止的承包款5160元。

分析： 农村土地承包合同同样适用原《合同法》的相关规定。根据原《合同法》第94条第4项[②]的规定，当事人一方迟延履行债务或有其他违约行为致使不能实现合同目的，对方可以解除合同。但2009年《农村土地承包法》第26条第1款却规定，承包期内，发包方不得收回承包地。[③] 原《合同法》第93条第2款[④]规定："当事人可以约定一方解除合同的条件。解除合同的条件成就时，解除权人

---
① 参见浙江省江山市人民法院（2017）浙0881民初5152号民事判决书。
② 现对应《民法典》第563条第1款第4项。
③ 现对应2018年修正的《农村土地承包法》第27条第1款。
④ 现对应《民法典》第562条。

可以解除合同。"发包方与承包方可以在承包合同中约定，承包方未按期交纳承包款的，发包方可行使解除权，解除双方订立的承包合同。在合同约定的条件下，发包方行使解除权应将解除的通知送达承包方，在通知到达时合同即解除。承包方若有异议，可以请求人民法院或仲裁机构确认解除合同的效力。但有的当事人自己并不行使解除合同的权利，选择直接向人民法院起诉要求解除合同，法院应当查明案件事实，充分考虑合同双方权益得失，准确把握"承包期内，发包方不得收回承包地"的规定内涵。

本案中，原告、被告没有解除合同的约定，仅有支付滞纳金的约定，故原告向法院起诉要求判决解除合同并非履行合同约定的解除权，而是行使解除请求权。人民法院在审理解除合同纠纷时，应当审理合同履行情况、双方有无违约、违约的严重程度等，还应充分考虑解除合同的法律后果。依法成立的合同，对当事人具有法律约束力。当事人应当按照约定履行自己的义务，不得擅自变更或者解除合同。本案双方当事人之间的合同已签订多年，被告对山场植树造林经营了17年之久，履行期限过半。按通常情形，林木前期投入很大且收益小，收益基本都是在后期，目前正处于被告承包期的中后期，若此时解除合同，对被告利益的损害极大，有违公平原则。解除合同会导致山场使用权与林木所有权相分离，无法实现案结事了。一方面，被告不同意将树林折价卖给原告，根据双方订立的合同，被告在荒山上种植林木，林木所有权当属被告所有。此时若判决解除合同，将山场退还原告，必然涉及将该山场的林木进行处置，若将山场的林木交给评估机构估价，就会出现法院"强买强卖"的情形，被告不提对林木进行补偿，法院也不能判决让原告对被告进行补偿。另一方面，按现行规定，采伐林木要经林业主管部门审批，未经审批砍伐林木，将被追究法律责任。解除合同不利于社会稳定。2005年《农村土地承包司法解释》第25条第1款规定："林地家庭承包中，承包方的继承人请求在承包期内继续承包的，应予支持。"[①] 实际就是考虑林地承包期长，不规定林地可继承会损害承包方基于合同履行取得的收益。土地是农民安身立命的根本，承包地具有强烈的社会保障和福利功能，审理解除农村土地承包合同纠纷应体现公平原则，平等保护发包方与承包方的合法权益。

---

① 现对应2020年修正的《农村土地承包司法解释》第23条第1款。

【法律规定速查】

《中华人民共和国农村土地承包法》(2018年12月29日修正)

第二十五条 承包合同生效后,发包方不得因承办人或者负责人的变动而变更或者解除,也不得因集体经济组织的分立或者合并而变更或者解除。

第二十六条 国家机关及其工作人员不得利用职权干涉农村土地承包或者变更、解除承包合同。

第三十条 承包期内,承包方可以自愿将承包地交回发包方。承包方自愿交回承包地的,可以获得合理补偿,但是应当提前半年以书面形式通知发包方。承包方在承包期内交回承包地的,在承包期内不得再要求承包土地。

《中华人民共和国民法典》(2020年5月28日)

第三百三十二条 耕地的承包期为三十年。草地的承包期为三十年至五十年。林地的承包期为三十年至七十年。

前款规定的承包期限届满,由土地承包经营权人依照农村土地承包的法律规定继续承包。

第三百三十七条 承包期内发包人不得收回承包地。法律另有规定的,依照其规定。

第五百六十二条 当事人协商一致,可以解除合同。

当事人可以约定一方解除合同的事由。解除合同的事由发生时,解除权人可以解除合同。

第五百六十三条 有下列情形之一的,当事人可以解除合同:

(一)因不可抗力致使不能实现合同目的;

(二)在履行期限届满前,当事人一方明确表示或者以自己的行为表明不履行主要债务;

(三)当事人一方迟延履行主要债务,经催告后在合理期限内仍未履行;

(四)当事人一方迟延履行债务或者有其他违约行为致使不能实现合同目的;

(五)法律规定的其他情形。

以持续履行的债务为内容的不定期合同,当事人可以随时解除合同,但是应当在合理期限之前通知对方。

第五百六十四条 法律规定或者当事人约定解除权行使期限,期限届满当事人不行使的,该权利消灭。

法律没有规定或者当事人没有约定解除权行使期限,自解除权人知道或者应当知道解除事由之日起一年内不行使,或者经对方催告后在合理期限内不行使的,该权利消灭。

第五百六十五条 当事人一方依法主张解除合同的,应当通知对方。合同自通知到达对方时解除；通知载明债务人在一定期限内不履行债务则合同自动解除，债务人在该期限内未履行债务的，合同自通知载明的期限届满时解除。对方对解除合同有异议的，任何一方当事人均可以请求人民法院或者仲裁机构确认解除行为的效力。

当事人一方未通知对方，直接以提起诉讼或者申请仲裁的方式依法主张解除合同，人民法院或者仲裁机构确认该主张的，合同自起诉状副本或者仲裁申请书副本送达对方时解除。

第五百六十六条 合同解除后，尚未履行的，终止履行；已经履行的，根据履行情况和合同性质，当事人可以请求恢复原状或者采取其他补救措施，并有权请求赔偿损失。

合同因违约解除的，解除权人可以请求违约方承担违约责任，但是当事人另有约定的除外。

《最高人民法院关于审理涉及农村土地承包纠纷案件适用法律问题的解释》（2020年12月29日修正）

第十条 承包方交回承包地不符合农村土地承包法第三十条规定程序的，不得认定其为自愿交回。

二、承包地征收补偿费用分配纠纷存在的问题及相关案例

《农村土地承包司法解释》第1条第1款规定了人民法院应依法受理土地承包纠纷案件的情形，其中第6项也明确了"承包地征收补偿费用分配纠纷"属于受理范围。同时，第3款规定了人民法院不予受理的情形："农村集体经济组织成员就用于分配的土地补偿费数额提起民事诉讼的，人民法院不予受理。"

承包地征收补偿费用分配纠纷案件是土地类纠纷比较受关注的案件。按照法律和司法解释的规定，承包地被征收类案件中既有行政类诉讼也有民事类诉讼。按照法律规定，征收土地应以公共利益为目的，非为公共利益的不得进行征收。被征收人对征收行为的合法性提起诉讼的，应当以征收人即国家机关作出的征收决定为诉讼标的，该诉讼类型为行政诉讼而不是民事诉讼。土地被征收后，征收机关未给予补偿或者未给予充分补偿的，被征收人起诉要求征收机关支付补偿费或者要求增加补偿费的案件，即对征收标准提出的诉讼，也属于行政诉讼的范围，不宜列为民事案件受理。只有在征收补偿费用支付给农村集体经济组织后，土地承包经营权人要求取得自己应得部分的补偿费用时，才能作为民事案件处理，适用承包地征收补偿费用分配纠纷的案由。

问题 11：承包地征收补偿有哪些费用？

【解答】

征收土地补偿费用根据补偿对象不同分为以下几种类别：（1）土地补偿费是失地补偿，土地补偿费归农村集体经济组织所有，村集体决定该土地补偿费"分不分""分给谁"。在农村集体经济组织作出分配方案之前，农村集体经济组织成员向人民法院起诉要求分配土地补偿费的，人民法院不能作为民事案件受理。（2）地上附着物和青苗的补偿费是对承包地上的建筑物和生长物的补偿，是对承包经营权人的补偿，农村集体经济组织不得截留，承包经营权人起诉农村集体经济组织要求取得其应得份额的，应当作为民事案件受理。（3）安置补助费和社会保险费用是对失地农民的社会保障性的补偿，其分配应当按征收补偿安置方案的规定进行，如果约定分配给失地农民个人的，被征收土地的农民可以起诉农村集体经济组织支付该笔费用，否则不能作为民事案件受理。

【法律规定速查】

《中华人民共和国土地管理法》（2019年8月26日修正）

第四十八条 征收土地应当给予公平、合理的补偿，保障被征地农民原有生活水平不降低、长远生计有保障。

征收土地应当依法及时足额支付土地补偿费、安置补助费以及农村村民住宅、其他地上附着物和青苗等的补偿费用，并安排被征地农民的社会保障费用。

征收农用地的土地补偿费、安置补助费标准由省、自治区、直辖市通过制定公布区片综合地价确定。制定区片综合地价应当综合考虑土地原用途、土地资源条件、土地产值、土地区位、土地供求关系、人口以及经济社会发展水平等因素，并至少每三年调整或者重新公布一次。

征收农用地以外的其他土地、地上附着物和青苗等的补偿标准，由省、自治区、直辖市制定。对其中的农村村民住宅，应当按照先补偿后搬迁、居住条件有改善的原则，尊重农村村民意愿，采取重新安排宅基地建房、提供安置房或者货币补偿等方式给予公平、合理的补偿，并对因征收造成的搬迁、临时安置等费用予以补偿，保障农村村民居住的权利和合法的住房财产权益。

县级以上地方人民政府应当将被征地农民纳入相应的养老等社会保障体系。被征地农民的社会保障费用主要用于符合条件的被征地农民的养老保险等社会保险缴费补贴。被征地农民社会保障费用的筹集、管理和使用办法，由省、自治区、直辖市制定。

《中华人民共和国民法典》(2020年5月28日)

第二百四十三条　为了公共利益的需要，依照法律规定的权限和程序可以征收集体所有的土地和组织、个人的房屋以及其他不动产。

征收集体所有的土地，应当依法及时足额支付土地补偿费、安置补助费以及农村村民住宅、其他地上附着物和青苗等的补偿费用，并安排被征地农民的社会保障费用，保障被征地农民的生活，维护被征地农民的合法权益。

征收组织、个人的房屋以及其他不动产，应当依法给予征收补偿，维护被征收人的合法权益；征收个人住宅的，还应当保障被征收人的居住条件。

任何组织或者个人不得贪污、挪用、私分、截留、拖欠征收补偿费等费用。

《中华人民共和国土地管理法实施条例》(2021年7月2日修订)

第三十二条第一款、第二款　省、自治区、直辖市应当制定公布区片综合地价，确定征收农用地的土地补偿费、安置补助费标准，并制定土地补偿费、安置补助费分配办法。

地上附着物和青苗等的补偿费用，归其所有权人所有。

《最高人民法院关于审理涉及农村土地承包纠纷案件适用法律问题的解释》(2020年12月29日修正)

第二十条　承包地被依法征收，承包方请求发包方给付已经收到的地上附着物和青苗的补偿费的，应予支持。

承包方已将土地经营权以出租、入股或者其他方式流转给第三人的，除当事人另有约定外，青苗补偿费归实际投入人所有，地上附着物补偿费归附着物所有人所有。

问题 *12*：承包地征收中，青苗补偿费归谁所有？

【解答】

青苗补偿费，是指对地上种植物的补偿费用，是对村民种植户的一种当年收益的补偿。根据谁种植谁受益的原则，青苗补偿费应该由其种植人所有。土地承包经营权人将土地流转给他人种植的，该地上青苗补偿费应该由经营土地的人享有。

【案例 1】

承包地征收中青苗补偿费由种植人所有，当事人另有约定的除外
——赵某诉某村村委会承包地征收补偿费用纠纷案①

案情： 原告赵某系某村 11 小组村民，该村 15 号地块部分土地已被政府征用，其上原有白沙枇杷树 4 株、樟树 2 株、杂树 2 株，经评估，上述青苗补偿费总价为 10 660 元。赵某起诉主张被告支付原告青苗补偿费 10 660 元。一审判决驳回其诉讼请求。

分析： 依照 2005 年《农村土地承包司法解释》第 22 条之规定，承包方已将土地承包经营权以转包、出租等方式流转给第三人的，除当事人另有约定外，青苗补偿费归实际投入人所有，地上附着物补偿费归附着物所有人所有。② 在本案审理过程中，原告赵某并未举证证明涉案青苗系其实际投入种植，且在庭审中陈述白沙枇杷树均系案外人朱某实际投入种植。故判决驳回其诉讼请求。

【案例 2】

土地征收后的青苗补偿费应由实际投入人获得
——周某某与某村民委员会土地承包经营权纠纷案③

案情： 2001 年 6 月，周某某与某村民委员会签订《土地承包协议书》，约定周某某承包村集体机动地 100 亩用于种植材林和农副产品经营，承包期限为 30 年。周某某承包后投入资金打井办电、建设房屋，种植了树木和大田作物，直到 2017 年一直按时交纳承包费。2017 年，根据当地规划建设需要，周某某承包的土地需进行植树造林。2018 年年初，上述土地划入苗景兼用林建设区域内，当地政府按照一定标准进行了补偿。补偿费用包括土地收益金和一次性地上附着物补偿费。村民委员会收到案涉土地收益金及一次性青苗补偿费后，一直未向周某某给付相关青苗补偿费。周某某诉至法院，请求村民委员会给付其土地收益金及青苗补偿费共计 53.46 万元。

审理法院认为，周某某与某村民委员会签订的《土地承包协议书》合法有效，

---

① 参见浙江省台州市中级人民法院（2016）浙 10 民终 529 号民事判决书。
② 现对应 2020 年修正的《农村土地承包司法解释》第 20 条。
③ 参见最高人民法院 2024 年 1 月 23 日发布的涉农民事典型案例。

周某某按照约定履行了承包合同，按时交纳承包费，也种植了作物，无违约行为。按照政策规定，案涉土地征用的土地收益金归原承包户所有，因土地被征用所产生的青苗补偿费15万元依法应归实际投入者周某某所有。因周某某并非案涉土地的原始承包户，其无权获得土地收益金。法院判决某村民委员会返还周某某青苗补偿费15万元。

典型意义： 本案是一起因征用土地引发的青苗补偿费归属纠纷。根据相关法律、政策规定，农村土地被征用的，青苗补偿费应归实际使用土地进行生产经营的承包人所有，包括来自本集体经济组织的承包人，也包括集体经济组织成员之外的其他承包经营村集体土地的人员。本案裁判依法判令某村民委员会返还周某某青苗补偿费15万元，不仅及时有效维护了承包经营权人的合法权益，而且对于类似纠纷的积极防范、妥善化解具有典型示范意义，有利于保障当地农村规划建设工作顺利推进。

【法律规定速查】

《中华人民共和国土地管理法实施条例》（2021年7月2日修订）

第三十二条　省、自治区、直辖市应当制定公布区片综合地价，确定征收农用地的土地补偿费、安置补助费标准，并制定土地补偿费、安置补助费分配办法。

地上附着物和青苗等的补偿费用，归其所有权人所有。

社会保障费用主要用于符合条件的被征地农民的养老保险等社会保险缴费补贴，按照省、自治区、直辖市的规定单独列支。

申请征收土地的县级以上地方人民政府应当及时落实土地补偿费、安置补助费、农村村民住宅以及其他地上附着物和青苗等的补偿费用、社会保障费用等，并保证足额到位，专款专用。有关费用未足额到位的，不得批准征收土地。

《最高人民法院关于审理涉及农村土地承包纠纷案件适用法律问题的解释》（2020年12月29日修正）

第二十条　承包地被依法征收，承包方请求发包方给付已经收到的地上附着物和青苗的补偿费的，应予支持。

承包方已将土地承包经营权以出租、入股或者其他方式流转给第三人的，除当事人另有约定外，青苗补偿费归实际投入人所有，地上附着物补偿费归附着物所有人所有。

问题 13：离婚妇女户口未迁出是否享有承包地征收补偿费用分配权益？

【解答】

妇女在农村土地承包经营、集体经济组织收益分配、土地征收或者征用补偿费使用以及宅基地使用等方面，享有与男子平等的权利。任何组织和个人不得以妇女未婚、结婚、离婚、丧偶等为由，侵害妇女在农村集体经济组织中的各项权益。离婚仅仅代表婚姻关系的解除，由于离婚妇女户口未迁出，仍然是集体经济组织的成员，应享有承包地征收补偿费用分配权益。

【案例】

妇女离婚并不必然丧失承包地征收补偿费用分配权

——钟某与某村村民委员会承包地征收补偿费用分配纠纷案[①]

案情：原告钟某系被告某村居民，在第二轮土地承包中，原告与其家人一起承包了该村土地。原告与 L 村村民唐某离婚后，又与王某同居，其户口至今仍在被告处。2018 年，因建设学校的需要，原告所在村民组的土地被征收，并给予了被告土地征收补偿款。被告将该土地补偿款于 2019 年在本组居民中进行分配，每人分别分配土地征收补偿款 46 000 元。被告以原告属于"出嫁女"为由拒不将该笔土地征收补偿款分配给原告，原告诉至法院。另查明，在第二轮土地发包时，原告祖母马某已去世，原告户籍未迁入唐某、王某所在地，未享受当地分配土地及集体分红等权益。钟某向一审法院起诉请求：判令被告给付原告土地征收补偿款 46 000 元并请求判令原告与本集体经济组织其他成员享有同等权利。一审法院判决：一、被告于判决生效后十日内给付原告钟某土地征收补偿款 46 000 元；二、驳回原告的其他诉讼请求。被告不服提起上诉。二审法院判决驳回上诉，维持原判。

分析：承包地征收补偿费用归农村集体经济组织所有，村民小组可以依照法律规定的民主议定程序，决定在本集体经济组织中分配已经收到的土地补偿费用。村民会议或村民代表会议的决定不得与宪法、法律、法规和国家政策相抵触，不得有侵害村民财产权益的内容。任何组织和个人不得以妇女未婚、结婚、离婚为

---

① 参见河南省信阳市中级人民法院（2019）豫 15 民终 5210 号民事判决书。

由，侵害其在农村集体经济组织中的各项权益。妇女在农村土地承包经营、集体经济组织收益分配、土地征收补偿费使用等方面，享有与男子平等的权利。土地补偿款分配方案确定时已经具有本集体经济组织成员资格的人，请求支付相应份额的，应予支持。从庭审中双方所举的证据看，原告在第二轮土地承包时已是被告处居民且未婚，理应享受所在集体经济组织成员权益，应被分配土地，原告的户口一直登记在被告处，其在与他人婚姻、同居期间也未被分配土地，未享受当地集体经济组织成员权益。被告制作的领款花名册显示，出嫁女有田有户口的可领取补偿款 2 万元，并在原告父亲钟某 2 一行加以标注，而钟某 2 家中仅有原告一人为出嫁女，说明被告认可原告属于有田有户口类别，故原告在被告确定分配土地补偿费方案时具有被告村民组集体经济组织成员资格，应当参与被告的土地补偿分配。原告要求被告给付应分得的土地征收补偿款，理由正当，于法有据，依法予以支持。

【风险提示】

集体经济组织依法享有一定范围内自治的权利，其所作出的决议或分配方案，经过集体组织成员表决通过，一般应予以遵守，但是当该决议内容违法，如侵犯离婚妇女享有的分配权利时，可以起诉要求撤销该决议。

【法律规定速查】

《中华人民共和国农村土地承包法》（2018 年 12 月 29 日修正）

第六条　农村土地承包，妇女与男子享有平等的权利。承包中应当保护妇女的合法权益，任何组织和个人不得剥夺、侵害妇女应当享有的土地承包经营权。

《中华人民共和国妇女权益保障法》（2022 年 10 月 30 日修订）

第五十五条　妇女在农村集体经济组织成员身份确认、土地承包经营、集体经济组织收益分配、土地征收补偿安置或者征用补偿以及宅基地使用等方面，享有与男子平等的权利。

申请农村土地承包经营权、宅基地使用权等不动产登记，应当在不动产登记簿和权属证书上将享有权利的妇女等家庭成员全部列明。征收补偿安置或者征用补偿协议应当将享有相关权益的妇女列入，并记载权益内容。

第五十六条　村民自治章程、村规民约、村民会议、村民代表会议的决定以及其他涉及村民利益事项的决定，不得以妇女未婚、结婚、离婚、丧偶、户无男性等为由，侵害妇女在农村集体经济组织中的各项权益。

因结婚男方到女方住所落户的,男方和子女享有与所在地农村集体经济组织成员平等的权益。

第七十五条 妇女在农村集体经济组织成员身份确认等方面权益受到侵害的,可以申请乡镇人民政府等进行协调,或者向人民法院起诉。

乡镇人民政府应当对村民自治章程、村规民约,村民会议、村民代表会议的决定以及其他涉及村民利益事项的决定进行指导,对其中违反法律、法规和国家政策规定,侵害妇女合法权益的内容责令改正;受侵害妇女向农村土地承包仲裁机构申请仲裁或者向人民法院起诉的,农村土地承包仲裁机构或者人民法院应当依法受理。

《中华人民共和国民法典》(2020年5月28日)

第一千零八十七条 离婚时,夫妻的共同财产由双方协议处理;协议不成的,由人民法院根据财产的具体情况,按照照顾子女、女方和无过错方权益的原则判决。

对夫或者妻在家庭土地承包经营中享有的权益等,应当依法予以保护。

问题 *14*:集体经济组织成员是否应遵守集体经济组织通过的补偿款分配方案?

【解答】

补偿款分配方案是否遵守,要分情况而定。集体经济组织对其所有的财产及其衍生的权益享有分配的权利,补偿款分配方案经过集体经济组织成员依照合法程序讨论通过,且内容合法的情况下,集体经济组织成员应该予以遵守。反之,如果分配方案违反法律规定或者未经过民主程序通过,集体经济组织成员有权向法院起诉撤销。

【案例】

村民应服从集体经济组织的合法分配方案

——苏某等诉某村村委会承包地征收补偿费用分配纠纷案[①]

案情: 原告苏某持有土地使用证,载明地块名称"小沟地",长53.7米,宽10.85米。2012年5月31日,原告与乡政府签订土地流转(租赁)合同书,双方约定:土地位于小沟地,面积0.895亩,租期从2012年5月31日起至2042年5月31日止。土地租金按每亩每年1600斤小麦产量计价,按当年小麦市场时价折合人民币后,在一个租赁年度开始前的一个月内支付。土地租赁期间,如国家征

---

① 参见河南省林州市人民法院(2018)豫0581民初647号民事判决书。

用该土地，在签订土地征用合同后，本合同自行终止。2014年，某村进行土地征收，被告村委会于2014年5月24日对该村第五村民小组分地人数进行公示。该小组有14户代表在土地补偿款发放方案户代表意见表决表上签字，选择按当年（1992年）分地人口分配领取。原告苏某一家按照5人的人数进行土地补偿费用分配，并已支付土地补偿款43 319.7元。

原告苏某等人向法院提出诉讼请求：原告面积0.895亩的小沟地被征收征用，应得土地补偿款67 841元，但被告某村村委会擅自用原告魏某名义存款43 319.7元，在双方未签订任何协议的情况下把该存折给了原告魏某，剩余24 521.3元经原告多次讨要仍拒不给付，无奈之下，原告只好起诉。另因被告上述不负责任的征收行为，致使原告本可以继续与镇政府履行的土地租赁合同无法进行，给原告造成了经济损失，共计6014元（按每亩每年1600斤小麦产量计算三年半），该损失被告理应承担赔偿责任。综上所述，请求依法判令被告给付四原告剩余土地补偿款24 521.3元；依法判令被告赔偿原告经济损失6014元。

被告某村村委会答辩称，补偿款发放的时候有两种方案，都是小队来决定选择并分配。方案一是按当年分地人数平均分配领取，方案二是按当年每户分地实际亩数领取。后来大家都发表意见选择了方案一，村委会负责给小队钱，钱数都是固定的。

法院判决驳回原告诉讼请求。

分析： 根据2005年《农村土地承包司法解释》第24条的规定，农村集体经济组织或者村民委员会、村民小组，可以依照法律规定的民主议定程序，决定在本集体经济组织内部分配已经收到的土地补偿费。[①] 集体经济组织或村民小组有权通过民主议定程序决定如何分配土地补偿费，已经作出的决定具有约束力，村民应该予以遵守。某村第五村民小组有14户代表在土地补偿款发放方案户代表意见表决表上签字，选择按当年（1992年）分地人口分配领取。原告苏某等人在实际已领取了按分地人口分配的土地补偿款后，再行起诉，要求按照实际分地亩数领取土地补偿款，于法无据，不予支持。在土地流转（租赁）合同书上，已约定如国家征用该土地，在签订土地征用合同后，本合同自行终止。现该地块已被实际征收，无法履行，虽然未签订书面土地征用合同，但原告等人已实际领取土地补偿款，原告等人要求赔偿因该合同无法履行而造成的经济损失6014元，于法无据，不予支持。

---

① 现对应2020年修正的《农村土地承包司法解释》第22条。

【风险提示】

农村集体经济组织是由一定区域范围内的农户组成的生产经营组织。农村集体经济组织负有对其区域范围内农户的生产经营进行管理的责任,也享有对其土地因被征收征用获得的补偿款进行分配的权利。农村集体经济组织应召开成员大会或经大会授权的成员代表会议表决通过分配方案,在征收费用分配方案经过集体经济组织成员大会或者代表会议过半数通过后,且内容合法的情况下,集体经济组织成员应当遵守。集体经济组织成员以分配方案不合理为由提起诉讼,法院不应予以支持。

【法律规定速查】

《中华人民共和国村民委员会组织法》(2018年12月29日修正)

第二十四条 涉及村民利益的下列事项,经村民会议讨论决定方可办理:

(一)本村享受误工补贴的人员及补贴标准;

(二)从村集体经济所得收益的使用;

(三)本村公益事业的兴办和筹资筹劳方案及建设承包方案;

(四)土地承包经营方案;

(五)村集体经济项目的立项、承包方案;

(六)宅基地的使用方案;

(七)征地补偿费的使用、分配方案;

(八)以借贷、租赁或者其他方式处分村集体财产;

(九)村民会议认为应当由村民会议讨论决定的涉及村民利益的其他事项。

村民会议可以授权村民代表会议讨论决定前款规定的事项。

法律对讨论决定村集体经济组织财产和成员权益的事项另有规定的,依照其规定。

第二十七条 村民会议可以制定和修改村民自治章程、村规民约,并报乡、民族乡、镇的人民政府备案。

村民自治章程、村规民约以及村民会议或者村民代表会议的决定不得与宪法、法律、法规和国家的政策相抵触,不得有侵犯村民的人身权利、民主权利和合法财产权利的内容。

村民自治章程、村规民约以及村民会议或者村民代表会议的决定违反前款规定的,由乡、民族乡、镇的人民政府责令改正。

《最高人民法院关于审理涉及农村土地承包纠纷案件适用法律问题的解释》(2020年12月29日修正)

第二十二条 农村集体经济组织或者村民委员会、村民小组,可以依照法律规定的民主议定程序,决定在本集体经济组织内部分配已经收到的土地补偿费。征地补偿安置方案确定时已经具有本集体经济组织成员资格的人,请求支付相应份额的,应予支持。但已报全国人大常委会、国务院备案的地方性法规、自治条例和单行条例、地方政府规章对土地补偿费在农村集体经济组织内部的分配办法另有规定的除外。

问题 15:村民小组有权分配土地补偿费、安置补助费吗?

【解答】

村民委员会可以根据村民居住状况、集体土地所有权关系等分设若干村民小组。属于村民小组的集体所有的土地、企业和其他财产的经营管理以及公益事项的办理,由村民小组会议依照有关法律的规定讨论决定,所作决定及实施情况应当及时向本村民小组的村民公布。农村集体经济组织或者村民委员会、村民小组,可以依照法律规定的民主议定程序,决定在本集体经济组织内部分配已经收到的土地补偿费。村民小组作为一个管理组织,可以通过本村民小组会议决定分配补偿款。

【案例】

村民小组代表会议有权决定土地补偿款如何分配
——杨某与某人民政府、某村村民委员会、某国土资源局
承包地征收补偿费用分配纠纷案[①]

案情: 原告杨某系某村第三村民小组村民,大约1990年起陆续在该村开垦土地共计4.247亩。2015年,因高速项目建设,高速公路指挥部需征收该村界内的部分土地。之后,高速公路指挥部征收了包括原告开垦的4.247亩土地在内的该村界内土地27.319亩,并将征地补偿款[耕地每亩支付征地补偿款33 750元(土地补偿费13 500元、安置补助费20 250元)]统一支付至某信用社。其中,原告被征收的4.247亩土地的青苗补偿费5734元(每亩1350元)已支付给原告,原告亦已领取。2016年12月7日,三小组召开户代表会议,经表决对耕地补偿

---

① 参见福建省邵武市人民法院(2017)闽0781民初2196号民事判决书。

款的分配作出如下决议:按现有在户人口平均分配,三小组所有农田收回集体重新分配。2017年3月22日,三小组向原告发放征地补偿款12 510元,但原告认为三小组应将安置补助费86 002元(20 250元/亩×4.247亩)发放给原告,故拒绝领取12 510元,并提起本案诉讼。法院判决驳回其诉讼请求。

分析: 2014年《土地管理法实施条例》第26条第1款规定:"……地上附着物及青苗补偿费归地上附着物及青苗的所有者所有。"[①] 本案讼争的4.247亩土地属三小组所有,虽由原告开垦耕种,但并非其家庭承包土地(责任田),应视为原告以其他承包方式向三小组承包经营。上述土地被依法征收后,三小组已将青苗补偿费5734元发放给原告,关于土地补偿费和安置补助费,三小组决定在本集体经济组织内部进行分配并形成决议,该决议符合法律规定的民主议定程序,系村民小组绝大多数人的意思表示,合法有效,原告要求三小组将安置补助费全部发放给其个人,违背了村民小组绝大多数人的意志,不予支持。

【法律规定速查】

《中华人民共和国村民委员会组织法》(2018年12月29日修正)

第三条 村民委员会根据村民居住状况、人口多少,按照便于群众自治,有利于经济发展和社会管理的原则设立。

村民委员会的设立、撤销、范围调整,由乡、民族乡、镇的人民政府提出,经村民会议讨论同意,报县级人民政府批准。

村民委员会可以根据村民居住状况、集体土地所有权关系等分设若干村民小组。

《中华人民共和国农村土地承包法》(2018年12月29日修正)

第十三条 农民集体所有的土地依法属于村农民集体所有的,由村集体经济组织或者村民委员会发包;已经分别属于村内两个以上农村集体经济组织的农民集体所有的,由村内各该农村集体经济组织或者村民小组发包。村集体经济组织或者村民委员会发包的,不得改变村内各集体经济组织农民集体所有的土地的所有权。

国家所有依法由农民集体使用的农村土地,由使用该土地的农村集体经济组织、村民委员会或者村民小组发包。

《中华人民共和国民法典》(2020年5月28日)

第二百六十二条 对于集体所有的土地和森林、山岭、草原、荒地、滩涂等,依照下列规

---

① 现对应2021年修订的《土地管理法实施条例》第32条第2款。

定行使所有权:

(一) 属于村农民集体所有的,由村集体经济组织或者村民委员会依法代表集体行使所有权;

(二) 分别属于村内两个以上农民集体所有的,由村内各该集体经济组织或者村民小组依法代表集体行使所有权;

(三) 属于乡镇农民集体所有的,由乡镇集体经济组织代表集体行使所有权。

问题 16：承包经营户户主死亡,其户承包的土地被征收的补偿费用是由继承人继承,还是应该由户内其他成员享有?

【解答】

农村土地征收过程中,被征收土地的承包经营户是土地补偿费、安置费和青苗补助费的合法享有人。户主死亡,因自然人死亡而丧失民事权利能力,民事主体资格消灭,不能作为承包经营权的民事主体,已经不再是需要安置的对象,不能参与分配集体收益。但不影响承包经营户作为一户享有的承包经营权,因土地被征收的补偿费用属于户内其他成员共同享有。

【案例】

承包户户主去世,同一户内其他成员有权要求
支付该户所有承包地的征地补偿款
——原告与被告征地补偿费用分配纠纷一案[①]

案情：原告与原告父母共同承包由被告发包的农村基本农田菜田一块,共2.4亩。2011年该承包地被征用,每亩146 000元。被告未支付原告已去世的父母名下的征地安置补助款175 200元。原告多次找被告索要,被告无正当理由拒绝支付,为维护原告的合法权益,现要求被告立即支付原告征地安置补助款175 200元、按银行规定的金融机构计收逾期贷款利息标准支付逾期付款违约金至其付清时止。被告某村民委员会辩称,原告本人的征地安置补偿款已经支付完了,剩余的征地安置补偿款系原告父母的,因原告其他兄弟姐妹不同意将这笔钱支付给原告,村里多次调解也没有结果,所以才没支付剩余的补助款。

法院认为,原告与父母承包经营被征用的土地,原告父母均去世,原告仍享

---

① 参见黑龙江省哈尔滨市道里区人民法院(2018)黑0102民初5928号民事判决书。

有承包经营被征收土地的权利，被告应该将征地安置补偿款支付给原告。

分析： 我国农村家庭承包是以户为单位的，而不是以个人为单位的。户内有家庭成员去世，但户内还有其他家庭成员的，则此时不发生继承问题。因为，此时该户内还有其他经营权人，应当由其他承包人继续经营至承包期满。原告与其父母共同承包了基本农田2.4亩，承包期限至2027年12月31日止。2012年该土地被征收，原告父母在土地被征收前去世。原告作为该户户内的其他家庭成员，在其父母去世后，继续享有承包经营权。土地被征收，土地经营权未到期，该土地的安置补偿款应该支付给原告，而不能作为原告父母的遗产由其他非承包经营权人继承。

【风险提示】

家庭承包经营权的主体是农户，农户户内成员平等享有承包土地的各项权益，包括平等享有承包经营土地被征收后的补偿权益。户内部分成员去世，不影响其他户内成员继续承包土地，土地征收的补偿费用应发放给承包土地的其他户内成员，非农户户内成员由于其并非承包土地的承包方，其不应该享有相应的土地被征收的分配权益。

【法律规定速查】

《中华人民共和国农村土地承包法》（2018年12月29日修正）

第十六条　家庭承包的承包方是本集体经济组织的农户。

农户内家庭成员依法平等享有承包土地的各项权益。

第三十二条　承包人应得的承包收益，依照继承法的规定继承。

林地承包的承包人死亡，其继承人可以在承包期内继续承包。

第五十四条　依照本章规定通过招标、拍卖、公开协商等方式取得土地经营权的，该承包人死亡，其应得的承包收益，依照继承法的规定继承；在承包期内，其继承人可以继续承包。

《最高人民法院关于审理涉及农村土地承包纠纷案件适用法律问题的解释》（2020年12月29日修正）

第二十三条　林地家庭承包中，承包方的继承人请求在承包期内继续承包的，应予支持。

其他方式承包中，承包方的继承人或者权利义务承受者请求在承包期内继续承包的，应予支持。

问题 17：村集体经济组织因土地调整需要收回土地承包权的，是否应当给予土地承包经营权人适当补偿？

【解答】

土地是集体经济组织成员赖以生存的生产资源，我国对农村集体经济组织的承包经营土地权利予以保护。农村集体经济组织成员依法承包本集体经济组织发包的农村土地，任何组织和个人都不得侵犯。集体经济组织因土地调整需要收回承包人土地的，应当按照约定给予承包人适当补偿。

【案例】

村集体经济组织收回土地承包权的，应给予补偿
——王某诉某村经济合作社管理委员会土地承包经营权纠纷案[①]

案情： 1992年9月，被告某村村民委员会与原告王某签订协议书一份，约定将王某享有使用权的133.8亩土地由被告某村村民委员会统一安排提供给企业有偿使用，有偿使用时间为1992年至2000年，王某领取粮食补偿费。补偿方式为粮食产量为每亩900公斤稻谷，并按70%比例折成米，以粮市平均价为准，于每年农历十一月十五日前付清，如逾期则被告某村村民委员会加付滞纳金5%。被告按照上述标准，支付王某粮食补偿费至2005年上半年。2004年上半年，王某户土地使用权进行分割，其中王某29.5亩，王某前妻及三个儿子各分28.5亩。2004年10月15日，被告与王某及杨某（王某前妻）、王某忠、王某东、王某弛（王某3个儿子）签订协议书一份，约定收回王某户集体土地，进行统一调整，王某户已征收土地121亩，未征收地21.5亩待2004年秋收完毕，由村委会统一调整。2005年下半年起，被告某村统一补贴标准，有土地者每年每人600元，无土地者每年每人400元。自2004年下半年至2005年上半年，王某领取粮食补偿费个人份额600元，从2005年下半年至2007年，王某每年领取补贴款1000元（本人600元，现任配偶400元）。王某自2008年开始，没有收到任何征地补偿款。原告认为被告将其土地征用后未发放2008年至2016年的补偿款，要求被告支付拖欠的征地补偿稻谷18 636公斤及滞纳金3000元。被告认为2007年开始全村都没有发放，王某也不能搞特殊化，今后的补偿款待全村土地开发利用后统一发放，

---

① 参见浙江省永康市人民法院（2016）浙0784民初1694号民事判决书。

且王某起诉的土地补偿款还包括分出户的份额，王某只能主张自己户份额内的。王某起诉请求：由村经济合作社支付拖欠的征地补偿稻谷18 636公斤以及拖欠的征地补偿滞纳金3000元。

分析： 王某作为村经济合作社成员，其土地被征用，村经济合作社理应按照约定补偿损失。双方于1992年9月20日签订的协议书已到期，到期后，仍按该协议履行一段时间，但自2004年开始，被告村重新统一了补偿标准。虽至今仍未按新约定统一调整土地，但被告某村并未有新的决定，且按该标准已发放三年，故征用补偿标准应按新标准，即有土地者每年每人600元，无土地者每人每年400元计算。承包经营权以户为单位，王某与其前妻、儿子已分户，故王某的征用补偿以现有的分户情况主张更为适宜，以每年1000元标准计算，自2008年至2016年，共计9000元。本案中，王某作为经济合作社的成员，其土地被依法收回，村经济合作社应当根据双方的约定或者法律的规定进行适当补偿。2008年至2016年，被告某村经济合作社未按照约定进行任何补偿，侵犯了王某土地承包经营权利，王某有权要求某村经济合作社按照协议要求全面、及时、足额地履行补偿方案。双方于1992年签订的协议虽然于2000年期限届满，但双方仍按照该协议标准执行了一段时间，视为对原协议继续履行。2004年，王某因分户对土地进行了分割，并与某村村委会签订一份新的协议，约定收回王某承包土地进行统一调整，某村经济合作社统一补偿标准，根据法律规定，双方对土地补偿标准应当按照新签订的协议履行。故王某应当按照新的协议中要求某村经济合作社每年补偿1000元。

【风险提示】

农村土地承包人对其依法承包的土地享有占有、使用、收益和一定处分的权利。为了稳定农村土地承包关系，保护农民的土地承包经营权，在承包期内，发包方原则上不得随意收回或者调整承包方的承包地。承包的土地被依法征收、征用、占用的，应对承包人作相应的补偿。根据《农村土地承包法》《土地管理法》的规定，即使是为了村公共设施和公益事业建设，需要收回土地调整的，也应当经三分之二以上集体经济组织成员或者三分之二村民代表同意，对土地承包人应当给予适当补偿。村集体经济组织不得作出侵害组织成员权益的决定，就土地收回与承包人达成补偿协议后应当按照公布的补偿标准对承包人进行全面、及时、足额的补偿。

【法律规定速查】

《中华人民共和国土地管理法》（2019年8月26日修正）

第六十六条 有下列情形之一的，农村集体经济组织报经原批准用地的人民政府批准，可以收回土地使用权：

（一）为乡（镇）村公共设施和公益事业建设，需要使用土地的；

（二）不按照批准的用途使用土地的；

（三）因撤销、迁移等原因而停止使用土地的。

依照前款第（一）项规定收回农民集体所有的土地的，对土地使用权人应当给予适当补偿。

收回集体经营性建设用地使用权，依照双方签订的书面合同办理，法律、行政法规另有规定的除外。

《中华人民共和国农村土地承包法》（2018年12月29日修正）

第二十七条 承包期内，发包方不得收回承包地。

国家保护进城农户的土地承包经营权。不得以退出土地承包经营权作为农户进城落户的条件。

承包期内，承包农户进城落户的，引导支持其按照自愿有偿原则依法在本集体经济组织内转让土地承包经营权或者将承包地交回发包方，也可以鼓励其流转土地经营权。

承包期内，承包方交回承包地或者发包方依法收回承包地时，承包方对其在承包地上投入而提高土地生产能力的，有权获得相应的补偿。

第五十七条 发包方有下列行为之一的，应当承担停止侵害、排除妨碍、消除危险、返还财产、恢复原状、赔偿损失等民事责任：

（一）干涉承包方依法享有的生产经营自主权；

（二）违反本法规定收回、调整承包地；

（三）强迫或者阻碍承包方进行土地承包经营权的互换、转让或者土地经营权流转；

（四）假借少数服从多数强迫承包方放弃或者变更土地承包经营权；

（五）以划分"口粮田"和"责任田"等为由收回承包地搞招标承包；

（六）将承包地收回抵顶欠款；

（七）剥夺、侵害妇女依法享有的土地承包经营权；

（八）其他侵害土地承包经营权的行为。

《中华人民共和国民法典》（2020年5月28日）

第二百四十三条　为了公共利益的需要，依照法律规定的权限和程序可以征收集体所有的土地和组织、个人的房屋以及其他不动产。

征收集体所有的土地，应当依法及时足额支付土地补偿费、安置补助费以及农村村民住宅、其他地上附着物和青苗等的补偿费用，并安排被征地农民的社会保障费用，保障被征地农民的生活，维护被征地农民的合法权益。

征收组织、个人的房屋以及其他不动产，应当依法给予征收补偿，维护被征收人的合法权益；征收个人住宅的，还应当保障被征收人的居住条件。

任何组织或者个人不得贪污、挪用、私分、截留、拖欠征收补偿费等费用。

《最高人民法院关于审理涉及农村土地承包纠纷案件适用法律问题的解释》（2020年12月29日修正）

第五条　承包合同中有关收回、调整承包地的约定违反农村土地承包法第二十七条、第二十八条、第三十一条规定的，应当认定该约定无效。

第六条　因发包方违法收回、调整承包地，或者因发包方收回承包方弃耕、撂荒的承包地产生的纠纷，按照下列情形，分别处理：

（一）发包方未将承包地另行发包，承包方请求返还承包地的，应予支持；

（二）发包方已将承包地另行发包给第三人，承包方以发包方和第三人为共同被告，请求确认其所签订的承包合同无效、返还承包地并赔偿损失的，应予支持。但属于承包方弃耕、撂荒情形的，对其赔偿损失的诉讼请求，不予支持。

前款第（二）项所称的第三人，请求受益方补偿其在承包地上的合理投入的，应予支持。

第九条　发包方根据农村土地承包法第二十七条规定收回承包地前，承包方已经以出租、入股或者其他形式将其土地经营权流转给第三人，且流转期限尚未届满，因流转价款收取产生的纠纷，按照下列情形，分别处理：

（一）承包方已经一次性收取了流转价款，发包方请求承包方返还剩余流转期限的流转价款的，应予支持；

（二）流转价款为分期支付，发包方请求第三人按照流转合同的约定支付流转价款的，应予支持。

问题 18：未签订第二轮农村土地承包经营权合同，村民能否取得第一轮土地承包经营权？

【解答】

土地承包经营权的取得，应通过与集体经济组织签订承包经营合同。未签订承包经营权合同，在第一轮土地承包经营权到期后，集体经济组织未将土地继续发包给其经营的，农户不能当然地取得对土地的承包经营权。

【案例】

未签订二轮承包合同，不能当然享有土地承包经营权
——姚某与某股份经济合作社土地承包经营权纠纷案[①]

案情： 原告家住某乡某村3社，1983年一轮家庭承包田8.01亩，承包年限15年，户内人口有姚某荣（又名王某）、姚某英、陈某宝、姚某娟、姚某宏等六人。1998年9月10日，案外人冯某代表全家（3人）与原告所在村经济合作社签订《土地承包合同》一份，承包土地6.22亩，承包期限自1999年1月1日至2028年12月31日，合同记载的土地四至与原告姚某持有的户主为姚某荣一轮承包土地使用证中坐落地点部分重合。2004年3月，姚某荣、姚某宏等均转为非农。被告庭审称：二轮承包时原告家庭未再与村合作社签订承包合同，未实际取得土地；现争议土地已征迁，补偿款用于投资项目，之前并未产生效益，直到2017年才对社区居民分红，原告要求享有股权及分红没有依据。原告则称：姚某荣2007年4月19日去世前，曾多次向村里反映承包田问题未得到解决；被告擅自决定将其家庭未到期的承包水田6.22亩通过第二轮承包发包给他人，已侵害原告家庭成员的集体经济组织成员权，故诉至法院。法院判决驳回原告诉讼请求。

分析： 原告家庭虽在第一轮家庭承包时承包了土地，但第二轮土地承包合同是重新订立的合同，并非第一轮承包的自然延续，是承包人取得承包经营权的法律依据。原告起诉要求确认土地承包权所派生的股权并取得分红的前提条件是已获得相应土地承包经营权，原告当庭撤回确认他人合同无效的诉讼请求后，该诉的本质是因未实际取得土地承包经营权与集体经济组织之间发生的纠纷。根据本案基础法律关系，案由应确定为土地承包经营权纠纷。本案中，原告家庭户虽在

---

① 参见浙江省嘉善县人民法院（2019）浙0421民初742号民事裁定书。

第一轮家庭承包时承包了原某乡某村的土地，但第二轮土地承包合同是重新订立的合同，是承包人取得承包经营权的法律依据，是一份新的合同，原告家庭户实际上并未取得土地承包经营权。第二轮土地承包合同并非第一轮承包的自然延续，且村集体经济组织对于本村事务享有自治权，村经济合作社对土地承包方案的制定，属于行使村集体事务管理权的行为。本案原告在未通过订立农村土地承包经营合同而合法取得土地承包经营权之前，双方民事法律关系尚未建立，诉权基础并不存在。"皮之不存，毛将焉附"，原告所谓的"股份权及分红"均需依附于已经取得相应土地的承包经营权，故原告起诉要求享有土地上的权益缺乏依据。

【风险提示】

集体经济组织成员在第一轮取得土地承包经营权，并不代表其必然享有第二轮土地的承包经营权。取得土地承包经营权要重新订立承包合同。村集体经济组织成员是否具备参加承包土地的资格、如何分得土地、分得土地面积大小等事项均属于村集体经济组织自治的范畴，应通过村民与集体经济组织协商解决，如果协商不成，可以向有关行政部门主张解决。

【法律规定速查】

《中华人民共和国村民委员会组织法》（2018年12月29日修正）

第二十四条 涉及村民利益的下列事项，经村民会议讨论决定方可办理：

（一）本村享受误工补贴的人员及补贴标准；

（二）从村集体经济所得收益的使用；

（三）本村公益事业的兴办和筹资筹劳方案及建设承包方案；

（四）土地承包经营方案；

（五）村集体经济项目的立项、承包方案；

（六）宅基地的使用方案；

（七）征地补偿费的使用、分配方案；

（八）以借贷、租赁或者其他方式处分村集体财产；

（九）村民会议认为应当由村民会议讨论决定的涉及村民利益的其他事项。

村民会议可以授权村民代表会议讨论决定前款规定的事项。法律对讨论决定村集体经济组织财产和成员权益的事项另有规定的，依照其规定。

《中华人民共和国农村土地承包法》(2018年12月29日修正)

第十三条　农民集体所有的土地依法属于村农民集体所有的，由村集体经济组织或者村民委员会发包；已经分别属于村内两个以上农村集体经济组织的农民集体所有的，由村内各该农村集体经济组织或者村民小组发包。村集体经济组织或者村民委员会发包的，不得改变村内各集体经济组织农民集体所有的土地的所有权。

国家所有依法由农民集体使用的农村土地，由使用该土地的农村集体经济组织、村民委员会或者村民小组发包。

第二十条　土地承包应当按照以下程序进行：

（一）本集体经济组织成员的村民会议选举产生承包工作小组；

（二）承包工作小组依照法律、法规的规定拟订并公布承包方案；

（三）依法召开本集体经济组织成员的村民会议，讨论通过承包方案；

（四）公开组织实施承包方案；

（五）签订承包合同。

第二十一条　耕地的承包期为三十年。草地的承包期为三十年至五十年。林地的承包期为三十年至七十年。

前款规定的耕地承包期届满后再延长三十年，草地、林地承包期届满后依照前款规定相应延长。

第二十二条　发包方应当与承包方签订书面承包合同。

承包合同一般包括以下条款：

（一）发包方、承包方的名称，发包方负责人和承包方代表的姓名、住所；

（二）承包土地的名称、坐落、面积、质量等级；

（三）承包期限和起止日期；

（四）承包土地的用途；

（五）发包方和承包方的权利和义务；

（六）违约责任。

第二十三条　承包合同自成立之日起生效。承包方自承包合同生效时取得土地承包经营权。

《中华人民共和国民法典》(2020年5月28日)

第三百三十二条　耕地的承包期为三十年。草地的承包期为三十年至五十年。林地的承包期为三十年至七十年。

前款规定的承包期限届满，由土地承包经营权人依照农村土地承包的法律规定继续承包。

第三百三十三条　土地承包经营权自土地承包经营权合同生效时设立。

登记机构应当向土地承包经营权人发放土地承包经营权证、林权证等证书，并登记造册，确认土地承包经营权。

三、土地承包经营权继承纠纷存在的问题及相关案例

土地承包经营权继承纠纷，是指因土地承包经营权的继承而引发的纠纷。土地承包经营权作为集体经济组织的一项成员权利，与集体经济组织成员的身份有关，该身份与民法上的继承无关，专属于集体经济组织成员。集体经济组织成员对土地承包经营权是否享有继承权，以及土地承包经营权户主死亡后其户内成员是否可以继续进行土地承包经营等，一直是争议比较多的问题。

问题 19：土地承包经营权可以继承吗？

【解答】

根据《民法典》第1122条的规定，继承的范围是遗产，即个人的合法的财产及相关财产性权益。土地承包经营权作为一种用益物权，是农户对集体经济组织的土地享有承包经营使用的权利，并不是一种财产利益，其是基于农村集体经济组织成员身份享有的一种权利，不能发生继承。土地承包经营权的归属主体是农户而不是个人。涉及该权利的继承，规定比较复杂。目前对于林地以及通过招标、拍卖、公开协商等方式取得的土地承包经营权，该承包人死亡的，继承人可以继承，对于耕地、草地等农用地的承包经营权，目前还不允许继承。

【案例】

父母的土地承包经营权不属于财产或者财产权益，不可以继承
——梁某1起诉梁某2土地承包经营权继承纠纷案[①]

案情：梁某1与梁某2系兄弟，其父母在世时达成分家协议，梁某1与梁某2各赡养一位老人，父母离世后，产业各得一半。父母在世时有两块口粮地，梁某1认为A地有8分地，B地有1.96亩地，梁某2认为两块地面积相当。现梁某1耕种着A地，梁某2耕种B地，双方就父母遗留的口粮田未能妥善处理，梁某1起诉要求平均分割父母承包的两块土地。法院判决驳回其诉讼请求。

---

① 参见山西省临汾市中级人民法院（2015）临民终字第852号民事判决书。

分析： 根据 2009 年《农村土地承包法》第 15 条的规定，家庭承包的承包方是本集体经济组织的农户。① 其本质特征是以本集体经济组织内部的农户家庭为单位实行农村土地承包经营。梁某 1 提供的农村土地承包合同书载明的承包方是梁某 1 的父亲梁某，村委会也出具证明证实梁某夫妻在村里承包土地每人 0.98 亩，共 1.96 亩，该 1.96 亩 B 地属梁某与妻子作为一个农户承包的土地。梁某 1 提供的户主为其本人的土地使用权证证明自己承包了 1 亩的 B 地，但在二审开庭时经询问，梁某 1 陈述该 1 亩 B 地是村里的会计于 2014 年添加上去的。因此，该证据不能证明梁某 1 对 1 亩 B 地享有土地承包经营权。现梁某夫妻都已去世，当承包经营农户家庭的成员全部死亡，由于承包经营权的取得是以集体成员权为基础，该土地承包经营权归于消灭，不能由该农户家庭成员的继承人继续承包经营，更不能作为该农户家庭成员的遗产处理。因此，梁某 1 要求平均分割父母的承包地的诉讼请求没有法律依据，不予支持。

【风险提示】

根据《农村土地承包法》第 16 条的规定，家庭承包的承包方是本集体经济组织的农户，说明集体经济组织内部人人有份的家庭承包是以户为生产经营单位进行承包的。但是对于农村土地承包经营权到底能否继承这一问题，首先要明确概念，即农村土地承包经营权和农村土地承包经营产生的经济权益。当农户中家庭成员死亡时，其丧失了民事权利能力，即没有了民事主体的资格。死者的合法个人财产将作为遗产由继承人继承，但是对于农村土地承包经营权而言，其是一种权利而非一种经济利益，必须由特定的具有民事主体资格的个体享有，承包经营权人死亡后，农村土地承包经营权是不能继承的。但是，在承包期内，其继承人可以继续承包，基于土地承包经营权而产生的土地上的收益等经济利益可以作为承包人的个人合法财产即遗产而由其继承人继承。因此，当承包经营权人死亡时，对于该承包地上的经济利益可以作为承包人的遗产进行继承。

【法律规定速查】

《中华人民共和国农村土地承包法》（2018 年 12 月 29 日修正）

第三十二条　承包人应得的承包收益，依照继承法的规定继承。

林地承包的承包人死亡，其继承人可以在承包期内继续承包。

---

① 现对应 2018 年修正的《农村土地承包法》第 16 条。

第五十四条　依照本章规定通过招标、拍卖、公开协商等方式取得土地经营权的，该承包人死亡，其应得的承包收益，依照继承法的规定继承；在承包期内，其继承人可以继续承包。

《中华人民共和国民法典》（2020年5月28日）

第一千一百二十二条　遗产是自然人死亡时遗留的个人合法财产。

依照法律规定或者根据其性质不得继承的遗产，不得继承。

《最高人民法院关于审理涉及农村土地承包纠纷案件适用法律问题的解释》（2020年12月29日修正）

第二十三条　林地家庭承包中，承包方的继承人请求在承包期内继续承包的，应予支持。

其他方式承包中，承包方的继承人或者权利义务承受者请求在承包期内继续承包的，应予支持。

问题 20：承包户内人员死亡后，该人享有土地承包经营权的土地能否由户内其他人员继续承包？

【解答】

农村土地承包为按户承包，户内人员死亡后，作为发包方的村集体不收回承包地，而是由其他户内成员继续承包经营。已死亡人员的承包地由该户内其他人员继续耕种，不发生继承。但例外是通过招标、拍卖、公开协商等方式取得土地经营权的，该承包人死亡，其应得的承包收益，依照继承法的规定继承；在承包期内，其继承人可以继续承包。

【风险提示】

如果承包农户家庭成员之一死亡的，只有其应得的承包收益，如农作物或其销售收入可以由其继承人继承，而承包地则由承包户其他家庭成员继续承包经营。当承包户家庭成员全部死亡时，该土地承包经营权消灭，承包地就要由发包方收回，林地承包经营权继承人可以继承。

【法律规定速查】

《中华人民共和国农村土地承包法》（2018年12月29日修正）

第十六条　家庭承包的承包方是本集体经济组织的农户。

农户内家庭成员依法平等享有承包土地的各项权益。

第十七条 承包方享有下列权利：

（一）依法享有承包地使用、收益的权利，有权自主组织生产经营和处置产品；

（二）依法互换、转让土地承包经营权；

（三）依法流转土地经营权；

（四）承包地被依法征收、征用、占用的，有权依法获得相应的补偿；

（五）法律、行政法规规定的其他权利。

第三十二条 承包人应得的承包收益，依照继承法的规定继承。林地承包的承包人死亡，其继承人可以在承包期内继续承包。

第五十四条 依照本章规定通过招标、拍卖、公开协商等方式取得土地经营权的，该承包人死亡，其应得的承包收益，依照继承法的规定继承；在承包期内，其继承人可以继续承包。

《最高人民法院关于审理涉及农村土地承包纠纷案件适用法律问题的解释》（2020年12月29日修正）

第二十三条 林地家庭承包中，承包方的继承人请求在承包期内继续承包的，应予支持。

其他方式承包中，承包方的继承人或者权利义务承受者请求在承包期内继续承包的，应予支持。

第三节　涉合同纠纷及案例解读

在实践中，土地承包经营权涉合同纠纷的典型形态主要有土地承包经营权转让合同纠纷、土地承包经营权互换合同纠纷、土地经营权入股合同纠纷、土地经营权抵押合同纠纷、土地经营权出租合同纠纷。

在处理土地涉合同纠纷案件中，应在尊重合同自由的基础上，提高违法违约成本。2019年11月8日，最高人民法院正式发布《全国法院民商事审判工作会议纪要》，纪要内容指出，合同是市场化配置资源的主要方式，合同纠纷也是民商事纠纷的主要类型。人民法院在审理合同纠纷案件时，要坚持鼓励交易原则，充分尊重当事人的意思自治。要依法审慎认定合同效力。要根据诚信原则，合理解释合同条款、确定履行内容，合理确定当事人的权利义务关系，审慎适用合同解除制度，依法调整过高的违约金，强化对守约者诚信行为的保护力度，提高违法违约成本,促进诚信社会构建。该会议纪要的内容,在审理土地涉合同纠纷案件中,应该予以执行,防止在土地利益面前违法违约的行为发生,以规范农村土地流转市场秩序。

农村土地承包合同纠纷案件,按照合同纠纷案件的一般管辖原则,由被告住所地或合同履行地人民法院管辖。

《农村土地承包法》第12条规定,国务院农业农村、林业和草原主管部门分别依照国务院规定的职责负责全国农村土地承包经营及承包经营合同管理的指导。县级以上地方人民政府农业农村、林业和草原等主管部门分别依照各自职责,负责本行政区域内农村土地承包经营及承包经营合同管理。乡(镇)人民政府负责本行政区域内农村土地承包经营及承包经营合同管理。

一、土地经营权出租合同纠纷存在的问题及相关案例

《农村土地承包法》第36条规定:"承包方可以自主决定依法采取出租(转包)、入股或者其他方式向他人流转土地经营权,并向发包方备案。"转包和出租的实质内容是一样的,都是土地经营权的债权流转方式,不改变原来的土地承包合同。出租方和转包方继续保留土地承包经营权,承租方和承包方则根据合同获得对土地的债权性质的使用权利。

在土地经营权出租的法律关系中,出租人是享有土地承包经营权的农户,也就是土地承包经营权人;承租人是承租土地经营权的外村人。土地经营权出租合同,是一种民事合同关系。首先,土地承包经营权在此过程中没有流转,仍然是原土地承包经营权人享受,当然,原土地承包经营权人仍需向发包人承担承包合同约定的义务,承租人只享有土地的使用权和收益权;其次,承租人必须是本集体经济组织以外的单位或者个人;最后,由于土地出租并不影响原有的土地承包关系,因此,无须经过发包人许可,只需要将租赁合同向发包人备案,这与土地的转包备案有异曲同工之处。

问题 *1*:在未取得土地承包经营权的情况下,私自出租土地经营权,土地租赁合同是否有效?

【解答】

土地经营权的确可以依法采取出租(转包)、入股或者其他方式流转,但其

前提之一必须是已取得流转土地的承包经营权。未取得土地承包经营权的情况下，对土地经营权私自出租的行为构成无权处分，在发包人或承包权人未追认的情况下，私自出租土地经营权的合同无效。

【案例】
未取得土地承包经营权的情况下，私自出租土地行为无效
——颜某与常某等、第三人某村民小组租赁合同纠纷案[①]

案情： 被告常某等系第三人某村民小组成员，2012年1月1日，在未经第三人某村民小组同意的情况下，私自将属于第三人某村民小组集体的林地租赁给了原告颜某，并于当日签订了一份《林地承包合同》，后又于2012年2月3日到镇法律服务所进行了公证。合同主要内容如下："1. 被告常某等将自己的一片面积为53亩的自留地租给原告种植香蕉或农作物，租金每年每亩300元，10年共159 000元。2. 承包时间为10年，时间从2012年1月1日起至2022年1月1日止。3. 付款方式：合同签订之日起，10年林地租金分三次付清，第一次付四年，第二次付三年，第三次付三年。4. 在承包期内若出现林地纠纷由被告负责解决。5. 此合同双方共同遵守，若一方违反，需赔偿对方总租金的四倍违约金。"同时，合同还对四至界线、转让、转租等作出了约定。合同签订后，原告将该片林地转租给了陈某种植香蕉。现原告分次共向被告支付了159 000元的租金。2015年，第三人在得知被告私自将该片林地租赁给原告后，决定收回林地，并于2015年7月7日告知原告不能再继续租赁，原告至此未能再继续使用该片林地。2015年9月，第三人又将该片林地租赁给他人使用。后种植在该片林地上的香蕉树被毁坏，原告在与被告及第三人协商未果后，向法院提起诉讼，请求人民法院依法判令确认原告与被告签订的林地承包合同为无效合同，并由被告退还向原告收取的原告已租赁三年的土地租金111 300元，及按合同约定承担违约责任，由被告支付原告违约金111 300元。

一审判决原告、被告双方签订的《林地承包合同》应属无效合同，由被告返还原告租金103 350元。各方当事人均未上诉，判决已发生法律效力。

分析： 关于原告颜某与被告常某等签订的《林地承包合同》是否为无效合同

[①] 参见云南省盈江县人民法院（2016）云3123民初816号民事判决书。

的问题。2004 年《土地管理法》第 10 条规定："农民集体所有的土地依法属于村农民集体所有的，由村集体经济组织或者村民委员会经营、管理；已经分别属于村内两个以上农村集体经济组织的农民集体所有的，由村内各该农村集体经济组织或者村民小组经营、管理；已经属于乡（镇）农民集体所有的，由乡（镇）农村集体经济组织经营、管理。"第 15 条第 2 款规定："农民集体所有的土地由本集体经济组织以外的单位或者个人承包经营的，必须经村民会议三分之二以上成员或者三分之二以上村民代表的同意，并报乡（镇）人民政府批准。"[①] 此外，根据原《合同法》第 51 条、第 52 条的规定，本案中，被告向原告租赁的林地系第三人某村民小组集体所有，应由第三人某村民小组集体经营、管理。被告在未经第三人某村民小组村民同意的情况下，私自将 53 亩林地租赁给原告使用的行为，系无权处分行为。该行为事后也未获得第三人的追认，原告、被告双方签订的《林地承包合同》应属无效合同。

【法律规定速查】

《中华人民共和国农村土地承包法》（2018 年 12 月 29 日修正）

第十三条　农民集体所有的土地依法属于村农民集体所有的，由村集体经济组织或者村民委员会发包；已经分别属于村内两个以上农村集体经济组织的农民集体所有的，由村内各该农村集体经济组织或者村民小组发包。村集体经济组织或者村民委员会发包的，不得改变村内各集体经济组织农民集体所有的土地的所有权。

国家所有依法由农民集体使用的农村土地，由使用该土地的农村集体经济组织、村民委员会或者村民小组发包。

《中华人民共和国民法典》（2020 年 5 月 28 日）

第一百五十三条　违反法律、行政法规的强制性规定的民事法律行为无效。但是，该强制性规定不导致该民事法律行为无效的除外。

违背公序良俗的民事法律行为无效。

第一百五十四条　行为人与相对人恶意串通，损害他人合法权益的民事法律行为无效。

《最高人民法院关于审理涉及农村土地承包纠纷案件适用法律问题的解释》（2020 年 12 月 29 日修正）

第十三条　承包方未经发包方同意，转让其土地承包经营权的，转让合同无效。但发包方

[①] 第 10 条、第 15 条第 2 款现分别对应 2019 年修正的《土地管理法》第 11 条、第 13 条。

无法定理由不同意或者拖延表态的除外。

第十四条　承包方依法采取出租、入股或者其他方式流转土地经营权，发包方仅以该土地经营权流转合同未报其备案为由，请求确认合同无效的，不予支持。

问题 2：土地租赁合同履行中造成土地永久损害的，发包方享有解除合同的权利吗？

【解答】

承租方在土地上搞非农建设或者对承包地造成永久性损害的，违反法律规定，应承担相应的法律责任。承包方、土地经营权人违法将承包地用于非农建设的，由县级以上地方人民政府有关主管部门依法予以处罚。承包方给承包地造成永久性损害的，发包方有权制止，并有权要求赔偿由此造成的损失。其违法行为致使双方不能实现合同的目的，发包方可以向法院起诉要求解除合同。

【案例1】

对土地造成永久伤害的，出租方可以要求终止履行合同
——成都某草业有限公司与某村村民委员会第五村民小组（以下简称某村5组）土地承包经营权纠纷案[①]

案情： 2016年6月12日，杨某与成都某草业有限公司签订《土地承包经营权出租合同》，合同约定："转出方（甲方）、法定代表人杨某与受让方（乙方）成都某草业有限公司本着平等、自愿、诚实信用原则，达成本合同；甲方自愿将位于某村5组86亩土地的承包经营权出租给乙方用于草坪种植，租赁期限自2016年5月31日起至2022年5月31日止，租金每年1200元/亩，共计103 200元，于每年的6月10日前交由队长，由队长转发；甲方：杨某；乙方：成都某草业有限公司。"2018年5月8日，某村5组向胡某发送《通知》，《通知》载明："胡某，你于2015年5月30日流转我组农户承包地70余亩，其间用于种植草坪，私自多次取走地表层土壤，对地力生产造成严重影响，鉴于此，决定终止合同。"杨某出具情况说明，其受某村5组34户村民委托与成都某草业有限公司签订《土地承包经营权出租合同》，现代表上述村民委托某村5组向成都某草业有限公司发送终止

---

① 参见四川省新津县人民法院（2018）川0132民初1397、1398号民事判决书。

该合同的通知。杨某系某村5组组长；胡某系成都某草业有限公司董事长。成都某草业有限公司陈述，《通知》不发生解除合同的效力；某村5组陈述《通知》是基于其系土地所有权人，发出《通知》的目的系让成都某草业有限公司停止对土地的侵害，是表达瑕疵。成都某草业有限公司向法院提起诉讼，请求人民法院依法判决确认被告终止合同，向原告送达的《通知》无效；判决被告某村5组继续履行双方签订的《土地承包经营权出租合同》。法院判决如下：一、某村5组于2018年5月8日向成都某草业有限公司作出的《通知》不发生解除双方于2016年6月12日签订的《土地承包经营权出租合同》的效力；二、驳回成都某草业有限公司的其他诉讼请求。

分析： 关于《通知》的效力问题，杨某受34户村民委托与成都某草业有限公司签订的《土地承包经营权出租合同》系双方真实意思表示，且不违反法律、行政法规的强制性规定，合法有效，双方均应据此行使权利、履行义务。根据原《合同法》第93条、第94条的规定①，合同当事人可以约定一方解除合同的条件。解除合同的条件成就时，解除权人可以解除合同，当事人主张解除合同的，应当通知对方，合同自通知到达对方时解除，对方有异议的，可以请求人民法院或者仲裁机构确认解除合同的效力。本案中，从《通知》的内容来看，某村5组以破坏土地为由终止合同，但其并未提交相应证据证明其主张，且其表示该《通知》系表示瑕疵，仅指要求成都某草业有限公司停止对土地的侵害，故其不享有解除合同的权利，某村5组在此情况下向成都某草业有限公司的董事长胡某发出的《通知》不能发生解除《土地承包经营权出租合同》的效力，故对成都某草业有限公司的该项诉讼请求予以支持。关于合同是否继续履行问题，本案案涉标的为农村耕作土地流转，涉及人数众多、土地范围较大、合同期限较长，且具体到种植草坪的播种、收割等事务，不适于强制履行合同，且经询问，案涉土地的承包经营户杨某等33人当庭表示因成都某草业有限公司种植的草坪对土地破坏性较大，不再愿意继续履行合同，成都某草业有限公司仍坚持继续履行合同的诉讼请求。根据《合同法》第110条"当事人一方不履行非金钱债务或者履行非金钱债务不符合约定的，对方可以要求履行，但有下列情形之一的除外：……（二）债务的标的不适于强制履行或者履行费用过高"之规定②，对于成都某草业有限公司

---

① 现对应《民法典》第562条、第563条。
② 现对应《民法典》第580条。

要求继续履行《土地承包经营权出租合同》的诉讼请求，不予支持。

【案例2】

陕西省西安市鄠邑区渭丰街道某村民委员会与冯某汉土地租赁合同纠纷案①

案情： 1998年3月20日，西安某实业有限责任公司与户县渭丰乡某村民委员会签订《土地承包合同》，约定租赁该村132亩土地，用于经营种植或养殖业，租赁期限为25年，即自1998年3月11日至2024年3月10日。2008年4月30日，双方签订《土地承包合同补充协议》，约定将租赁期限延长5年至2029年3月11日。被告冯某汉系西安某实业有限责任公司法定代表人，2011年5月26日，冯某汉与户县渭丰乡某村民委员会签订《协议书》，约定将西安某实业有限责任公司的土地租赁合同及补充协议约定承租方的权利和义务由冯某汉全部享有和承担。冯某汉在租赁土地期间，案涉土地上被多次倾倒大量建筑渣土和垃圾，因被盗挖砂石，在案涉土地区域西南角形成28亩砂坑和西北角形成5亩砂坑各一个，东南角土地堆附大量建筑垃圾，土地遭到严重破坏。当地公安机关对有关人员进行了处罚。2018年5月，户县渭丰乡某村民委员会撤村合并为陕西省西安市鄠邑区渭丰街道某村民委员会，2021年7月6日，该村民委员会起诉请求解除《土地承包合同》。

陕西省西安市鄠邑区人民法院一审认为，冯某汉在租赁土地期间，涉案土地被长期撂荒，2018年至2021年期间在该土地上非法采挖砂石，承包地内形成多个大型砂坑，区域内土地有大量由废弃砖块和黄土组成的废弃建筑混合物堆积，部分砂坑被盗挖后用建筑渣土和垃圾进行了填埋，土地自然生态遭到严重破坏。本案所涉农业用地长期、反复地遭到不法人员掠夺性的破坏，与冯某汉长期看管不力、未采用有效管控措施之间存在因果关系，村委会提出解除土地租赁合同等诉讼请求符合法律规定，应予支持。遂作出解除案涉合同、冯某汉向原告返还132亩土地、原告向冯某汉返还土地承包费94 453元的判决。一审法院作出判决后，向有关责任主体发出司法建议：一是加强土地保护的力度。建议通过安排人员值守或不定期巡查、鼓励群众举报等多种举措，加强对所辖土地的看护、监管。

---

① 参见最高人民法院2024年1月10日发布的人民法院依法保护农用地典型案例。

二是加大对土地资源保护的宣传力度，通过悬挂宣传标语等方式，营造保护土地资源的良好社会氛围。三是及时对遭受破坏的土地进行复耕复种。开展全面排查，加大与环境保护部门的协作联动力度，开展针对砂坑的联合复耕复种行动，力争做到合理利用土地资源。

陕西省西安市中级人民法院二审判决驳回上诉，维持原判。

典型意义：本案是因土地承包人未尽监管和保护义务致使土地生态严重破坏，人民法院依法判决解除土地承包合同的典型案例。《农村土地承包法》第18条规定了承包方应当承担"依法保护和合理利用土地，不得给土地造成永久性损害"的义务。本案中，冯某汉怠于履行保护土地义务，导致案涉土地遭到严重破坏。人民法院依法判决解除合同，在使承包方承担了违约责任的同时，认真落实能动司法理念，积极延伸司法职能，主动发出司法建议，有力推动有关部门做好百亩土地的复耕保护工作，取得了良好效果。本案的正确处理，对于引导教育广大人民群众和基层组织树牢"耕地保护、人人有责"观念，严守土地保护义务，坚持节约集约利用土地，不断增强土地保护工作的自觉性、积极性和主动性具有重要意义。

【风险提示】

双方当事人应按照土地使用性质签订合同，承租方违反合同约定，造成土地破坏或者改变土地使用性质的，发包方可以解除合同。解除合同后，双方根据过错程度承担各自的责任。

【法律规定速查】

《中华人民共和国农村土地承包法》（2018年12月29日修正）

第十八条 承包方承担下列义务：

（一）维持土地的农业用途，未经依法批准不得用于非农建设；

（二）依法保护和合理利用土地，不得给土地造成永久性损害；

（三）法律、行政法规规定的其他义务。

第三十八条 土地经营权流转应当遵循以下原则：

（一）依法、自愿、有偿，任何组织和个人不得强迫或者阻碍土地经营权流转；

（二）不得改变土地所有权的性质和土地的农业用途，不得破坏农业综合生产能力和农业生态环境；

（三）流转期限不得超过承包期的剩余期限；

（四）受让方须有农业经营能力或者资质；

（五）在同等条件下，本集体经济组织成员享有优先权。

第四十二条 承包方不得单方解除土地经营权流转合同，但受让方有下列情形之一的除外：

（一）擅自改变土地的农业用途；

（二）弃耕抛荒连续两年以上；

（三）给土地造成严重损害或者严重破坏土地生态环境；

（四）其他严重违约行为。

《中华人民共和国民法典》（2020年5月28日）

第五百零九条 当事人应当按照约定全面履行自己的义务。

当事人应当遵循诚信原则，根据合同的性质、目的和交易习惯履行通知、协助、保密等义务。

当事人在履行合同过程中，应当避免浪费资源、污染环境和破坏生态。

第五百六十三条 有下列情形之一的，当事人可以解除合同：

（一）因不可抗力致使不能实现合同目的；

（二）在履行期限届满之前，当事人一方明确表示或者以自己的行为表明不履行主要债务；

（三）当事人一方迟延履行主要债务，经催告后在合理期限内仍未履行；

（四）当事人一方迟延履行债务或者有其他违约行为致使不能实现合同目的；

（五）法律规定的其他情形。

以持续履行的债务为内容的不定期合同，当事人可以随时解除合同，但是应当在合理期限之前通知对方。

第五百八十条 当事人一方不履行非金钱债务或者履行非金钱债务不符合约定的，对方可以请求履行，但是有下列情形之一的除外：

（一）法律上或者事实上不能履行；

（二）债务的标的不适于强制履行或者履行费用过高；

（三）债权人在合理期限内未请求履行。

有前款规定的除外情形之一，致使不能实现合同目的的，人民法院或者仲裁机构可以根据当事人的请求终止合同权利义务关系，但是不影响违约责任的承担。

问题 3：在集体经济组织出租村民土地时，村民以默示方式认可，后可以未经其书面同意为由主张土地经营权出租合同无效吗？

【解答】

法无禁止即自由。土地承包户在集体经济组织将其土地出租给其他村民，土地承包户未作出反对表示的情况下，且土地出租合同已经履行，可以视为土地承包户同意集体经济组织的出租行为。村民事后以未经其书面同意为由主张土地承包出租合同无效的，不能成立。

【案例】

村民小组代表村民出租土地，村民未作反对的，承包经营权出租合同有效
——孔某、陈某1、陈某2诉某村第五村民小组、杨某、王某1、付某、王某2、唐某农村土地承包合同纠纷案[①]

案情：自2006年起，被告某村五组辖区内的69亩土地就统一出租给被告王某1、杨某使用。该地块为某村五组50余户农户享有土地承包经营权的土地，其中包含原告孔某户（现有三人，含原告孔某、陈某1、陈某2）享有土地承包经营权的1.6亩土地。被告王某1、杨某承租土地后，对该地块进行了平整，铲除了各农户土地之间作为界线的田埂，并在该地块上建盖起蔬菜种植大棚及喷灌设备等。2006年至2016年，该地块的出租事宜，均以被告某村五组代表在该地块上享有土地承包经营权的农户进行统一出租，该期间的出租合同已经按约履行完毕，在出租土地上享有承包经营权的农户均已领取了相应的土地租金，出租合同履行期间也无农户反映不愿出租的情况。2016年11月2日，因上一轮承租期限即将届满，被告某村五组开会讨论并作出决议："1. 新一轮土地出租的底价为每亩每年2600元，出价高者优先，同时，在同等价格的基础上，原承租方优先；2. 竞价者需要先交纳押金100 000元，并签订租地合同；3. 公告期限自2016年11月5日至11日，竞价者应于2016年11月11日18时前与某村五组联系，逾期无效。"该决议作出后，被告某村五组对该决议内容进行了公示。公示期间，被告王某1、杨某向被告某村五组交纳了押金，并以每亩每年2700元的价格竞租得该地

---

① 参见云南省嵩明县人民法院（2017）云0127民初1369号民事判决书。

块。2016年11月12日，被告某村五组与被告王某1、杨某签订《承租合同》，合同约定：承租土地面积69亩；承租期限自2017年1月1日起至2021年12月31日止；租金一年一付，第一年租金于签订合同之日付清。合同签订后，被告王某1、杨某向被告某村五组交纳了第一年租金。被告王某1、杨某承租土地后，原告孔某、陈某1、陈某2向被告某村五组反映不愿再出租其享有土地承包经营权的土地，且拒绝领取相应的土地租金。除原告孔某户及另案原告习某户、李某户、刘某户、杨某2户、孔某2户外，其余农户均已领取了相应租金。原告孔某户享有土地承包经营权的土地标记的四至界线，均需要以相邻土地的界线确定为前提。被告王某1、杨某承租土地后，被告杨某逐步退出该地块的实际耕种，而由被告唐某、付某、王某2参与该地块的耕种，被告王某1、唐某、付某、王某2对各自种植区域在该地块中作出了划分，相应种植区域的租金也向被告某村五组交纳，再由被告某村五组向各农户兑付。原告孔某现场确认其享有土地承包经营权的土地，现已改造为大棚，因无田埂作为边界，故孔某户享有土地承包经营权的土地的具体边界不能查清。

原告孔某、陈某1、陈某2请求：依法确认第一、第二、第三被告于2016年11月12日签订的《承租合同》1.6亩无效；第二至第六被告返还原告案涉水田1.6亩；第二至第六被告支付强占原告责任田的经济损失2880元。

一审判决驳回原告的诉讼请求。

分析： 违反法律、行政法规的强制性规定的合同无效。承包方自愿委托发包方或者中介组织流转其承包土地的，应当由承包方出具土地流转委托书。本人知道他人以本人的名义代理而不作否认的，视为同意。本案中，被告某村五组将50余户农户享有土地承包经营权的土地（诉争土地）集中起来统一出租的事宜已经进行了两轮，包含原告户在内的该50余户农户已领取了相应租金，该事实应视为包含原告户在内的50余户农户对其委托被告某村五组代表其统一出租土地的行为的认可。在诉争地块2016年11月第三轮统一出租时，被告某村五组根据诉争地块原出租方式，将诉争地块进行统一出租，符合诉争地块出租的一贯做法，也未超出农户原默认委托的范围，且在进行新一轮土地出租前，被告某村五组采取公示的方式通知了原告即将继续统一出租该地块的情况，但在该公示期内，原告未向被告某村五组书面提出不再出租土地的异议，而是在公示期届满后，被告王某1、唐某、付某、王某2已实际使用该地块一段时间后，原告才提出异议并拒绝领取相应租金。依法成立的合同，对当事人双方均有约束力。原告事后才提出异议的行为，应视为对该土地委托被告某村五组统一对外出租行为的反悔。故原告主张《承租合同》中属于其享有权益的1.6亩土地部分的合同约定无效的诉讼请求，无事实及法律依据，不予支持。原告主张由第二至第六被告返还原告案涉水田1.6亩及由第二至第六被告支付强占原告责任田的经济损失2880元的诉讼请求，因未支持原告的第一项诉讼请求，故对该两项请求也不予支持。原告主张其新一轮出租之前及公示期间，已向被告某村五组提出过不再出租的意见，因原告未对该主张提出充分证据予以证实，且被告某村五组对此也不予以认可，故对该答辩意见，不予采纳。

【法律规定速查】

《中华人民共和国民法典》（2020年5月28日）

第一百六十一条　民事主体可以通过代理人实施民事法律行为。

依照法律规定、当事人约定或者民事法律行为的性质，应当由本人亲自实施的民事法律行为，不得代理。

第一百六十二条　代理人在代理权限内，以被代理人名义实施的民事法律行为，对被代理人发生效力。

第四百八十条　承诺应当以通知的方式作出；但是，根据交易习惯或者要约表明可以通过行为作出承诺的除外。

第五百一十条　合同生效后，当事人就质量、价款或者报酬、履行地点等内容没有约定或者约定不明确的，可以协议补充；不能达成补充协议的，按照合同相关条款或者交易习惯确定。

问题 4：土地经营权出租后，可以因承租人未付租金而解除合同吗？

【解答】

农村土地承包经营权的承租人应当按约支付土地租金。农村土地承包经营权租赁有别于一般的不动产租赁，其涉及地上附着物，出租人因承租人拒付租金要求解除合同，应从严把握。需要根据土地承包经营权租赁的特点，结合土地使用的时间特点，以及双方的过错程度，综合权衡租赁双方的利益。

【案例】

土地租赁合同一经签订，不得随意解除
——某公司与张某土地承包经营权出租合同纠纷案[①]

案情： 2009年1月12日，某乡政府与某实业发展有限公司一分公司签订《林地流转合同书》，约定将部分土地转让给该公司从事养殖业、苗木林木种植业，总面积约3000亩，流转期限50年，自2009年3月1日至2059年2月28日，经乡政府同意，可以依法流转。2012年5月23日，该公司与原告某公司签订《合同转让协议书》，约定将其在《林地流转合同书》中的权利义务全部转让给原告某公司。2012年，被告张某基于某村向全体村民张贴的公告，报名参与了租地经营，并于2013年实际接收使用了土地。2017年5月，原告与被告补签了《土地租赁合同》，合同载明："一、合同标的：租赁土地共782.79亩（其中200亩因土质较差，按100亩收取租金）。二、租赁期限……三、租赁价款及付款办法：1.每年交付一次。乙方应于合同签订之日起五个工作日内一次性支付第一年的租赁费共计102 418.5元。并应于下一年度开始前的10个工作日内支付完成下一个年度的租赁费用。2.租赁费价格每五年进行一次调整。第一个五年期按150元／亩收取租赁费；第二个五年期按160元／亩收取租赁费……" 2017年5月18日，原告以被告未按合同履行支付租金的义务，提出诉讼请求：判令解除双方的《土地租赁合同》；判决被告支付土地使用权的租赁费409 674元（从2013年1月28日起至2017年1月28日止）；判令被告承担违约金139 289.16元；判令被告赔偿原告律师费26 000元。本案于2017年11月16日作出一审判决后，双方对判决不服提起上诉。二审中，上诉人某公司提供的乡政府2018年3月30日出具的《证明》载明：2010年春节后，某实业发展有限公司一分公司进场进行翻耕作业，租赁户中除张某外，均交纳了自租赁之日至2017年1月28日的土地租赁费，并已按红线图确认的面积领取了土地翻耕补偿款，补偿款的标准为每亩800元，根据红线图的记载，被告租赁总面积为782.79亩，其中村委会翻地654.09亩，个人耕地128.7亩。经证人证实，2013年1月前原告已将主干道修通，但每个租户自己地里的路没有修。

二审法院判决：张某于本判决生效之日起十日内支付某公司土地使用租金

[①] 参见江西省进贤县人民法院（2017）赣0124民初1112号民事判决书。

409 674 元；某公司于本判决生效之日起十日内支付张某土地翻耕补偿款 102 960 元。上述两项相抵后，张某应支付某公司 306 714 元。

分析： 关于双方签订的《土地租赁合同》是否应解除的问题。考虑到双方合同约定的租赁时间较长，且张某已在租赁土地上投入大量的资金，种植了数万棵苗木，从有利于生产生活出发，本案《土地租赁合同》不宜解除，故对某公司要求解除土地租赁合同的上诉请求不予支持。关于某公司是否应向张某支付修路及翻耕等其他费用，如果应当支付，数额应如何确定的问题。根据乡政府 2018 年 3 月 30 日的《证明》及红线图的记载，被告租赁总面积为 782.79 亩，其中村委会耕地 654.09 亩，个人耕地 128.7 亩，故原告应向被告支付的翻耕费用为 102 960 元（按 128.7 亩、800 元/亩计算）；修路问题，双方签订的《土地租赁合同》中未对修路进行约定，虽村委会公告中载明村委会负责通路，根据查明的事实，2013 年 1 月前某实业发展有限公司一分公司已将主干道修通，应认定村委会已履行了通路的职责，现被告主张由原告承担其租赁土地内的修路费用没有事实及法律依据，不予支持。关于被告应交纳的租金应如何计算的问题。根据双方签订的《土地租赁合同》的约定，第一个五年期按每亩 150 元收取租赁费，其租赁的土地共 782.79 亩（其中 200 亩因土质较差，按 100 亩收取租金），自 2013 年 1 月 28 日至 2017 年 1 月 28 日，每年租金应为 102 418.5 元，租金共计 409 674 元，被告要求租金减半收取，没有事实和法律依据。

【法律规定速查】

《中华人民共和国民法典》（2020 年 5 月 28 日）

第五百零九条 当事人应当按照约定全面履行自己的义务。

当事人应当遵循诚信原则，根据合同的性质、目的和交易习惯履行通知、协助、保密等义务。

当事人在履行合同过程中，应当避免浪费资源、污染环境和破坏生态。

第七百二十二条 承租人无正当理由未支付或者迟延支付租金的，出租人可以请求承租人在合理期限内支付；承租人逾期不支付的，出租人可以解除合同。

《最高人民法院关于审理涉及农村土地承包纠纷案件适用法律问题的解释》（2020 年 12 月 29 日修正）

第十五条 因承包方不收取流转价款或者向对方支付费用的约定产生纠纷，当事人协商变更无法达成一致,且继续履行又显失公平的,人民法院可以根据发生变更的客观情况,按照公平原则处理。

问题 5:土地承租人将承租的土地再转租,需要发包方同意吗?

【解答】

土地承包经营权转租,是指土地承租人将承租的土地经营权租赁给次承租人,并由次承租人向承租人支付租金的行为。承包方可以自主决定依法采取出租(转包)、入股或者其他方式向他人流转土地经营权。经承包方书面同意,并向本集体经济组织备案,次承租人可以再流转土地经营权。两次流转均仅需要向发包方备案,而无须经过发包方同意,未经备案也不影响合同的法律效力。

【案例】

承租人未经原土地承包经营权人同意转租,不影响转租合同的效力
——雷某与滕某、刘某、第三人李某确认土地承包经营权流转纠纷案[①]

案情: 2013年12月31日,原告雷某、被告滕某、案外人双城区五家街道暖泉村村民委员会签订土地协议一份,协议的内容为:"一、租期:甲方将位于暖泉村后屯道东耕地18 476.0平方米,在承包期内(自2013年12月31日至2027年12月31日)流转,由镇村用于招商引资项目用地,租给乙方使用。二、租金:至2027年12月31日每垧土地每年租金作价人民币壹万贰仟元,乙方一次性现金补偿给甲方,合计人民币354 739.00元(大写叁拾伍万肆仟柒佰叁拾玖元)。三、到2027年土地重新发包时,如大调整,甲方重新参与统一分地,享受与其他农户一样的政策待遇。如小调整,甲方同意乙方继续租用此地块,租金重新商定,由村上给予补偿。四、甲方出租耕地此轮承包期内,如被国家建设项目征用,对土地的补偿归甲方所有,对地上物补偿归乙方所有,甲方按被征土地面积及乙方未使用年限给乙方退租金。五、乙方同意政府对土地粮等各种补贴归甲方领取。六、自本合同签订之日起,甲方不得以任何理由影响乙方处置该地块及相关项目建设。如甲方违约或影响乙方建设该宗地,将赔偿乙方租用此地款金额的三倍钱款。七、乙方要按照国家相关法律法规规定使用土地,在建设、经营期间如有违法行为,与

[①] 参见黑龙江省哈尔滨市双城区人民法院(2018)黑0113民初4591号民事判决书。

甲方无关。"合同签订后,被告滕某收到原告雷某现金人民币498 850.00元。2016年4月1日,原告雷某又将包括其从被告滕某处流转的18 476.0平方米土地在内的共计51 215.7平方米的土地转租给第三人李某,双方签订租地协议一份,内容为:"一、甲乙双方本着平等互利的原则,就五家街道暖泉村后道下土地和林地东土地承包给乙方耕种,总面积为51 215.7平方米。二、租期为五年:2016年4月1日至2020年12月30日。三、租金:五年合计租金150 000.00元,每年租金为30 000.00元。双方约定,自2016年开始,每年4月1日由乙方向甲方先行交付租金。四、如乙方不能按期交付租金,甲方有权终止合同,收回土地。五、乙方在租种期间,要合理培肥地力,保障土地完整,不得损毁。如发生相关问题,乙方自行负责解决。否则,赔偿甲方相关损失。六、本协议一式两份,甲乙双方各一份,经双方签字后生效。如发生纠纷,申请当地法院处理。甲方:雷某(签字、按印);乙方:李某(签字、按印) 2016年4月1日。"

原告雷某请求判令被告刘某将案涉土地2018年价值20 000.00元的土地收益返还给第三人李某。

被告滕某辩称,自己手中没有合同原件,不能确认合同合法有效。承认自己耕种了转包给雷某的土地。之后自己发现原村委会书记与雷某签订了另一份协议,把自己的土地从2013年12月31日签到了2063年12月31日,而且这份协议自己到7月才得知,村里其他成员不知情,因此,导致自己种植了上述土地。

一审判决:一、确认原告雷某与被告滕某2013年12月31日签订的土地协议有效;二、确认原告雷某与第三人李某2016年4月1日签订的租地协议中转租2013年12月31日协议中位于暖泉村后屯道东耕地18 476.0平方米土地的部分有效;三、驳回原告请求判令被告刘某将案涉土地2018年价值20 000.00元的土地收益返还给第三人李某的诉讼请求。

分析: 关于原告与被告2013年12月31日签订的土地协议的效力问题。原告与被告2013年12月31日签订的土地协议上有原告雷某、被告滕某的签字确认,庭审中,被告滕某对其真实性没有提出抗辩意见,因此,应该认定该合同是双方的真实意思表示;原告雷某与被告滕某2013年12月31日签订的土地协议上有当时五家镇暖泉村村委会主任周某以及村委会公章,应该确认村委会对流转合同的认可;该合同的内容不违反法律、法规的强制性规定。因此,综合上述理由,确认该合同为有效合同。关于原告雷某与第三人李某2016年4月1日签订租地协议的效力问题。被告滕某抗辩该合同没有经过转租方滕某的同意,应确认为无效合同。原告与被告2013年12月31日签订的土地协议第六条规定,"自本合同签订之日起,甲方(滕某)不得以任何理由影响乙方(雷某)处置该地块及相关项目建设"。由此,被告滕某的抗辩理由不能成立。但是,原告雷某与第三人李某2016年4月1日的租地协议,还包括案外其他土地,对涉及案外其他土地部分的协议内容,因与本案没有关联性,对该部分协议内容的效力,不予评判。关于原告请求判令被告将案涉土地2018年价值20 000.00元的土地收益返还给第三人李某的问题,该诉讼请求,应以李某为原告另行主张,原告以原告的诉讼主体身份,诉请被告赔偿第三人损失,于法无据。

【法律规定速查】

《中华人民共和国农村土地承包法》(2018年12月29日修正)

第十七条　承包方享有下列权利:

(一)依法享有承包地使用、收益的权利,有权自主组织生产经营和处置产品;

(二)依法互换、转让土地承包经营权;

(三)依法流转土地经营权;

(四)承包地被依法征收、征用、占用的,有权依法获得相应的补偿;

(五)法律、行政法规规定的其他权利。

第三十六条　承包方可以自主决定依法采取出租(转包)、入股或者其他方式向他人流转土地经营权,并向发包方备案。

第四十四条　承包方流转土地经营权的,其与发包方的承包关系不变。

第四十六条　经承包方书面同意,并向本集体经济组织备案,受让方可以再流转土地经营权。

《农村土地经营权流转管理办法》(2021年1月26日)

第十四条　承包方可以采取出租(转包)、入股或者其他符合有关法律和国家政策规定的方式流转土地经营权。

出租(转包),是指承包方将部分或者全部土地经营权,租赁给他人从事农业生产经营。

入股,是指承包方将部分或者全部土地经营权作价出资,成为公司、合作经济组织等股东或者成员,并用于农业生产经营。

第十五条　承包方依法采取出租(转包)、入股或者其他方式将土地经营权部分或者全部流转的,承包方与发包方的承包关系不变,双方享有的权利和承担的义务不变。

问题 6：土地经营权租赁合同的双方应如何履行义务？

【解答】

依法成立的合同，受法律保护，系双方真实意思表示，且不违反法律、行政法规的强制性规定，为有效合同，对当事人具有法律约束力。当事人应当按照合同约定全面履行各自的义务。出租人应交付土地承包经营权，承租人应按期支付租金。

【案例】

租赁合同有效的情况下，双方应依约履行义务
——某村委会诉曾某、某合作社土地承包经营权租赁合同纠纷案[①]

案情： 2016 年 7 月 27 日，原告某村委会与被告曾某签订《土地经营权流转协议书》，协议约定，原告将 158 亩（以实际丈量面积为准）土地出租给被告曾某发展蔬菜产业，租赁时间为 12 年（2016 年 7 月 31 日至 2028 年 7 月 31 日），土地租金为每年 500 斤稻谷／亩（以当年 9 月市场稻谷中等价格计算折合现金支付），土地流转工作经费一次性 50 元／亩，每年 9 月底前结清当年土地租金。协议还约定，合同签订后，如一方违约，须按每亩 400 元赔偿另一方经济损失。通过丈量，原告实际出租土地面积为 140 亩。协议签订后，被告曾某承租的涉案土地实际由被告某合作社使用管理至今，原告对此也未提出异议，被告亦支付了 2016 年度土地租金等费用。后经原告多次催收，但被告未按约定交付 2017 年度的土地租金。为维护原告及土地承包经营户的合法权益，故诉至法院，请求依法支持原告的诉讼请求。被告某合作社成立于 2016 年 8 月 5 日，成员包括被告曾某及被告某合作社现任法定代表人汤某等共计五人。该合作社成立之时，原告于 2016 年 7 月 31 日又与该合作社的五名成员签订《土地经营权流转协议书》，并交工商部门登记备案，该《土地经营权流转协议书》与前述《土地经营权流转协议书》内容一致。该合作社成立时的法定代表人为被告曾某，后于 2017 年 5 月 23 日变更为汤某，办理了相应的变更登记手续。另查明，四川省 2017 年中籼稻最低收购价为 2.72 元／公斤。

原告请求依法支持被告向原告支付 2017 年的土地租金 91 000 元及违约金

[①] 参见四川省岳池县人民法院（2018）川 1621 民初 1502 号民事判决书。

56 000元。被告曾某辩称，其受雇于被告某合作社，也是本案的受害人。被告曾某系代为被告某合作社签订合同，涉案土地实际由被告某合作社的实际所有人汤某在使用管理。另外，本案违约金约定过高，应予调整。被告某合作社未予答辩。

一审法院判决：一、被告某合作社于判决发生法律效力后十五日内支付原告某村民委员会土地租金91 000元及违约金（以91 000元为本金，按中国人民银行规定的商业银行同期同类贷款利率从2017年10月1日起开始计算直至付清租金时止）；二、驳回某村民委员会的其他诉讼请求。

分析：依法成立的合同，受法律保护，对当事人具有法律约束力。当事人应当按照合同约定履行各自的义务。原告与被告曾某签订的《土地经营权流转协议书》系双方真实意思表示，且不违反法律、行政法规的强制性规定，为有效合同，合同双方均应按协议书约定履行各自的义务。设立人为设立法人以自己名义从事民事活动产生的民事责任，第三人可以选择请求法人或设立人承担。作为被告合作社的设立人和股东之一的被告曾某以自己名义与原告签订《土地经营权流转协议书》后，已将涉案土地的经营权交被告某合作社使用管理，现原告要求由被告某合作社承担相应的民事责任符合法律规定，予以准许。原告将约定的土地交由被告某合作社管理使用后，被告某合作社未能按约定向原告支付2017年7月31日至2018年7月31日的土地租金，已构成违约。被告某合作社除向原告支付土地租金，还应支付违约金。四川省2017年中籼稻最低收购价为2.72元/公斤。协议书约定土地租金为每年500斤稻谷/亩（以当年9月市场稻谷中等价格计算折合现金支付），原告要求按1.30元/市斤计算未超出合同约定，应予以支持，即被告某合作社应向原告支付租金91 000元（140亩×500斤/亩×1.30元/市斤）。协议书约定的违约金过高，被告曾某作为被告某合作社股东之一，有义务保护被告合作社合法权益不受损害。现被告曾某要求调整违约金予以支持，酌情以91 000元为本金，按中国人民银行规定的商业银行同期同类贷款利率从逾期支付次日即2017年10月1日起开始计算直至付清租金时止。综上所述，被告合作社未按协议书约定向原告支付租金，理应承担相应的民事责任。

【法律规定速查】

《中华人民共和国农村土地承包法》（2018年12月29日修正）

第四十条　土地经营权流转，当事人双方应当签订书面流转合同。

土地经营权流转合同一般包括以下条款：

（一）双方当事人的姓名、住所；

（二）流转土地的名称、坐落、面积、质量等级；

（三）流转期限和起止日期；

（四）流转土地的用途；

（五）双方当事人的权利和义务；

（六）流转价款及支付方式；

（七）土地被依法征收、征用、占用时有关补偿费的归属；

（八）违约责任。

承包方将土地交由他人代耕不超过一年的，可以不签订书面合同。

《中华人民共和国民法典》（2020年5月28日）

第五百八十五条　当事人可以约定一方违约时应当根据违约情况向对方支付一定数额的违约金，也可以约定因违约产生的损失赔偿额的计算方法。

约定的违约金低于造成的损失的，人民法院或者仲裁机构可以根据当事人的请求予以增加；约定的违约金过分高于造成的损失的，人民法院或者仲裁机构可以根据当事人的请求予以适当减少。

当事人就迟延履行约定违约金的，违约方支付违约金后，还应当履行债务。

《农村土地经营权流转管理办法》（2021年1月26日）

第十七条　承包方流转土地经营权，应当与受让方在协商一致的基础上签订书面流转合同，并向发包方备案。

承包方将土地交由他人代耕不超过一年的，可以不签订书面合同。

第十九条　土地经营权流转合同一般包括以下内容：

（一）双方当事人的姓名或者名称、住所、联系方式等；

（二）流转土地的名称、四至、面积、质量等级、土地类型、地块代码等；

（三）流转的期限和起止日期；

（四）流转方式；

（五）流转土地的用途；

（六）双方当事人的权利和义务；

（七）流转价款或者股份分红，以及支付方式和支付时间；

（八）合同到期后地上附着物及相关设施的处理；

（九）土地被依法征收、征用、占用时有关补偿费的归属；

（十）违约责任。

土地经营权流转合同示范文本由农业农村部制定。

第二十条　承包方不得单方解除土地经营权流转合同，但受让方有下列情形之一的除外：

（一）擅自改变土地的农业用途；

（二）弃耕抛荒连续两年以上；

（三）给土地造成严重损害或者严重破坏土地生态环境；

（四）其他严重违约行为。

有以上情形，承包方在合理期限内不解除土地经营权流转合同的，发包方有权要求终止土地经营权流转合同。

受让方对土地和土地生态环境造成的损害应当依法予以赔偿。

问题 7：承租人擅自改变租赁土地用途的合同有效吗？

【解答】

承租人应当维持土地的农业用途，不得用于非农建设，不得改变土地所有权的性质和土地的农业用途，国家保护承包方依法流转土地承包经营权，但同时也明确规定流转土地不得改变土地的农业用途。承租人改变了土地的农用地性质，且未向相关部门办理相关批准手续，违反了法律的禁止性规定，土地租赁合同无效。

【案例】

承租人擅自改变租赁土地用途的合同无效
——高某等 13 人与某有限责任公司、胡某土地租赁合同纠纷案[①]

案情：原告高某等 13 人系天全县兴业乡陇窝村六组村民，20 世纪 80 年代，上述人员（含家庭成员）通过家庭承包经营的方式取得位于该村六组土地名"坝中间"的土地承包经营权，案涉土地面积约 5.5 亩。各户承包经营合同书上此处的土地性质为耕地。1995 年 5 月 10 日，上述原告将案涉土地出租给第三人某公司用于建芒硝厂，并签订了《租用土地的协议书》，协议书约定租用时间不限，租用土地采取赔产的办法结算费用，且工厂停办后，某公司负责复耕，复耕后继续

[①] 参见四川省天全县人民法院（2017）川 1825 民初 1292 号民事判决书。

赔偿三年产量。某公司在租用土地期间，对案涉土地进行了硬化处理，并修建厂房、住宿房、围墙等地上建筑物，但未办理相应产权证书。2002年9月26日，某公司未继续租用案涉土地。因第三人汤某买断某公司的芒硝厂，原告等人又将案涉土地及地上建筑物一起出租给汤某使用，并签订了《租用土地协议书》，协议书约定租用时间不限，亦对土地赔产、复耕等事宜进行了约定。上述两份协议对赔产的计算方法一致，均为小春按每亩油菜200斤计算，大春每亩按稻谷1200斤计算，折合大米按每百斤谷子折71.5斤，每亩折合大米858斤。油菜籽按国家收购价格计算，大米按当时的市场价格计算。后汤某在其租用土地期间，又转租给王某经营的某木材加工厂（个体工商户），双方于2011年4月1日签订了《租赁协议》，协议约定的出租范围为正大门进围墙以内所有场地，其中包括场地内楼房二栋，厂房2间为生产住宿设施，租赁期限为10年，自2011年4月1日起至2021年4月1日止，年租金为18 000元，协议还约定汤某保证提供生产生活用水。2013年10月17日，王某以其个体经营的某木材加工厂折资，与胡某等共同出资成立了被告公司，胡某任法定代表人。案涉土地及地上建筑物一直由被告公司实际使用至今。公司租赁土地期间未新建地上建筑物，仅搭建了彩钢棚等附属设施。原告高某陈述将案涉土地出租用于工业使用时村小组知晓，但未向陇窝村村委会备案，也未办理土地用途变更审批，其认为变更手续应由租用方办理。被告公司王某辉陈述租赁土地时无厂区权属证明，也没有办理过审批手续。原告诉讼请求确认原告与被告公司达成的口头租赁合同无效。

一审判决：一、原告高某等13人与被告某有限责任公司达成的口头土地租赁协议无效；二、由被告某有限责任公司在本判决生效之日起三十日内搬离其租用的位于天全县兴业乡陇窝村六组土地名"坝中间"的土地；三、由被告某有限责任公司在本判决生效之日起三十日内赔偿原告高某等13人损失，按照每年12 000元的标准自2016年4月1日支付至实际搬离土地之日止。

分析： 关于原告与被告公司之间土地租赁协议的表现形式及协议效力的认定问题。被告某有限责任公司虽然提供了其与汤某签订的书面土地租赁协议，但汤某陈述双方未按照协议履行，是因为要领取租金才签订的协议，原告高某等人也表示对协议内容不予认可，且被告某有限责任公司也未提供证据证明汤某系取得原告等人的授权与其签订的合同，故上述书面协议不能认定为原告与被告某有限责任公司的约定内容。因双方对租赁标的（土地及地上厂房设施等）、租赁期限（三年，自2014年4月1日至2017年4月1日）、租金（每年21 000元）等合同主要事项达成了一致意见，应认定双方之间的口头租赁协议是成立的。该租赁协议既包含土地租赁内容，也包含地上建筑物（厂房等）租赁内容。关于土地租赁协议的效力问题。2004年《土地管理法》第12条规定："依法改变土地权属和用途的，应当办理土地变更登记手续。"第36条第2款规定："禁止占用耕地建窑、建坟或者擅自在耕地上建房、挖砂、采石、采矿、取土等。"第44条第1款规定："建设占用土地，涉及农用地转为建设用地的，应当办理农用地转用审批手续。"第63条规定："农民集体所有的土地的使用权不得出让、转让或者出租用于非农建设……"① 上述规定表明，国家严格限制农用地转为建设用地，对耕地实行特殊保护，十分珍惜、合理利用土地和切实保护耕地是我国的基本国策。另外，2009年《农村土地承包法》第10条规定："国家保护承包方依法、自愿、有偿地进行土地承包经营权流转。"第8条第1款规定："农村土地承包应当遵守法律、法规，保护土地资源的合理开发和可持续利用。未经依法批准不得将承包地用于非农建设。"第17条规定："承包方承担下列义务：（一）维持土地的农业用途，不得用于非农建设……"第33条规定："土地承包经营权流转应当遵循以下原则：……（二）不得改变土地所有权的性质和土地的农业用途……"② 上述规定表明，国家保护承包方依法流转土地承包经营权，但同时也明确规定流转土地不得改变土地的农业用途。经查，本案中案涉土地系农用地，原告先后将土地流转给某公司、汤某及被告某有限责任公司，上述主体均流转该地用于工业用途，改变了土地的农用地性质，且未向相关部门办理相关批准手续，违反了法律的禁止性规定，据此，依法认定原告与被告公司之间的口头土地租赁协议无效。

【风险提示】

流转土地时不得改变土地用途。上述案例中正因为农民将农用的耕地租赁给公司用于工业经营却未办理土地用途变更审批而导致合同无效，因此，租赁土地时一定要注意承租人的土地用途，以免利益受损。集体经济组织要加强对土地流转用途的管理，防止改变土地用途。土地租赁合同无效的情况下，如村民没有过错，农民可以要求返还土地，若有损失，可在证据充分的情况下要求对方赔偿损失。

---

① 上述规定现对应2019年修正的《土地管理法》第12条、第37条第2款、第44条第1款、第63条。
② 上述规定现对应2018年修正的《农村土地承包法》第10条、第11条、第18条、第38条。

【法律规定速查】

《中华人民共和国农村土地承包法》（2018年12月29日修正）

第十一条　农村土地承包经营应当遵守法律、法规，保护土地资源的合理开发和可持续利用。未经依法批准不得将承包地用于非农建设。

第十八条　承包方承担下列义务：

（一）维持土地的农业用途，未经依法批准不得用于非农建设；

（二）依法保护和合理利用土地，不得给土地造成永久性损害；

（三）法律、行政法规规定的其他义务。

第三十八条　土地经营权流转应当遵循以下原则：

（一）依法、自愿、有偿，任何组织和个人不得强迫或者阻碍土地经营权流转；

（二）不得改变土地所有权的性质和土地的农业用途，不得破坏农业综合生产能力和农业生态环境；

（三）流转期限不得超过承包期的剩余期限；

（四）受让方须有农业经营能力或者资质；

（五）在同等条件下，本集体经济组织成员享有优先权。

第四十二条　承包方不得单方解除土地经营权流转合同，但受让方有下列情形之一的除外：

（一）擅自改变土地的农业用途；

（二）弃耕抛荒连续两年以上；

（三）给土地造成严重损害或者严重破坏土地生态环境；

（四）其他严重违约行为。

《中华人民共和国民法典》（2020年5月28日）

第三百三十九条　土地承包经营权人可以自主决定依法采取出租、入股或者其他方式向他人流转土地经营权。

第七百一十一条　承租人未按照约定的方法或者未根据租赁物的性质使用租赁物，致使租赁物受到损失的，出租人可以解除合同并请求赔偿损失。

《农村土地经营权流转管理办法》（2021年1月26日）

第十一条　受让方应当依照有关法律法规保护土地，禁止改变土地的农业用途。禁止闲置、荒芜耕地，禁止占用耕地建窑、建坟或者擅自在耕地上建房、挖砂、采石、采矿、取土等。

禁止占用永久基本农田发展林果业和挖塘养鱼。

问题 8：土地承租方违约弃耕抛荒连续两年以上的，出租方应就扩大的损失承担责任吗？

【解答】

承租方明确表示或者以自己的行为表明不履行合同义务的，出租方可以在履行期限届满之前要求承租方承担违约责任；出租方没有采取适当措施致使损失扩大的，不得就扩大的损失要求赔偿，致使土地撂荒而加重复垦难度的，在确定复垦费时应综合考虑出租方的不作为行为。

【案例】

抛荒两年以上的土地，出租方应就扩大的损失承担责任
——陈某户与罗某土地承包经营权出租合同纠纷案[①]

案情：被告与原告代表人陈某于 2013 年 1 月 1 日签订《土地流转协议书》，其中约定："1. 原告将位于龙潭镇先锋村 4 组 2.26 亩田地流转给被告用于泥鳅养殖；2. 流转期限为 5 年，从 2013 年 1 月 1 日起至 2018 年 12 月 31 日止；3. 土地流转费用每年按流转面积 350 公斤稻谷每亩计算，以当年 9 月 30 日市场价折现支付给原告；4. 被告不按协议规定用地或改变流转土地用途，在每年 3 月 5 日前未进行土地利用，原告收回流转土地耕种，并不退被告已交的流转费用。"被告罗某在支付 2014 年地租后未再使用该土地，该土地现荒芜无人耕种。2016 年 5 月 31 日，陈某向法院起诉被告罗某，原告陈某因主体资格问题于 2016 年 8 月 4 日自愿申请撤回起诉，法院予以准许。2016 年 8 月 8 日，被告罗某将落款署名为陈某、时间为 2014 年 11 月 17 日的收条等证据原件取回。原告陈某农村家庭承包经营户遂于 2016 年 8 月 9 日向法院提起本案诉讼。

法院判决：一、被告罗某于判决生效后立即向原告陈某农村家庭承包经营户支付 2015 年土地流转费 2135.7 元；二、被告罗某于判决生效后立即向原告陈某农村家庭承包经营户支付土地复耕费 1800 元；三、驳回原告陈某农村家庭承包经营户的其他诉讼请求。

[①] 参见重庆市涪陵区人民法院（2016）渝 0102 民初 7108 号民事判决书。

分析： 依法成立的土地承包经营权流转合同受法律保护，双方均应当依法依约履行自己的义务。本案中，原告陈某农村家庭承包经营户与被告罗某签订的《土地流转协议书》合法有效，原告依约交付土地，被告罗某应当按照约定支付土地流转费。而被告罗某在约定的期限尚未到期时即单方提出解除土地流转合同，已构成违约，应当承担违约责任。被告罗某在自身已经违约的情况下，仅凭"提前通知解除"为由主张不承担责任，于情于理于法均有不当，况且被告罗某提出的重要证据——2014年11月17日写的一张"收条"，以该收条最后一句记载的"2015年合同终止"为由主张已经提前通知了，对此收条而言，本身只应当具有收取2014年土地流转费的作用，但被告罗某在其中夹杂合同解除内容，陈某对该部分合同解除内容亦坚决不认可，认为是被告方自行添加，遂提出对其真伪（书写时间的一致性）进行鉴定。因在（2016）渝0102民初4688号案件中陈某主体资格问题，陈某遂撤回起诉后再行以陈某农村家庭承包经营户名义起诉，在告知被告罗某对该关键证据"收条"争议较大且需鉴定的情况下，被告罗某坚持要求退回，但在本案开庭审理质证中，被告罗某又以该证据被盗丢失为由不能提供，故对该证据的真实性依法不予确认，且对被告罗某提出的已提前通知解除土地流转合同的主张亦不予采信。即便被告罗某基于自身经营考量确定要提前解除土地流转合同，亦应当明示通知原告，并且因系自身违约，仍应当恢复土地原状后正式返还原告。因此，被告罗某在既没有提前通知，也没有恢复土地原状后再返还原告的情况下，单方面自行决定终止合同，已经构成了根本违约，应当承担继续支付土地流转费及土地复耕费的违约责任。但对于守约方即原告而言，亦不能坚守合同到期前不能解除的观念，在违约提前解除情况下应当由违约方承担违约责任，守约方仍应当依法采取适当措施积极减少损失的扩大，如造成扩大损失的不得对该部分要求赔偿。2015年，被告罗某已经以实际行为明确表明不再履行合同，原告对此也已明知。在2016年3月前，原告完全有时间和机会进行复耕以减少不必要的损失，并可就复耕损失向被告主张赔偿，但原告却一味放任，只是通过村委会等要求继续支付2015年、2016年土地流转费，故其提出的2016年土地流转费损失应属于自己造成的扩大损失，同时又加剧了土地荒废程度，就土地复耕费用也应当承担相应责任。对于土地复耕费确定问题，原告流转土地为2.26亩，原告主张复耕费3000元，但结合参考本镇园区菜地复耕费标准、劳务工资、荒芜现状等本案实际情况，并考虑原告2016年放任后造成的扩大损失影响等，酌定为1800元。

【风险提示】

目前，农村土地流转尚不规范，部分合同双方法律意识不强，在经营不善的情况下，不能及时处理好纠纷，导致土地撂荒，造成珍贵的土地资源的浪费。本案中，被告在既没有提前通知，也没有恢复土地原状的情况下，在2014年11月17日"收条"上擅自添加"2015年合同终止"的行为不能发生通知的法律效力，被告未按时支付土地流转费，应承担违约责任。原告应当依法采取适当措施积极减少损失的扩大，2015年被告已经以实际行为明确表明不再履行合同，原告对此明知，其完全有时间和机会进行复耕以减少不必要的损失，并可就复耕损失向罗某主张赔偿，故对其提出的2016年土地流转费损失不予支持。同时，其不作为行为增加了土地撂荒程度，土地复耕费用上也应当承担相应责任。合同双方应当根据法律规定各负其责。裁判对促进双方全面履行义务、积极行使权利具有引导价值。

【法律规定速查】

《中华人民共和国农村土地承包法》（2018年12月29日修正）

第四十二条 承包方不得单方解除土地经营权流转合同，但受让方有下列情形之一的除外：

（一）擅自改变土地的农业用途；

（二）弃耕抛荒连续两年以上；

（三）给土地造成严重损害或者严重破坏土地生态环境；

（四）其他严重违约行为。

第六十四条 土地经营权人擅自改变土地的农业用途、弃耕抛荒连续两年以上、给土地造成严重损害或者严重破坏土地生态环境，承包方在合理期限内不解除土地经营权流转合同的，发包方有权要求终止土地经营权流转合同。土地经营权人对土地和土地生态环境造成的损害应当予以赔偿。

《中华人民共和国民法典》（2020年5月28日）

第五百九十一条 当事人一方违约后，对方应当采取适当措施防止损失的扩大；没有采取适当措施致使损失扩大的，不得就扩大的损失请求赔偿。

当事人因防止损失扩大而支出的合理费用，由违约方负担。

问题 9：村民在他人承包的土地上种植林木，未经他人同意的情况下，是否必然要恢复原状？

【解答】

村民不得侵犯他人的土地承包经营权，无权在他人承包的土地上种植林木，否则他人有权要求恢复原状。但是，一些农户因政策的变化在他人林地上种植了果树，林地权人诉请要求移除果树，如果径直将果树移除，有违林业生产，不符合经济最大效用原则，且农户并非恶意侵权，故可以结合林地的生长周期，按照当地的实际租赁林地情况补偿租赁费。不仅从公平角度保障了果树所有人的权益，也维护了林地权人的权利。

【案例】

在林地上擅自种植树木的，应根据经济利益和公平原则处理
——谢某诉曾某林地承包经营权侵权纠纷案[①]

案情： 谢某、曾某均系广昌县千善乡盖竹村珠树组村民。1983 年 7 月 8 日，广昌县人民政府颁发给谢某《江西省广昌县自留山经营权证》。1985 年 6 月 20 日，广昌县人民政府又颁发给谢某《广昌县家庭经营山使用证》，确定谢某依法取得坐落珠树组王泥排山场约 20 亩的自留山经营权，其中荒山 14 亩，幼林 6 亩。1995 年，广昌县千善乡盖竹村珠树组根据中共广昌县委、广昌县人民政府联合下发的第 5 号文件的规定，组建股份制林场，将各农户的自留山和责任山收回集体统一经营和管理，由政府向农户发放股份权证。1995 年和 1997 年，曾某经相关部门审批，依法取得合法建房手续，分别在曾某的自留山上兴建了住房和猪圈，后来又未经审批私自搭建了二间平房作厨房。2002 年 11 月 15 日，广昌县千善乡人民政府根据第 35 号文件精神，下发了千善乡 2003 年度退耕还林实施方案，号召村民退耕还林及在荒山荒地造林。曾某于 2003 年将自家房前屋后部分杉树砍掉，栽种了 2.9 亩南丰蜜橘，约 150 棵，完成退耕还林任务，并领取了《广昌县退耕还林粮食现金兑现证》，同时，将砍伐的杉木出售获利 900 元。2006 年 10 月 31 日，广昌县人民政府在林业产权制度改革时，又给谢某颁发了《中华人民共和国林权证》，重新确认了谢某对珠树组王泥排山场的经营权，经重新测量为 27.5

[①] 参见江西省抚州市中级人民法院（2016）赣 10 民终 14 号民事判决书。

亩。为此，谢某要求曾某返还侵占的王泥排山场，并赔偿谢某的经济损失，双方产生纠纷。

法院判决，曾某有偿使用谢某拥有经营权的千善乡盖竹村珠树组王泥排2.9亩山场栽种南丰蜜橘25年，从2004年1月1日起算，至2028年12月31日止。有偿使用到期后，曾某必须无条件移除南丰蜜橘，将山场经营权归还谢某；曾某补偿使用谢某山场费用5075元（70元×2.9亩×25年）；曾某支付谢某杉木损失款900元；驳回谢某其他诉讼请求。谢某上诉后，二审驳回上诉，维持原判。

分析：广昌县人民政府1983年颁发给谢某《江西省广昌县自留山经营权证》、1985年颁发给《广昌县家庭经营山使用证》，均明确千善乡盖竹村珠树组王泥排山场的山权属集体所有，林权归谢某所有，其中荒山14亩，幼林6亩。但由于历史和政策的原因，1995年广昌县千善乡盖竹村珠树组根据中共广昌县委、广昌县人民政府联合下发的第5号文件精神，为组建股份制林场，将各农户的自留山和责任山收回集体统一经营和管理，由政府向农户发放股份权证。由于当时农户林权意识不强，加之集体经营管理不当，大多数山场还是维持自然生长状态。

2003年，曾某响应退耕还林号召，在房前屋后的山场上栽种南丰蜜橘近150棵，面积约2.9亩，并获得了政府颁发的退耕还林粮食现金兑换证。此时，确实存在曾某种植了谢某的自留山的情况，但由于谢某林权意识不强，并未对曾某在其自留山上栽种橘树的行为提出异议。按照林业产权制度改革政策，对这种种错他人自留山的情况，双方应以尊重历史、实事求是、相互协商的原则核发林权证，但此时双方并未产生争议。2006年10月31日，广昌县人民政府在林业产权制度改革时，又将该片山场的林权证重新确认颁发给了谢某。直至2013年，双方因山林经营权产生纠纷协商无果后，谢某才诉至法院。一审法院认为，谢某现在拥有王泥排山场的林地承包经营权不容置疑。但是，谢某并没有证据证明其在山场上栽种过林木，也没有证据证明其曾阻止过曾某建房及栽种橘树。而曾某在该山场上栽种的南丰蜜橘，已进行了大量的生产投入，并经营管理至今，目前橘树已处于盛果期，贸然移除有违林业生产，也不符合"谁造谁有"的政策，因此，谢某要求被告移除橘树的诉请，应不予支持。谢某要求曾某折价转让橘树，因曾某不同意，双方无法达成协议，因买卖合同需双方自愿，因此，谢某要求曾某折价转让橘树的诉请应不予支持。

曾某栽种橘树的山场属于谢某享有经营权的山场，本着公平原则，曾某应有偿使用。参照当地农户租用他人山场栽种橘树的期限以及租赁费用，结合橘树的生长周期，从保护生产、保护果业的角度出发，酌情支持曾某有偿合理使用谢某山场栽种南丰蜜橘25年，从2004年1月1日起算，至2028年12月31日止，有偿使用到期后，曾某必须移除南丰蜜橘，将山场经营权归还谢某。曾某占用谢某山场种植南丰蜜橘期间，每年按70元/亩补偿使用谢某山场费用。

【法律规定速查】

《中华人民共和国农村土地承包法》（2018年12月29日修正）

第七条　农村土地承包应当坚持公开、公平、公正的原则，正确处理国家、集体、个人三者的利益关系。

《中华人民共和国民法典》（2020年5月28日）

第一千一百八十六条　受害人和行为人对损害的发生都没有过错的，依照法律的规定由双方分担损失。

问题 *10*：农户因受让地上物而想取得该物范围内的土地使用权，是否应支付土地使用费？

【解答】

农户因受让地上物而取得土地使用权是否应支付使用费需要根据不同情况区别对待。建筑物、构筑物及其他附属设施转让、互换、出资或者赠与的，该建筑物、构筑物及其附属设施占用范围内的建设用地使用权一并处分。承包地并不因建筑物转让而一并转让，需要与集体经济组织协商处理。

【案例】

地上建筑物转让，并不会导致土地承包经营权一并转让
——某村村民委员会诉王某土地承包经营权租赁合同纠纷案[①]

案情： 案外人陈某系某村村民，2009年之前，陈某一直承包系争土地共10亩，该块土地属于某村集体所有的机动田。2010年1月1日，陈某因故将其所承包的10亩土地自愿交还给发包方即原告某村村民委员会。2011年1月1日，陈

[①] 参见上海市崇明县人民法院（2010）崇民一（民）初字第72号民事判决书。

某将系争土地上归其所有的房屋、橘园、蟹塘以人民币70 000元的价格转让于被告王某，被告并不是某村村民。同日，原告、被告就系争土地签订了《集体机动土地承包合同》，合同约定承包期为1年，自2011年1月1日起至12月31日止，承包价格为人民币300元/亩。被告仅依约支付了上半年的承包费，原告多次向被告催收剩余承包费均遭拒绝，故诉至法院，要求被告支付原告2011年度下半年土地承包费。被告则认为，陈某已将系争土地使用权、地上作物及房屋一并转让，被告应享受同原种植户相同的村民待遇，但是原告主张的承包费用远超过对当地村民的收费标准，故不同意原告的诉请。

法院经审理认为，被告与陈某签订地上物转让协议并不包括土地使用权的一并转让；依法成立的合同，对当事人具有约束力，被告应当按照合同的约定履行自己的义务，不得擅自变更或者解除合同，遂判决被告王某支付原告某村村民委员会2011年度下半年土地承包费人民币18 000元。

分析： 根据《农村土地承包法》第4条的规定，农村土地承包后，土地的所有权性质不变。承包地不得买卖。农民集体所有的土地依法属于村农民集体所有的，由村集体经济组织或村民委员会代表集体行使所有权。具体到本案来看，系争土地属某村农民集体所有的机动地，在案外人陈某承包系争土地期间，土地的所有权性质没有发生改变。在陈某将系争土地交回给作为发包方的原告后，土地的所有权和使用权的行使统一归于原告，原告有权对土地再行发包或出租。需要注意的是，国家保护通过家庭承包取得土地承包经营权的权利人依法进行土地承包经营权流转的权利，但对流转的方式有着明确的规定，将承包经营权让渡给其他从事农业生产经营的农户，原土地承包关系自行终止的流转称为"转让"，转让需要事先向发包方提出申请，经同意后需办理经营权证的变更、注销或重发；将承包经营权转给同一集体经济组织内其他农户的流转称为"转包"；将承包经营权转给非同一集体经济组织内农户的流转称为"出租"。结合本案案情，陈某与被告之间的约定不符合农村土地承包经营性转让的程序要求，即使陈某在其交还系争土地之前与王某之间约定流转，该流转也因王某的非本村村民身份而属于土地承包经营权的出租而不是转包。针对地上物的转让协议中是否包含了对土地使用权的一并流转这一问题，需要综合分析：

其一，需要考量出让人的真实意思表示，即双方有无流转土地使用权的合意。出让人有无要将土地使用权一并转让的意思表示，这种转让的意思表示是否在书面合同中进行明确的固定是界定的关键。如果出让人的意思表示并不明确，可以对地上物的实际价值和转让合同中约定的转让款进行比较，转让款明显高于地上物实际价值的，就该超出部分的差价进行分析，若这部分差价接近同等条件土地使用权流转对价，那么可以推定这部分差价系用来支付土地使用权流转的对价，否则可以推定出让人并没有流转土地使用权的意思表示。

其二，需要考量权利来源问题。根据《农村土地承包法》第 29 条[①]的规定，承包方可以自愿交回承包地，但是必须提前半年以书面形式通知发包方，如果承包方将土地承包经营权交还发包方，则土地的所有权和使用权的行使统一归于发包方。如果涉及农村土地承包经营权的转让，则当事人之间的转让协议需要经过发包方的同意，并履行权利凭证的变更等手续，未经正当程序的转让无效。对于承包人自愿交回的承包地，由发包方代表集体行使所有权（如发包、出租等）。本案中，原告作为发包方有权将系争土地流转给被告，原告、被告签订的《集体机动土地承包合同》实质上就是明确了原告将系争土地使用权出租给被告的事实，租金的较高标准也体现出了被告与本村村民的差异，所以被告认为其应当享有村民待遇的意见不成立，其理应足额支付根据承包合同已经明确约定的土地使用费即租金。

【法律规定速查】

《中华人民共和国农村土地承包法》（2018 年 12 月 29 日修正）

第四条　农村土地承包后，土地的所有权性质不变。承包地不得买卖。

第四十四条　承包方流转土地经营权的，其与发包方的承包关系不变。

《中华人民共和国民法典》（2020 年 5 月 28 日）

第七百一十六条　承租人经出租人同意，可以将租赁物转租给第三人。承租人转租的，承租人与出租人之间的租赁合同继续有效；第三人造成租赁物损失的，承租人应当赔偿损失。

承租人未经出租人同意转租的，出租人可以解除合同。

第七百二十一条　承租人应当按照约定的期限支付租金。对支付租金的期限没有约定或者约定不明确，依据本法第五百一十条的规定仍不能确定，租赁期限不满一年的，应当在租赁期限届满时支付；租赁期限一年以上的，应当在每届满一年时支付，剩余期限不满一年的，应当在租赁期限届满时支付。

---

① 现对应 2018 年修正的《农村土地承包法》第 30 条。

《最高人民法院关于审理涉及农村土地承包纠纷案件适用法律问题的解释》（2020年12月29日修正）

第十五条 因承包方不收取流转价款或者向对方支付费用的约定产生纠纷，当事人协商变更无法达成一致，且继续履行又显失公平的，人民法院可以根据发生变更的客观情况，按照公平原则处理。

《农村土地经营权流转管理办法》（2021年1月26日）

第十四条 承包方可以采取出租（转包）、入股或者其他符合有关法律和国家政策规定的方式流转土地经营权。

出租（转包），是指承包方将部分或者全部土地经营权，租赁给他人从事农业生产经营。

入股，是指承包方将部分或者全部土地经营权作价出资，成为公司、合作经济组织等股东或者成员，并用于农业生产经营。

第十五条 承包方依法采取出租（转包）、入股或者其他方式将土地经营权部分或者全部流转的，承包方与发包方的承包关系不变，双方享有的权利和承担的义务不变。

二、土地承包经营权转让合同纠纷存在的问题及相关案例

转让是指承包方有稳定的非农职业或者有稳定的收入来源，经承包方申请和发包方同意，将部分或全部土地承包经营权让渡给其他从事农业生产经营的农户，由其履行相应土地承包合同的权利和义务。转让后原土地承包关系自行终止，原承包方承包期内的土地承包经营权部分或全部灭失。在土地承包经营权转让合同纠纷中，要注意合同的主体，原承包人不再享有承包经营权，而由受让方取得承包经营权，新的承包人承担了承包人原有的全部权利义务。下面列举了土地承包经营权转让合同中发生的几个常见的问题。

问题 11：土地承包期届满后，未经发包方许可情况下的转让是否有效？

【解答】

土地承包期限届满后，如果农户未与村集体签订新的土地承包合同，将丧失对相应土地的承包经营权。农户在未经村集体许可的情况下，再将土地转让给第三人，其与第三人签订的承包协议无效。

【案例】

土地承包期满后，未经发包方同意的转让行为无效
——某村村民委员会与纳某、第三人李某土地承包经营权转让合同纠纷案①

案情： 1990年4月1日，某村三队与案外人马某、王某签订《裴家湖承包合同书》一份，约定将包括涉案鱼池在内的220亩土地承包给马某、王某，承包期限为1990年4月1日至1994年4月1日。后被告纳某从段某、王某处承包了包括涉案鱼池在内的220亩土地从事农业生产。1994年4月1日，某村三队与案外人马某、王某再次签订《裴家湖承包合同书》一份，约定将上述220亩土地继续承包给马某、王某，承包期限为1994年4月1日至2014年4月1日。2005年4月21日，银川市兴庆区政府向被告纳某颁发《水域滩涂养殖使用证》，载明水域、滩涂养殖使用者（承包方）为纳某，承包经营期限为长期，用途为水产承包，使用水域滩涂总面积220亩，地理坐标及四至范围包括本案涉及的61.5亩鱼池。2008年2月6日，某村三队与王某签订《退包协议》一份，约定因王某无力经营，故向某村三队退包220亩土地。2009年4月，被告纳某与某村三队签订《土地短期流转协议》一份，载明："经某村三队全体村民在2009年4月29日会议商定：1. 鉴于王某无力经营所承包种植面积和鱼池以及草湖、大坝，于2008年12月29日转交给生产队，在转接过程中出现第三经营者，并放有鱼苗。全队村民再次给乙方纳某续约至2009年12月31日。2. 在规定时间内必须清理鱼塘，违约后果自负。3. 短期流转费10 000元整……"该协议有原告签字并加盖某村村民委员会公章。《土地短期流转协议》到期后，原告、被告未续签土地承包合同。但被告继续按照合同约定的承包费标准向原告交纳土地承包费至2013年年底。自2014年起，被告再未向原告交纳涉案土地承包费。2016年5月18日，被告在未经原告同意的情况下，与第三人签订《承包协议》一份，约定被告将涉案鱼池承包给第三人，承包期限自2016年5月18日至2020年5月1日，鱼池承包费为每年11 000元。本案涉案鱼池属于某村所有，因为涉案土地属性发生变化，原告对其第一项诉讼请求进行明确，要求判令被告及第三人向原告返还鱼池61.5亩。现原告以被告及第三人违法占有原告所有鱼池为由起诉请求被告及第三人向原告返还鱼池61.5亩；请求被告支付原告占用鱼池期间的承包费50 225元（暂从2014

---

① 参见宁夏回族自治区银川市兴庆区人民法院（2018）宁0104民初2474号民事判决书。

年 1 月起算至 2018 年 2 月，200 元/亩×61.5 亩×4 年 1 个月）。

法院判决：一、被告纳某及第三人李某于判决书生效之日起十日内返还原告某村村民委员会鱼池 61.5 亩；二、被告纳某于判决书生效之日起十日内向原告某村村民委员会交纳承包费 40 833.33 元。

分析： 根据《某村三队地块分布图第一轮公示》显示，涉案 61.5 亩鱼池属于村集体所有，现原告诉讼要求被告返还鱼池，主体适格。被告与某村三队之间签订的《土地短期流转协议》系双方自愿签订，内容不违反法律规定，该协议真实有效。协议中约定被告的承包期至 2009 年 12 月 31 日，现承包期限已经届满，被告未与某村续签承包合同，丧失了对本案涉案鱼池的承包经营权。被告在未经原告许可的情况下，将涉案鱼池转包给第三人，其与第三人签订的《承包协议》应当认定为无效合同。现涉案鱼池由第三人实际占有使用，故对原告要求被告及第三人返还 61.5 亩鱼池的诉讼请求，予以支持。

【风险提示】

土地承包期限届满后，如果农户未与村集体签订新的土地承包合同，农户将丧失对相应土地的承包经营权。农户在未经村集体许可的情况下，再将土地转让给第三人，其与第三人签订的承包协议无效。

【法律规定速查】

《中华人民共和国农村土地承包法》（2018 年 12 月 29 日修正）

第三十八条　土地经营权流转应当遵循以下原则：

（一）依法、自愿、有偿，任何组织和个人不得强迫或者阻碍土地经营权流转；

（二）不得改变土地所有权的性质和土地的农业用途，不得破坏农业综合生产能力和农业生态环境；

（三）流转期限不得超过承包期的剩余期限；

（四）受让方须有农业经营能力或者资质；

（五）在同等条件下，本集体经济组织成员享有优先权。

《最高人民法院关于审理涉及农村土地承包纠纷案件适用法律问题的解释》（2020 年 12 月 29 日修正）

第十三条　承包方未经发包方同意，转让其土地承包经营权的，转让合同无效。但发包方无法定理由不同意或者拖延表态的除外。

《农村土地经营权流转管理办法》（2021年1月26日）

第二条 土地经营权流转应当坚持农村土地农民集体所有、农户家庭承包经营的基本制度，保持农村土地承包关系稳定并长久不变，遵循依法、自愿、有偿原则，任何组织和个人不得强迫或者阻碍承包方流转土地经营权。

第三条 土地经营权流转不得损害农村集体经济组织和利害关系人的合法权益，不得破坏农业综合生产能力和农业生态环境，不得改变承包土地的所有权性质及其农业用途，确保农地农用，优先用于粮食生产，制止耕地"非农化"、防止耕地"非粮化"。

第四条 土地经营权流转应当因地制宜、循序渐进，把握好流转、集中、规模经营的度，流转规模应当与城镇化进程和农村劳动力转移规模相适应，与农业科技进步和生产手段改进程度相适应，与农业社会化服务水平提高相适应，鼓励各地建立多种形式的土地经营权流转风险防范和保障机制。

问题 12：如何认定不同村的村民之间转让土地承包经营权的效力？

【解答】

农村土地承包经营权的流转现象逐渐增多，为促进农村经济发展及维护社会稳定，引进先进的技术和人才，在不损害集体利益的前提下，不同村的村民之间转让土地承包经营权的行为有效，但是，承包人采取转让方式流转其土地承包经营权的，应当经发包方同意。

【案例】

非同村村民之间可以转让土地承包经营权

——原告（反诉被告）和某与被告（反诉原告）马某转让合同纠纷案[①]

案情： 和某属兰坪县通甸镇通甸村村民，其承包了该村四组共7.7亩的土地并进行了土地承包经营权登记。马某属兰坪县河西乡胜兴村村民，其家庭户搬迁至通甸镇通甸村后向和某租赁名为"白沙"的土地耕种。2008年12月3日，和某与马某签订《转让合同》，约定和某将其麻栗坪瓦窑厂地名为"白沙"、登记面积为2.8亩（合同中约定为2亩）的土地转让给马某，转让费5000元一次性付

[①] 参见云南省兰坪白族普米族自治县人民法院（2017）云3325民初728号民事判决书。

清，转让费付清后该土地一次性归马某所有，如一方违约则应支付对方转让款的10倍即50 000元，合同自签字之日起生效。同日，马某将5000元转让款交付给和某。之后马某一户继续耕种该土地。2017年，该地块在马某一户耕种过程中因建造生物制药厂需要被征收，征收实地调查由马某一户参加，村委会征收公示中确定马某为该土地被征收人，该土地现未进行耕种，征地补偿款尚未发放。该土地的有关补贴一直发放至和某妻子罗某账户内。后和某以《转让合同》违反法律的强制性规定，且其签订合同时未经家庭成员许可为由，主张《转让合同》无效，向兰坪县人民法院起诉，请求判令确认《转让合同》无效、马某返还承包地、马某停止在该土地上的种植行为。案件受理过程中，马某提起反诉，提出确认《转让合同》有效、责令和某依照《转让合同》履行出让人备案的义务的诉求。法院判决：一、《转让合同》合法有效；二、驳回和某的全部诉讼请求；三、驳回马某的其他反诉请求。

分析： 根据2009年《农村土地承包法》第32条、第34条①，原《合同法》第52条之规定，和某与马某签订的《转让合同》系双方在自愿、平等的基础上签订的，双方对土地承包经营权转让达成合意，合同内容不违反法律规定，合同依法成立并生效。根据原《合同法》第8条②之规定，双方应按合同约定履行自己的义务。

和某提出罗某及其家人不知道《转让合同》的内容，该转让合同无效的主张，但马某一户已耕种该土地长达近十年，作为与和某共同生活的家庭成员，罗某等人对此不知情的主张不符合常理，法院对该主张不予支持。关于和某提出其与马某不属同一村村民，且转让行为未经村委会（发包方）的同意及备案，《转让合同》违反法律强制性规定，属无效合同的主张，根据2009年《农村土地承包法》第33条③之规定，法律并未限制不同村的村民之间进行土地承包经营权流转。另外，根据《农村土地承包法》第37条第1款④、《农村土地承包司法解释》第13条之规定，承包人采取转让方式流转其土地承包经营权的，应当经发包方同意。本案经庭后向通甸镇通甸村村委会核实，该村委会主任表示对双方争议内容不知情，同时认可本案争议地块由被告马某耕种，土地征收实地测量及征收公示以耕种现

---

① 该两条已合并，现对应2018年修正的《农村土地承包法》第36条。
② 现对应《民法典》第465条。
③ 现对应2018年修正的《农村土地承包法》第38条。
④ 现对应2018年修正的《农村土地承包法》第40条第1款。

状为准，确定马某为被征收人，从以上内容来看，该村委会即土地发包方对该土地承包经营权流转至马某一事知情且并未反对，马某承包该土地后亦用于耕种，故法院对和某提出《转让合同》无效及返还土地、停止侵权的诉讼主张不予支持。

【风险提示】

现实生活中，很多出让土地承包经营权的村民在进行土地流转时不审查流转行为是否合法、流转程序是否符合规定，往往只签合同、收转让金，而等到该土地涉及其他权益，如涉及分配征地补偿款的时候，又出现转让方主张流转行为无效的情况，如就此认定流转合同无效对守约方是极不公平的，故应基于诚信原则及公平原则，谨慎认定合同效力。

【法律规定速查】

《中华人民共和国农村土地承包法》（2018年12月29日修正）

第三十六条　承包方可以自主决定依法采取出租（转包）、入股或者其他方式向他人流转土地经营权，并向发包方备案。

第三十八条　土地经营权流转应当遵循以下原则：

（一）依法、自愿、有偿，任何组织和个人不得强迫或者阻碍土地经营权流转；

（二）不得改变土地所有权的性质和土地的农业用途，不得破坏农业综合生产能力和农业生态环境；

（三）流转期限不得超过承包期的剩余期限；

（四）受让方须有农业经营能力或者资质；

（五）在同等条件下，本集体经济组织成员享有优先权。

第五十一条　以其他方式承包农村土地，在同等条件下，本集体经济组织成员有权优先承包。

第五十二条　发包方将农村土地发包给本集体经济组织以外的单位或者个人承包，应当事先经本集体经济组织成员的村民会议三分之二以上成员或者三分之二以上村民代表的同意，并报乡（镇）人民政府批准。

由本集体经济组织以外的单位或者个人承包的，应当对承包方的资信情况和经营能力进行审查后，再签订承包合同。

《农村土地经营权流转管理办法》（2021年1月26日）

第六条　承包方在承包期限内有权依法自主决定土地经营权是否流转，以及流转对象、方式、期限等。

第七条 土地经营权流转收益归承包方所有，任何组织和个人不得擅自截留、扣缴。

第八条 承包方自愿委托发包方、中介组织或者他人流转其土地经营权的，应当由承包方出具流转委托书。委托书应当载明委托的事项、权限和期限等，并由委托人和受托人签字或者盖章。

没有承包方的书面委托，任何组织和个人无权以任何方式决定流转承包方的土地经营权。

第九条 土地经营权流转的受让方应当为具有农业经营能力或者资质的组织和个人。在同等条件下，本集体经济组织成员享有优先权。

第十条 土地经营权流转的方式、期限、价款和具体条件，由流转双方平等协商确定。流转期限届满后，受让方享有以同等条件优先续约的权利。

第十一条 受让方应当依照有关法律法规保护土地，禁止改变土地的农业用途。禁止闲置、荒芜耕地，禁止占用耕地建窑、建坟或者擅自在耕地上建房、挖砂、采石、采矿、取土等。禁止占用永久基本农田发展林果业和挖塘养鱼。

问题 13：经济合作社可以通过村民会议决议单方解除土地承包经营权转让合同吗？

【解答】

承包合同合法有效，在无法定解除或约定解除情形的情况下，一方当事人请求解除合同，人民法院不予支持。对于合同未尽事项，各方当事人可通过平等自愿的方式协商解决。集体经济组织如村民委员会或者经济合作社均无权单方解除土地承包经营权转让合同。

【案例】

经济合作社不能单方解除土地承包经营权转让合同
——某经济合作社与某有限公司农村土地承包合同纠纷案[1]

案情：2013 年 12 月 18 日，原告与被告签订了《承包山地合同》，约定将原告辖区范围内的山地承包给被告作为企业的实验基地和产业基地，双方达成如下协议："一、原告于 1996 年 12 月 18 日将辖区内山地出租给陈某经营种养，现原

---

[1] 参见广东省海丰县人民法院（2018）粤 1521 民初 386 号民事判决书。

告同意陈某将辖区内山地承包权转让给被告，同意被告按原告与陈某签订的合同继续履行，并同意将该合同延期至2063年12月底。二、原告承诺将出租给其他承包人的山地到期后全部收回，按原合同增加一倍的租金转给被告。三、陈某经营的山地与宝楼村交界有争议，该山地如乙方经营并免租金至50年。四、原告同意将村榕树周围及围墙内一并出租给被告作为修建办公宿舍及实验区的配套设施使用。"出租面积约40亩，租期为50年，至2063年12月底，租金每年3000元，被告先支付押金20 000元，合同中约定了原告、被告的责任范围。其中第11条约定，本协议经双方签署并经村代表及全体村民签名后生效。原告作为甲方在协议中加盖公章并由法定代表人卢某签名，甲方共有15户家庭代表签名，被告作为乙方加盖印章确认。2013年12月25日、2014年1月2日，分别由镇法律服务所及该村村委会对该合同进行见证。2014年1月9日，原告、被告双方在县公证处对该合同办理了公证手续。被告交付涉案合同租金至2017年止，并向原告交付了20 000元合同押金。

原告与陈某于1996年12月18日签订了《承包荒地种养合同书》，约定将锅内山出租给陈某经营种养，期限自1997年3月28日至2030年3月28日，租金为每年4000元。2013年12月19日，被告与陈某签订了转让协议书，陈某将与原告签订的《承包荒地种养合同书》所有的权利义务一并转让给被告，得到原告的同意并将租金减为3000元。原告与被告签订的《承包山地合同》中第2条及第3条所提及的土地并没有收回。

经向县发展和改革局查询，被告没有在该局投资项目登记各项信息。在合同履行期间，被告对承包土地上种植果树的村民进行了补偿，进行了土地平整，栽种林木，实行综合管理。

原告请求判令解除原告与被告2013年12月18日签订的《承包山地合同》。法院判决驳回原告某经济合作社的诉讼请求。

分析：关于涉案《承包山地合同》的效力问题。涉案合同是原告、被告双方公平、自愿协商一致后签订的，原告法人代表卢某以及原告全体村民户主代表均在合同上签名并按手印确认，镇法律服务所、该村村民委员会为该合同见证，该合同也在公证处办理了公证手续，该合同并没有违反法律、行政法规的强制性规定。原告诉称该合同没有经过镇政府批准，应认定为无效合同，但2004年《土地管理法》第15条和2009年《农村土地承包法》第48条关于报乡（镇）人民政府批准的规定[①]并非效力性强制性规定，而是出于行政管理目的所作出的管理性规范，其目的也是进一步强化对土地承包合同的管理，稳定和完善土地承包关系。且双方订立涉案合同是为了集体组织的经济发展，涉案土地的承包不损害国家、集体和个人的利益。根据2009年《农村土地承包法》第22条之规定，承包合同自成立之日起生效。承包方自承包合同生效时取得土地承包经营权。[②]故此，未报请镇政府批准并不影响合同的效力。综上所述，应认定该《承包山地合同》合法有效。

关于原告主张解除合同的问题。依法成立的合同，对当事人具有法律约束力。当事人应当按照约定履行自己的义务，不得擅自变更或者解除合同。被告自合同生效之日起依照合同约定，履行合同义务，交纳了相关租金及合同押金。在涉案合同中，双方并没有约定合同解除的条款，原告也无法提交证据证实被告存在《合同法》第94条[③]规定的关于合同法定解除的情形。被告也并未在该承包的土地上进行非农建设，并没有改变土地的用途。故此，原告请求解除双方签订的《承包山地合同》缺乏事实与法律依据。

【风险提示】

案涉承包合同签订的目的之一是引进企业投资，推动乡村基础设施建设，带动乡村经济发展。但由于双方在协议中未就相关建设事项作出具体约定，进而引发纠纷。通过本案的审理，一方面，提升农村集体经济组织的法律意识，在乡村振兴过程中依法订立合同，依法保障自身合法权益；另一方面，促进合同主体树立诚信履约的观念，为乡村振兴奠定良好的基础。

【法律规定速查】

《中华人民共和国农村土地承包法》（2018年12月29日修正）

第十五条　发包方承担下列义务：

（一）维护承包方的土地承包经营权，不得非法变更、解除承包合同；

（二）尊重承包方的生产经营自主权，不得干涉承包方依法进行正常的生产经营活动；

（三）依照承包合同约定为承包方提供生产、技术、信息等服务；

---

① 现对应2018年修正的《农村土地承包法》第52条。
② 现对应2018年修正的《农村土地承包法》第23条。
③ 现对应《民法典》第563条。

（四）执行县、乡（镇）土地利用总体规划，组织本集体经济组织内的农业基础设施建设；

（五）法律、行政法规规定的其他义务。

第二十五条　承包合同生效后，发包方不得因承办人或者负责人的变动而变更或者解除，也不得因集体经济组织的分立或者合并而变更或者解除。

第二十六条　国家机关及其工作人员不得利用职权干涉农村土地承包或者变更、解除承包合同。

《中华人民共和国民法典》（2020年5月28日）

第一百三十六条　民事法律行为自成立时生效，但是法律另有规定或者当事人另有约定的除外。

行为人非依法律规定或者未经对方同意，不得擅自变更或者解除民事法律行为。

第五百零九条　当事人应当按照约定全面履行自己的义务。

当事人应当遵循诚信原则，根据合同的性质、目的和交易习惯履行通知、协助、保密等义务。

当事人在履行合同过程中，应当避免浪费资源、污染环境和破坏生态。

第五百三十三条　合同成立后，合同的基础条件发生了当事人在订立合同时无法预见的、不属于商业风险的重大变化，继续履行合同对于当事人一方明显不公平的，受不利影响的当事人可以与对方重新协商；在合理期限内协商不成的，当事人可以请求人民法院或者仲裁机构变更或者解除合同。

人民法院或者仲裁机构应当结合案件的实际情况，根据公平原则变更或者解除合同。

《最高人民法院关于审理涉及农村土地承包纠纷案件适用法律问题的解释》（2020年12月29日修正）

第十二条　发包方胁迫承包方将土地经营权流转给第三人，承包方请求撤销其与第三人签订的流转合同的，应予支持。

发包方阻碍承包方依法流转土地经营权，承包方请求排除妨碍、赔偿损失的，应予支持。

第十四条　承包方依法采取出租、入股或者其他方式流转土地经营权，发包方仅以该土地经营权流转合同未报其备案为由，请求确认合同无效的，不予支持。

问题 *14*：未经户内其他成员同意的转让合同是否有效？

【解答】

土地承包经营权属于户内成员共有，当户主与他人签订转让土地承包经营权合同时，在户主同意的情况下，虽然其他户内成员未表示意见，但不影响合同的效力。

【案例】

未经其他家庭成员同意的土地转让协议书仍然有效
——祝某、韩某、韩某1与李某土地承包经营权转让合同纠纷案[①]

案情： 祝某系韩某、韩某1的母亲。2004年8月25日，祝某与李某签订转让土地协议书。主要内容如下："因祝某的儿子升学，无能力耕种土地，经祝某本人申请和村委会研究同意，将祝某承包土地长期转让给本组李某耕种。双方签字后，属一次性长期转包土地，土地承包权和土地使用权（建长期建筑物）归李某，并享受国家、集体占、征地有关待遇。李某一次性给付祝某土地转让费每平方米50元整，其他不再付给任何费用。此土地使用权无争议，如事后发生争议，由祝某负责解决。"协议签完后，李某交付给祝某土地转让费35 750元，该地块由李某使用至今。原告诉称，请求确认双方签订的土地协议书无效；判决被告交还土地并返还部分土地补偿款27 000元；判决涉案土地的占地补偿款归原告所有。一审判决驳回原告诉讼请求。原告不服，提起上诉。二审维持原判。

分析：《农村土地承包法》第34条规定，经发包方同意，承包方可以将全部或者部分的土地承包经营权转让给本集体经济组织的其他农户，由该农户同发包方确立新的承包关系，原承包方与发包方在该土地上的承包关系即行终止。本案中，祝某与李某签订的土地承包经营权转让合同符合上述法律规定，祝某、韩某、韩某1主张合同无效无事实及法律依据。双方签订的合同中记载李某为北门村三组村民，北门村村委会在合同落款处加盖了公章同意双方流转土地，且李某于一审庭审中提交的土地承包合同可以证实其于1999年在该村分得了承包地，祝某、韩某、韩某1主张签订合同之时李某并非本集体经济组织成员，但未提交充分证据予以证实，故不予支持。即使祝某与李某签订合同之时，韩某、韩某1对此并不知情，但祝某、韩某、韩某1三人系母女、母子关系，生活联系紧密，韩某、韩某1在合同签订后长达14年的时间里，不向李某主张权利，应当视为其对祝某签订合同的行为表示认可。祝某、韩某、韩某1主张李某擅自在涉案土地上建造

---

① 参见吉林省长春市中级人民法院（2019）吉01民终293号民事判决书。

房屋，改变耕地用途，但该情形并非认定合同无效的法定情形。没有证据证实涉案土地承包经营权转让合同无效，故祝某、韩某、韩某1据此主张李某返还土地及相应征地补偿费无事实及法律依据，亦不予支持。

【法律规定速查】

《中华人民共和国农村土地承包法》（2018年12月29日修正）

第十六条　家庭承包的承包方是本集体经济组织的农户。

农户内家庭成员依法平等享有承包土地的各项权益。

第三十四条　经发包方同意，承包方可以将全部或者部分的土地承包经营权转让给本集体经济组织的其他农户，由该农户同发包方确立新的承包关系，原承包方与发包方在该土地上的承包关系即行终止。

问题 15：如何区分转包合同纠纷和转让合同纠纷？

【解答】

转让是指承包方有稳定的非农职业或者有稳定的收入来源，经承包方申请和发包方同意，将部分或全部土地承包经营权让渡给其他从事农业生产经营的农户，由其履行相应土地承包合同的权利和义务。转让后原土地承包关系自行终止，原承包方承包期内的土地承包经营权部分或全部灭失。

转包是指承包方将部分或全部土地承包经营权以一定期限转给同一集体经济组织的其他农户从事农业生产经营。转包后原土地承包关系不变，原承包方继续履行原土地承包合同规定的权利和义务。接包方按转包时约定的条件对转包方负责。承包方将土地交他人代耕不足一年的除外。

【案例】

转包合同还是转让合同，应根据合同约定的内容确定
——李某与张某农村土地承包合同纠纷案[①]

案情： 1985年，原告及其家人响应政府政策，从宁夏西吉县搬迁至中卫市沙

---

① 参见宁夏回族自治区中卫市沙坡头区人民法院（2018）宁0502民初1077号民事判决书。

坡头区宣和镇喜沟村并承包喜沟村村集体土地共四块计12.8亩。2001年2月2日，原告、被告协商一致，原告将其承包经营的12.8亩土地转包给张某经营，转包期限为30年，并附带院落一处，被告张某一次性支付原告承包费12 400元。2017年年底，原告发现被告将原告具有承包经营权的土地确权在其名下，私自改变原告的承包经营关系，违反协议约定，随即要求被告将土地确权人予以变更遭拒。原告认为被告已严重侵害了其合法权益，为维护合法权益，特诉至法院并提出诉讼请求：依法解除原告、被告于2001年2月2日签订的《土地转让合同书》；依法判令被告返还原告承包经营的12.8亩土地及位于喜沟村的宅基地一处。

法院判决驳回原告李某的诉讼请求。

分析： 本案中，原告、被告签订的协议名称为《土地转让合同书》，该合同载明双方签订合同的原因系原告不愿经营涉案土地，且原告当庭自认考虑子女上学等原因，其与被告签订上述合同后外迁至今，合同签订后被告依法承担了涉案土地的税费亦享受了相关补贴，另结合该合同文本内容、当地土地流转习惯、涉案土地所在村集体组织就涉案土地的承包农户户主的变更等实际状况，原告、被告就涉案土地及宅基地之间形成的应为转让合同关系。虽该合同约定了转让期为30年，但无论何种形式的土地流转依法均不得超过承包期，而二轮土地的承包期依当时政策为30年，故该期限的存在并不影响双方转让关系的合法与否，更不能证明双方系转包关系。另外，上述合同现已履行完毕，并不存在合同无效、可撤销的法定情形，双方未约定合同解除事由，被告将涉案土地确权在自己名下亦符合法律规定，故原告要求解除合同、被告返还涉案土地及宅基地的诉求于法无据，依法不予支持。

【风险提示】

土地承包经营权转让合同纠纷是指承包人将通过家庭承包方式取得的土地承包经营权转给其他人而签订的合同引发的争议。在本案中，原告涉嫌恶意诉讼，在一定程度上违背了诚实信用原则，诚实信用原则作为原《民法总则》确认的基本原则，也是原《合同法》的基本原则。原《合同法》第6条规定：当事人行使权利、履行义务应当遵循诚实信用原则。诚实信用原则要求当事人在订立合同、履行义务以及合同终止后的全过程中，都要诚实、守信、相互协作。诚实信用原则起源于人们的道德规范，是道德与法律的有机结合，在本案中，有效地利用这一原则及相关的法律规定，平衡当事人之间的利益冲突，很好地践行了社会主义法治理论在案件审理过程中的作用。将法律和道德有效结合，确定行为人的行为规范，一方面，节约了司法资源；另一方面，解决了双方当事人之间的纠纷，最大限度地实现了最优原则。现《民法典》第 7 条已将诚实信用原则修改为诚信原则，其立法精神并未改变。

【法律规定速查】

《中华人民共和国农村土地承包法》（2018 年 12 月 29 日修正）

第三十四条 经发包方同意，承包方可以将全部或者部分的土地承包经营权转让给本集体经济组织的其他农户，由该农户同发包方确立新的承包关系，原承包方与发包方在该土地上的承包关系即行终止。

第三十五条 土地承包经营权互换、转让的，当事人可以向登记机构申请登记。未经登记，不得对抗善意第三人。

《最高人民法院关于审理涉及农村土地承包纠纷案件适用法律问题的解释》（2020 年 12 月 29 日修正）

第十三条 承包方未经发包方同意，转让其土地承包经营权的，转让合同无效。但发包方无法定理由不同意或者拖延表态的除外。

第十四条 承包方依法采取出租、入股或者其他方式流转土地经营权，发包方仅以该土地经营权流转合同未报其备案为由，请求确认合同无效的，不予支持。

《农村土地经营权流转管理办法》（2021 年 1 月 26 日）

第十五条 承包方依法采取出租（转包）、入股或者其他方式将土地经营权部分或者全部流转的，承包方与发包方的承包关系不变，双方享有的权利和承担的义务不变。

第三十四条 本办法所称农村土地，是指除林地、草地以外的，农民集体所有和国家所有依法由农民集体使用的耕地和其他用于农业的土地。

本办法所称农村土地经营权流转，是指在承包方与发包方承包关系保持不变的前提下，承包方依法在一定期限内将土地经营权部分或者全部交由他人自主开展农业生产经营的行为。

问题 *16*：土地流转合同未明确是土地经营权流转还是土地承包经营权流转，如何认定合同性质？

【解答】

土地经营权流转和土地承包经营权流转，属于不同性质的合同，对双方当事人权利义务的影响不同。土地承包经营权属于农民的一项基本权利，对土地承包经营权人影响重大，在双方合同不明确约定流转土地承包经营权的情况下，应认定双方流转的是土地经营权。对于土地承包经营权流转，法律规定需要经发包方同意，承包方可以将全部或者部分的土地承包经营权转让给本集体经济组织的其他农户，由该农户同发包方确立新的承包关系，原承包方与发包方在该土地上的承包关系即行终止。而土地经营权流转并未规定要经发包方同意。

【案例】

村土地流转合同未明确载明承包经营权流转的，
应当认定为经营权流转合同

——郯城县泉源镇后某村诉宋某财、王某明土地承包经营权合同纠纷案①

案情： 2009 年 2 月 16 日，宋某财（才）与郯城县泉源乡城某村村民委员会（以下简称城某村村委）签订《承包合同》一份，合同约定："今有城某村后某组村西南、水泥公路南边空闲地一处，东西长 300 米（东至大桥，西至学广场边），从水泥路边向南宽 12 米（以原有的水沟为界），其中，原有的路保留，宋某某的老年房保留，宋某美的场地保留，经研究同意承包给宋某才植树和用于其他经营，承包期限 50 年（2009 年 2 月 16 日至 2059 年 2 月 16 日），承包费为每年 40 元，合计 2000 元整，承包期内任何人不得变更。"该合同由宋某财及经办人宋某波、宋某岭分别签字捺印，并加盖城某村村委印章。案涉土地由城某村村委交付宋某财使用。

2009 年 2 月 18 日，宋某财与王某明签订《转让协议》一份，协议约定："今有后某组宋某财承包村西水泥路南承包合同转让给前某组王某明。转让后宋某财一切不负责，承包费及树木由王某明交给宋某财现金 10 000 元整，永不反悔。"案涉土地由宋某财交付王某明使用至今。王某明于 2013 年 10 月 1 日就该转让协议向城某村村委完成报备。

另查，案涉合同签订时城某村分为前某村、后某村、河某村。现案涉部分土地被政府修路占用，剩余部分土地由王某明植树所用。

---

① 本案为人民法院案例库入选案例，参见山东省郯城县人民法院（2022）鲁 1322 民初 3719 号民事判决书。

山东省郯城县人民法院于 2022 年 9 月 6 日作出（2022）鲁 1322 民初 3719 号民事判决：驳回原告后某村的诉讼请求。宣判后，后某村提出上诉。山东省临沂市中级人民法院于 2022 年 11 月 29 日作出（2022）鲁 13 民终 10314 号民事判决：驳回上诉，维持原判。

法院生效裁判认为，依法成立的合同受法律保护。本案城某村村委与被告宋某财签订的《承包合同》系双方真实意思表示，不违反法律法规的强制性规定，为合法有效合同，双方已按合同约定履行权利义务。原告主张被告宋某财将案涉承包合同转让给王某明违反了合同约定，构成违约；且案涉承包土地部分已用于公路建设，致合同不能继续履行，故请求解除其与被告宋某财签订的《承包合同》。本案城某村村委与宋某财签订的《承包合同》中未约定案涉土地不得转让，且被告宋某财依法享有案涉土地的承包经营权，依据《农村土地承包法》第 36 条"承包方可以自主决定依法采取出租（转包）、入股或者其他方式向他人流转土地经营权，并向发包方备案"的规定，被告宋某财有权向王某明转让案涉土地的经营权。因此，被告宋某财向王某明转让案涉土地经营权的行为既未违反合同约定也不违反法律规定；案涉土地部分因修路被占用致土地经营权人王某明的损失，王某明已得到赔付，且被告宋某财及土地经营权人王某明均未对合同履行提出异议，故案涉合同不存在不能实现合同目的的情形。综上，案涉《承包合同》既未出现合同约定解除的事由，也不具有法定解除的情形，原告主张缺乏法律依据和证据支持，不予支持。

分析：为倡导诚信原则及维护市场交易安全，且从被告王某明的答辩内容"原告城某村村委已给予王某明地上附属物补偿，剩余地块不影响王某明继续租用"的文义理解，宜将转让协议内容理解为土地经营权的转让，虽然宋某财与王某明签订了转让契约，但王某明并未与案涉土地发包方即本案原告重新签订承包合同，案涉土地承包权仍由宋某财享有，王某明受让案涉土地的经营权，因此《转让协议》应理解为土地经营权的流转。依据《农村土地承包法》第 36 条规定，承包方可以自主决定依法采取出租（转包）、入股或者其他方式向他人流转土地经营权，并向发包方备案。王某明已办理向发包方备案的手续，且该条款中的"他人"也未规定为须是本集体经济组织成员，因此宋某财与王某明之间的《转让协议》未违反法律规定，王某明依法获得案涉土地的土地经营权；《转让协议》系宋某财与王某明双方的真实意思表示，且未违反法律法规的强制性规定，应当认定为有效。综上，原告以《转让协议》未经发包方同意且转让给非集体经济组织成员为由，要求判决确认转让协议无效，理由不成立，不予支持。

【风险提示】

在涉土地承包经营权纠纷中，承包方将土地流转他人时，如协议中未明确约定转让的是土地承包经营权还是土地经营权，在当事人对转让协议内容理解有分歧的情况下，应当根据鼓励交易、维护交易安全及诚信原则，认定土地转让行为系土地经营权的流转而非土地承包经营权的转让。

【法律规定速查】

《中华人民共和国农村土地承包法》（2018年12月29日修正）

第三十四条　经发包方同意，承包方可以将全部或者部分的土地承包经营权转让给本集体经济组织的其他农户，由该农户同发包方确立新的承包关系，原承包方与发包方在该土地上的承包关系即行终止。

第三十五条　土地承包经营权互换、转让的，当事人可以向登记机构申请登记。未经登记，不得对抗善意第三人。

问题17：土地承包方流转土地后，可以不再管理土地了吗？

【解答】

承包方将土地流转他人后，应监督土地经营权人对流转土地审慎管理、合理开发利用，依法负有维持土地农业用途，确保土地未经依法批准不得用于非农建设，依法保护和合理利用土地的义务。

【案例】

土地承包方依法负有维持土地农业用途，依法保护和合理利用土地的义务
——某村经济合作社诉李某、威海某旅游开发有限公司等土地承包经营权合同纠纷案[①]

案情：涉案土地性质为农用土地。2007年9月8日，原告某村经济合作社与

---

① 本案为人民法院案例库入选案例，参见山东省威海市环翠区人民法院（2021）鲁1002民初7235号民事判决书。

被告李某签订了《荒山承包合同》，约定某村经济合作社将位于村西的荒山50亩发包给李某，承包期为2008年2月19日至2038年2月18日，共计30年；承包费每年每亩600元，每年3万元，合同生效之日先付15年承包费45万元，余款于第16年的1月10日前一次性付清。合同签订后，李某向某村经济合作社缴纳前15年的承包费453 000元。

威海某旅游开发有限公司（以下简称某旅游公司）成立于2010年7月9日，法定代表人为李某，股东为李某（控股60%）和王某（控股40%），公司经营范围为旅游项目的开发；石材、建材的销售。2010年7月，李某将上述《荒山承包合同》中所承包的荒山无偿流转给某旅游公司使用。某旅游公司在取得涉案土地后，未经批准非法占用某村西侧的属于承包范围内的土地1386平方米（其中包括林地1345平方米、农村道路41平方米）建设两层加阁楼形式的楼房，作为家庭旅馆用房。2015年12月28日，威海市自然资源与规划局（原威海市国土资源局）作出威国土资环处字[2015]030号《国土资源行政处罚决定书》，认定某旅游公司的上述行为违反了《土地管理法》第2条、第43条和第44条的规定，根据《土地管理法》第76条、《土地管理法实施条例》第42条和《山东省国土资源行政处罚裁量基准》的有关规定，决定对某旅游公司作出如下处罚：（1）责令退还非法占用的土地；（2）该宗用地不符合土地利用总体规划，限期15日内拆除在非法占用土地上新建的建筑物和其他设施，恢复土地原状；（3）对非法占用的1386平方米土地处以15元/平方米的罚款共20 790元。某旅游公司于2016年3月29日缴纳上述罚款，但并未履行拆除非法占用土地上新建的建筑物和其他设施，恢复土地原状的义务。后某村经济合作社多次要求二被告拆除该违法建筑物及其他设施，恢复土地原状无果。某村经济合作社主张因涉案50亩土地除前述违法建筑外，其余土地均已撂荒，二被告改变涉案土地用途，且并无继续履行荒山承包合同的能力，其行为损害原告的合法权益，遂诉至本院。

另查，2016年7月12日，威海市环翠区村（居）集体产权制度改革工作领导小组下发威环农改组发[2016]5号文件，同意某村村民委员会集体产权制度改革股权分配方案，新设立某村农村经济股份合作社，新设立的经济股份合作社要承担某村村民委员会的一切债权、债务（包括隐形债务）。2019年8月26日，某村农村经济股份合作社更名为某村股份经济合作社。

再查，现某旅游公司住所地已无人办公，其因不履行法院生效法律文书，已于2017年被法院列入失信被执行人和限制高消费名单。李某也因不能履行生效法律文书，于2020年被法院列入失信被执行人和限制高消费名单。

法院判决：一、确认原告某村股份经济合作社与被告李某于2007年9月8日签订的《荒山承包合同》于2022年2月7日解除；二、被告某旅游公司及被告李某将上述《荒山承包合同》中50亩承包土地返还给某村股份经济合作社。宣判后，双方当事人均未提起上诉，一审判决已发生法律效力。

分析： 民事主体从事民事活动，应当有利于节约资源、保护生态环境。本案因二被告未到庭，故审查重点在于某村经济合作社是否有权要求解除其与李某之间的《荒山承包合同》。首先，我国实行严格的土地管理制度，国家要求珍惜和合理利用土地。尽管原告与李某签订的《荒山承包合同》没有约定涉案土地的具体用途，但根据《土地管理法》第13条第1款的规定，案涉土地的用途应仅限于种植业、林业等农林方面的使用。被告李某承包涉案土地后将土地无偿流转给其作为实际控制人的某旅游公司使用，某旅游公司在未经审批的情况下在土地上进行非农建设，且已被原威海市国土资源局确认并给予行政处罚，显然，某旅游公司非法占地的违法行为损毁了农业用地，明显不属于法律的限定用途。其次，根据《农村土地承包法》第11条、第18条之规定，李某作为涉案土地的承包方，在承包期间应当对涉案土地审慎管理、合理开发利用，依法负有维持土地农业用途，确保土地未经依法批准不得用于非农建设，依法保护和合理利用土地的义务；但其在将涉案土地流转给某旅游公司使用后，并未依法履行上述法定义务，导致土地农业用途被改变，遭受了严重破坏，涉案《荒山承包合同》的承包农用目的亦无法实现。显然，该行为影响了涉案土地的可持续利用，违背了《民法典》绿色原则的应有之义。鉴于李某的行为符合《民法典》第563条第5项之规定，构成根本违约。故原告有权要求解除与李某之间的《荒山承包合同》。

同时，解除权作为形成权，不需要征得对方当事人的同意，仅凭单方意思表示就可以发生预期的法律后果。根据《民法典》第565条之规定，本案中载有解除请求的起诉状副本送达李某时，发生合同解除的效力。因本案系公告送达，法院确认原告与被告李某于2007年9月8日签订的《荒山承包合同》于2022年2月7日解除。依据《民法典》第566条之规定，合同解除后，被告李某应当将涉案承包的50亩土地返还给原告。此外，李某系某旅游公司的实际控制人，其将涉案土地无偿提供给某旅游公司使用，而某旅游公司在涉案土地进行非法建设的行为，相关法律后果应由二被告共同承担，故原告要求二被告返还土地的诉求，应予支持。

【风险提示】

土地承包人应依法订立土地经营权流转合同,并按土地用途依法流转土地,在合同履行过程中,有权监督土地经营权人合理地按照合同约定用途使用土地。土地经营权人违反相关义务的,承包方可从保障涉案土地的可持续利用角度出发,在避免损害进一步扩大的情况下,基于《民法典》的绿色原则精神,解除合同。

【法律规定速查】

《中华人民共和国民法典》(2020年5月28日)

第九条 民事主体从事民事活动,应当有利于节约资源、保护生态环境。

第五百六十五条 当事人一方依法主张解除合同的,应当通知对方。合同自通知到达对方时解除;通知载明债务人在一定期限内不履行债务则合同自动解除,债务人在该期限内未履行债务的,合同自通知载明的期限届满时解除。对方对解除合同有异议的,任何一方当事人均可以请求人民法院或者仲裁机构确认解除行为的效力。

当事人一方未通知对方,直接以提起诉讼或者申请仲裁的方式依法主张解除合同,人民法院或者仲裁机构确认该主张的,合同自起诉状副本或者仲裁申请书副本送达对方时解除。

第五百六十六条 合同解除后,尚未履行的,终止履行;已经履行的,根据履行情况和合同性质,当事人可以请求恢复原状或者采取其他补救措施,并有权请求赔偿损失。

合同因违约解除的,解除权人可以请求违约方承担违约责任,但是当事人另有约定的除外。

主合同解除后,担保人对债务人应当承担的民事责任仍应当承担担保责任,但是担保合同另有约定的除外。

《中华人民共和国农村土地承包法》(2018年12月29日修正)

第十一条第一款 农村土地承包经营应当遵守法律、法规,保护土地资源的合理开发和可持续利用。未经依法批准不得将承包地用于非农建设。

第十八条 承包方承担下列义务:

(一)维持土地的农业用途,未经依法批准不得用于非农建设;

(二)依法保护和合理利用土地,不得给土地造成永久性损害;

(三)法律、行政法规规定的其他义务。

第六十四条 土地经营权人擅自改变土地的农业用途、弃耕抛荒连续两年以上、给土地造成严重损害或者严重破坏土地生态环境,承包方在合理期限内不解除土地经营权流转合同的,发包方有权要求终止土地经营权流转合同。土地经营权人对土地和土地生态环境造成的损害应当予以赔偿。

三、土地承包经营权互换合同纠纷存在的问题及相关案例

土地互换是经营权利主体发生变更的土地经营权流转，土地互换后，双方对互换土地原享有的权利义务也随之互换，当事人还可以办理土地承包经营权变更登记，也就是说，原土地承包经营权人已丧失了对原承包土地的经营权，对新换得的土地取得了经营权。

问题 18：土地互换的情况下，双方未签订书面合同，也未进行变更登记，如何认定互换合同的效力？

【解答】

土地互换双方应当签订书面互换合同。但是，由于历史原因，农村中存在大量土地承包经营权互换而未签订书面合同，也未在发包方处登记备案的情况，但由于双方已经进行实际耕种，应认定双方已经以其行为履行了互换义务，应确认双方互换的事实已经成立，双方互换合同有效。双方应该尊重历史，从事实出发，不得随意反悔。

【案例】

村民互换土地虽未签订书面合同，但不影响互换合同效力
——余某与陈某1、陈某2土地承包经营权互换合同纠纷案[①]

案情： 20世纪80年代初实行包产到户时，原告余某在余屯村有一块承包地，地亩数为2.81亩。因原告长期不在家居住，该块地一直由原告的儿子陈某3耕种。2012年9月，原告的儿子陈某3与被告陈某1经协商达成口头协议，被告陈某1将其位于余屯南边一块地（3.01亩）与原告的儿子陈某3互换耕种，双方未约定互换耕种期限。2016年进行土地确权登记时，被告陈某1将换得的2.81亩承包地登记在其名下，又将其与原告换过的3.01亩土地中的0.41亩登记在其名下，原告发现此情况后向余屯村村委会及尤吉屯乡政府反映，乡村两级的处理意见为，原告、被告之间有土地争议，暂不予确权。原告余某向法院提出诉讼请求：

---

① 参见河南省睢县人民法院（2017）豫1422民初3750号民事判决书。

判令二被告返还原告分得的承包地 2.81 亩。一审法院判决：被告陈某 1 于判决生效后十五日内返还原告余某承包地 2.81 亩；驳回原告余某对被告陈某 2 的诉讼请求。陈某 1、陈某 2 不服一审判决，提起上诉。

二审法院认为：陈某 3 与余某系母子关系，涉案土地由陈某 3 一直耕种，陈某 1 有理由相信陈某 3 有权进行土地互换，故陈某 3 的行为后果应由余某承担。对于耕作权法律未明确规定，从双方的行为及产生的后果来看，双方互换的应是土地承包经营权。原审认定双方互换的是耕作权没有法律依据，定性为土地互换合同纠纷不当，予以纠正。根据《农村土地承包法》第 32 条、第 40 条①之规定，余某和陈某 1 属于同一集体经济组织成员，为方便耕种或各自需要，可以对属于同一集体经济组织的土地承包经营权进行互换。虽然双方未签订书面互换合同，并向发包方进行备案，但双方当事人对约定的土地承包经营权互换事宜已实际履行完毕。双方是否签订书面互换合同、是否经过发包方同意均不是互换合同成立且生效的必要条件，故双方当事人之间的土地承包经营权互换行为不违反法律、行政法规的强制性规定，依法成立且有效。陈某 1、陈某 2 关于双方互换的是土地承包经营权，并要求返还涉案土地的主张成立，应当予以支持。二审法院判决：驳回余某的诉讼请求。

分析： 2009 年《农村土地承包法》第 38 条②规定，土地承包经营权采取互换、转让方式流转，当事人要求登记的，应当向县级以上地方人民政府申请登记。关于备案的规定，立法目的在于让发包方及时了解土地承包经营权的变动情况。但当前我国农村土地承包经营权的互换备案制度尚不完备，大量口头互换协议的存在也使备案难以进行；备案作为一种行政管理手段，其性质仅仅为公示，便于管理，也是一种管理性强制性规范，并不影响当事人的权利义务，不是合同的生效要件，因此以是否备案为由来否定互换协议的效力，于法无据，也不符合当前农村客观实际，不利于维护正常的农村土地流转秩序。基于此，如前所述，2005 年《农村土地承包司法解释》第 14 条明确规定："承包方依法采取转包、出租、互换或者其他方式流转土地承包经营权，发包方仅以该土地承包经营权流转合同未报其备案为由，请求确认合同无效的，不予支持。"③关于互换后的登记问题，不

---

① 现对应 2018 年修正的《农村土地承包法》第 36 条、第 33 条。
② 现对应 2018 年修正的《农村土地承包法》第 35 条。
③ 现对应 2020 年修正的《农村土地承包司法解释》第 14 条。

论从《农村土地承包法》第 38 条还是原《物权法》第 129 条①的规定看，都仅仅是一种管理性规范，并无强制性的用语，遵循当事人自愿的原则，未经登记不能成为认定互换合同无效的理由。

【风险提示】

《农村土地承包法》第 33 条规定，承包方之间为方便耕种或者各自需要，可以对属于同一集体经济组织的土地的承包经营权进行互换，并向发包方备案。第 35 条规定，土地承包经营权互换、转让的，当事人可以向登记机构申请登记。未经登记，不得对抗善意第三人。第 40 条规定，土地经营权流转，当事人双方应当签订书面流转合同。为了防止双方纠纷发生，土地流转应该签订书面流转合同，并向发包方备案。在双方未签订书面合同发生互换的情况下，法院应当在查明事实的基础上遵循公平原则确定各方的权利和义务。

【法律规定速查】

《中华人民共和国农村土地承包法》（2018 年 12 月 29 日修正）

第三十三条　承包方之间为方便耕种或者各自需要，可以对属于同一集体经济组织的土地的土地承包经营权进行互换，并向发包方备案。

第三十五条　土地承包经营权互换、转让的，当事人可以向登记机构申请登记。未经登记，不得对抗善意第三人。

《中华人民共和国民法典》（2020 年 5 月 28 日）

第三百三十五条　土地承包经营权互换、转让的，当事人可以向登记机构申请登记；未经登记，不得对抗善意第三人。

第三百三十九条　土地承包经营权人可以自主决定依法采取出租、入股或者其他方式向他人流转土地经营权。

第三百四十一条　流转期限为五年以上的土地经营权，自流转合同生效时设立。当事人可以向登记机构申请土地经营权登记；未经登记，不得对抗善意第三人。

---

① 现对应《民法典》第 335 条。

问题 19：双方已经实际互换土地的情况下，能不能再要回已经互换的土地？

【解答】

互换合同已经实际履行的，双方不得要求返还已互换的土地，除非存在法律规定的可撤销或无效的情形。根据农村习俗，互换关系从双方相互交付标的物时即告成立，双方未约定期限，则视为永久性互换，对农村承包土地互换而言，其互换期限即为农村土地承包合同的期限。据此，对于未约定流转期限的土地互换，当事人一方在农村土地承包合同期内主张解除互换合同的，应不予支持。

【案例】

双方实际互换土地后，不得再要回原来的土地
——武某 1 诉武某 2 土地承包经营权互换合同纠纷案[①]

案情： 1999 年 1 月 1 日，原告取得了位于歹子亩的一块 0.8 亩土地的承包经营权，承包期限自 1999 年 1 月 1 日起至 2028 年 12 月 31 日止。与此同时，被告也取得了位于歹子亩的另一块 0.6 亩土地的承包经营权，承包期限自 1999 年 1 月 1 日起至 2028 年 12 月 31 日止。由于被告饲养的鸡经常到原告承包的 0.8 亩土地上觅食，双方为此发生了纠纷。1999 年下半年，经村干部组织双方进行调解，原告与被告达成口头协议约定：由原告用其歹子亩 0.8 亩土地的承包经营权与被告的歹子亩 0.6 亩土地的承包经营权及武某某承包的大甸心 0.2 亩土地的承包经营权进行互换。后双方按照口头协议互换了上述两块土地的承包经营权，并对互换后的土地按照其原有的用途进行了实际耕种。2015 年 11 月，原告要求被告返还互换后的土地，被告不同意，双方为此发生纠纷。经村委会调解，双方最终未能达成协议。现原告向法院起诉，请求依法判决：判令被告归还原告位于歹子亩的 0.6 亩农田；由被告承担本案诉讼费。法院判决：驳回原告的诉讼请求。

分析： 本案中，双方当事人对口头互换协议均不持异议，且互换事实已实际发生，故一审判决确认双方的土地承包经营权互换合同成立，既体现了对农村交易习惯的认可，也严格审查了合同成立的实质要件。承包方之间为方便耕种或者各自需要，可以对属于同一集体经济组织的土地的土地承包经营权进行互换。互

[①] 参见云南省安宁市人民法院（2016）云 0181 民初 710 号民事判决书。

换在广大农村普遍存在，是一种小规模的土地承包经营权流转方式。它实际上是承包人将自己的土地承包经营权交换给他人行使，自己行使从他人处换来的土地承包经营权的行为。互换后的双方均取得对方的土地承包经营权，丧失自己的原土地承包经营权。互换土地承包经营权在性质上是一种互易合同，双方农户达成互换合同后，还应与发包人变更原土地承包合同。互换表面上看是地块的调换，实质上是带有物权让渡性质的土地承包经营权的互换。权利交换后，原有的发包方与承包方的关系，变为发包方与互换后的承包方的关系。土地互换后想要要回，必须征得对方的同意，即双方的意思表示必须一致才能调回。如果对方不同意，是不能要回土地的，因为合同是有效的，所以双方需要诚实善意地履行。

【风险提示】

土地互换双方已经实际进行土地互换，应视为土地互换合同成立。土地互换合同不违反法律和行政法规的强制性规定，属于合法有效的合同，对双方都具有法律约束力，双方不得擅自变更或者解除该协议。

【法律规定速查】

《中华人民共和国农村土地承包法》(2018年12月29日修正)

第三十三条　承包方之间为方便耕种或者各自需要，可以对属于同一集体经济组织的土地的土地承包经营权进行互换，并向发包方备案。

问题 20：土地互换期限没有约定或约定不明的，互换人可否随时要求收回原来的承包地？

【解答】

土地互换一经生效，双方有约定期限的从约定，没有约定的，双方可以协议补充，达不成补充协议的，应视为双方永久互换，不得再要求互换回原来的土地。土地承包经营权互换后双方各自与发包方建立了新的土地承包经营权关系。

【案例】

土地互换合同未约定互换期限的，不得随时要求收回土地
——李某与吴某土地承包经营权互换合同纠纷案①

案情： 2004年，原告与被告口头约定，原告李某家板田弯子0.32亩土地中的0.18亩与被告吴某家黄家箐边0.18亩土地进行互换，双方于2004年10月30日对原告李某家板田弯子互换后剩余的0.14亩土地签订了转包协议。之后双方各自管理耕种直至2018年，但未办理变更登记。2018年3月，被告吴某告知原告李某"以后，两家各自管理耕种各自的承包土地"，被告吴某便自行耕种位于黄家箐边的0.18亩土地。双方发生纠纷，为此原告请求依法判令被告停止侵害，返还原告黄家箐边的0.18亩土地，并赔偿原告经济损失人民币100元。

法院判决： 被告吴某自本判决生效之日起三十日内将黄家箐边的0.18亩土地返还给原告李某，并赔偿原告李某经济损失人民币100元。宣判后，原告、被告均未上诉，一审判决生效。

分析： 承包方之间为方便耕种或者各自需要，可以对属于同一集体经济组织的土地承包经营权进行互换。在农村，同村村民之间为方便耕种，或者出于其他需要，互换承包土地，往往不签订书面合同，对互换期限也不作约定，达成协议后即交付土地。而耕种多年后，因为各种各样的原因，双方即产生纠纷，此类纠纷在农村不在少数。

根据《农村土地承包法》的规定，互换是农村土地流转的方式之一。2005年《农村土地承包司法解释》第14条规定："承包方依法采取转包、出租、互换或者其他方式流转土地承包经营权，发包方仅以该土地承包经营权流转合同未报其备案为由，请求确认合同无效的，不予支持。"②不能因当事人之间未向发包方备案，未签订书面合同而认定互换行为无效。法院判决确认原告、被告间的互换行为有效，被告强行耕占原告土地的行为侵权，并判决被告适当赔偿是正确的。

首先，土地互换的性质。按照《农村土地承包法》的规定，土地互换，是指经营权权利主体发生变更的土地经营权流转，土地互换后，双方对互换土地原享有的权利义务也随之互换，即原土地承包经营权人已丧失了对原承包土地的经

---

① 参见云南省永胜县人民法院（2018）云0722民初618号民事判决书。
② 现对应2020年修正的《农村土地承包司法解释》第14条。

营权，对新换得的土地取得了经营权。其次，土地互换合同效力的认定问题。现实生活中，因家庭承包土地经营权互换引发的纠纷并不少见，当事人争议的焦点问题往往集中在互换合同的效力问题上，因此，互换合同效力的认定是这类纠纷处理的关键。如本案，双方互换土地，未签订书面协议、未办理备案登记，这在当前此类纠纷中较为常见。农村村民互换土地，往往都是通过口头方式进行，极少有签订书面协议的。土地承包经营权的互换，只要双方当事人达成一致的意思表示，且不损害他人利益，该互换合同就发生法律效力，不能因为未订立书面互换合同而认定为无效。此外，从本案被告的答辩看，其认为双方并非"永久性互换""只是暂时互换耕种""被告按各自《土地承包经营权证》行使确权、管理耕种、土地，是合法的"，这涉及土地互换的期限、合同的解除问题。农村土地承包经营权互换中，合同当事人往往未对互换期限进行约定，当一方当事人提出解除互换合同时如何处理，也是审理此类纠纷需要面对的一个重要问题。如本案，假设被告一方提出互换合同已解除，并已履行，其不构成侵权，如何处理？互换合同未约定期限或约定不明，是按照原《合同法》第232条①关于"租期不明"当事人可随时解除合同的方式进行处理，还是按土地承包合同的期限来确定互换合同的期限，在承包期内，当事人不得主张解除互换合同、收回土地经营权。互换合同在性质上是土地承包经营权的流转，互换土地后，双方对互换土地原享有的权利义务也随之互换，原土地承包经营权人已丧失了对原承包土地的经营权，而对新换得的土地取得了经营权。也就是说，互换后双方各自取得新取得土地的用益物权，就新取得的承包经营土地直接向发包方履行权利义务。这种流转方式有别于转包、出租的流转方式，后者并不发生土地承包经营权权利主体的变更问题，转包或出租后原土地承包关系不变，原承包方继续履行原土地承包合同规定的权利义务。正是因为流转方式性质的不同，2005年《农村土地承包司法解释》第17条②仅对"转包、出租地"的流转未约定期限或约定不明如何处理进行解释，明确可参照原《合同法》第232条（《民法典》第730条）的规定处理，而排除了互换的土地承包经营权流转方式。即使互换双方均同意将土地互换回来，也是成立一个新的互换关系，与解除无关。因此，土地承包经营权互换并实际生产经营一段时间后，就不能再以未约定期限为由解除合同、收回土地承包经营权。

---

① 现对应《民法典》第730条。
② 现对应2020年修正的《农村土地承包司法解释》第16条。

【风险提示】

签订土地互换合同，双方的土地一经互换，在未约定互换期限的情况下，视为双方已经永久互换，除非双方协商一致再互换，否则，不得再要求对方返还互换的土地。为避免发生纠纷，互换双方应该进行变更登记，与发包方就互换后的土地签订新的土地承包经营权合同。

【法律规定速查】

《中华人民共和国农村土地承包法》（2018年12月29日修正）

第三十三条　承包方之间为方便耕种或者各自需要，可以对属于同一集体经济组织的土地的土地承包经营权进行互换，并向发包方备案。

第三十五条　土地承包经营权互换、转让的，当事人可以向登记机构申请登记。未经登记，不得对抗善意第三人。

《中华人民共和国民法典》（2020年5月28日）

第五百一十条　合同生效后，当事人就质量、价款或者报酬、履行地点等内容没有约定或者约定不明确的，可以协议补充；不能达成补充协议的，按照合同相关条款或者交易习惯确定。

问题 21：在无书面合同的情况下，如何判断双方之间是否属于互换土地关系？

【解答】

土地承包经营权互换应当签订书面合同。在无书面合同的情况下，不能以此否定双方互换土地的效力。判断双方是否存在互换关系，应根据双方土地承包经营时间、双方是否有偿使用土地以及两块土地的面积和位置，并结合农村的交易习惯等综合判断，确定双方之间的法律关系。

【案例】

农村土地互换法律关系确定应结合农村的习惯
——顾某诉舒某农村土地承包经营权纠纷案[①]

案情：顾某与舒某均属寻甸回族彝族自治县羊街镇长冲村四组成员。争议地块在1999年1月1日第二轮农村土地承包经营时由顾某户承包经营。2007年7月31日，以顾某为承包方代表的编号为060×××048的《农村土地承包经营权证登记簿》载明，寻甸回族彝族自治县羊街镇长冲村四组将位于"新田""五月十三坡"的地块承包给顾某户经营。承包期限自1999年1月1日起至2028年12月31日止。共有人梅某系顾某前妻，后梅某与本村村民彭某1登记结婚。争议地块先由舒某和前夫刘某耕种，后刘某去世后，现已经由舒某耕种二十七八年。庭审中，舒某提出自己是用顾某家老房子边的椿树、"照毕山"的山地、"小凹子"及沟边六棚竹子调换登记在顾某户下的"新田""五月十三坡"。舒某前夫刘某去世后，舒某嫁给现任丈夫彭某2。舒某提交的《土地承包情况登记表》及《农村土地承包经营权证申请书》载明，2007年7月31日，寻甸回族彝族自治县羊街镇长冲村四组将位于"小凹子"的地块承包给彭某2户经营，该地块东至山脚、南至刘某华界、西至路、北至山脚，面积0.65亩。现顾某提出争议地块是借给舒某耕种，要求舒某返还。

本案争议地块"新田""五月十三坡"虽于2007年7月31日经《农村土地承包经营权证登记簿》证明争议地块由顾某承包经营，但从庭审查明情况来看，顾某认可舒某已经耕种二十七八年，自己也管理过舒某的椿树，顾某的前妻梅某也认可耕种过舒某家"小凹子"，"新田""五月十三坡"离舒某家较近，"小凹子"离顾某家较近，双方互换后方便管理及耕种，结合到长冲村村委会询问的情况及证人证言，并结合农村生活习惯及农村普遍存在口头换地行为的实际情况，顾某户与舒某存在土地承包经营权互换法律关系，并非顾某主张的双方实际为借耕关系，即舒某用"小凹子"地块和椿树与顾某户的"新田""五月十三坡"地块进行互换。顾某户与舒某互换土地承包经营权不违反法律、行政法规强制性规定，应为有效。舒某提出自己还用"照毕山"的地与顾某户互换，但舒某未提交证据证实"照毕山"属于其承包地。舒某提出还用"大沙地"与案外人彭某1换过地，

[①] 参见云南省寻甸回族彝族自治县人民法院（2018）云0129民初356号民事判决书。

彭某1已建盖房屋,若要归还争议地块,"大沙地"上的房屋应拆除归还自己的答辩意见。因为"大沙地"涉及案外人彭某1,不属于本案审理的范围,不予支持。2009年《农村土地承包法》第32条规定:"通过家庭承包取得的土地承包经营权可以依法采取转包、出租、互换、转让或者其他方式流转。"[①] 原《物权法》第128条规定:"土地承包经营权人依照农村土地承包法的规定,有权将土地承包经营权采取转包、互换、转让等方式流转。流转的期限不得超过承包期的剩余期限。未经依法批准,不得将承包地用于非农建设。"[②] 本案中,双方虽无书面协议,但从农村现状来看,换地多为口头协议,从实际出发、尊重历史的处理原则,以维持农村良好的秩序,双方口头互换承包地的协议有效。因此,对顾某的诉讼请求,不予支持。法院判决驳回顾某的诉讼请求。

分析: 本案处理重点主要在于本案诉争的承包地属于借耕还是互换以及口头互换承包地的协议是否有效。首先,本案从双方的耕种时间及诉争的承包地的地理位置,结合到长冲村村委会询问的情况及证人证言,并结合农村生活习惯及农村普遍存在口头换地行为的实际情况判断,并非原告主张的借耕关系,而是互换关系。其次,关于口头互换承包地的协议的效力,本案还有个背景,诉争的承包地周边将会修建一个水库,政府已经立项,但一直未启动,一旦启动,诉争的承包地将被征用。这样的情况很多家都涉及,一旦本案支持原告的诉请,将会有很多人起诉,这样对于互换多年土地的人家来说是不公平的。从目前农村的现状来看,若严格依照法律规定,即互换应当签订书面协议,并向村委会备案,是很难做到的。现在生活在农村的人往往文化水平较低,不识字的人还有一些,这些人通常都是口头约定,向村委会报备也是口头的。法律虽要求互换承包地应签订书面协议,但也未规定未签订书面协议互换行为就无效,该规定只是一种取缔性规范而非效力性规范,只是为了更好地保护当事人的权利。口头承包地互换协议虽然没有采用书面形式予以公示,但是其也是合同形式的一种,只要互换双方具有完全民事行为能力,承包地互换意思表示真实,不违反相关法律规定和社会公共利益,口头承包地互换协议就对双方具有约束力。如果是同一集体经济组织成员互换,该口头承包地互换协议应认定为合法有效。

---

① 现对应2018年修正的《农村土地承包法》第36条。
② 现对应《民法典》第334条。

【法律规定速查】

《中华人民共和国农村土地承包法》（2018年12月29日修正）

第三十三条　承包方之间为方便耕种或者各自需要，可以对属于同一集体经济组织的土地的土地承包经营权进行互换，并向发包方备案。

《中华人民共和国民法典》（2020年5月28日）

第七条　民事主体从事民事活动，应当遵循诚信原则，秉持诚实，恪守承诺。

第十条　处理民事纠纷，应当依照法律；法律没有规定的，可以适用习惯，但是不得违背公序良俗。

四、土地经营权入股合同纠纷存在的问题及相关案例

土地经营权入股，是指家庭承包方式的土地承包方之间为发展农业经济，将土地经营权作为股权，自愿联合从事农业合作生产经营，其他承包方式的承包方将土地经营权量化为股权，入股组成股份公司或合作社等，从事农业生产经营。土地经营权入股合同纠纷，是在土地经营权入股中，双方因履行入股合同发生的权利义务关系方面的争议。我国土地经营权入股的范围和规模都比较小，此类纠纷比较少。

问题 22：在村民无证据证明土地入股后有分红的情况下，其有权要求分红吗？

【解答】

村民土地入股后，应根据入股合同确定双方的权利义务，在合同约定的分红条件未成就的情况下，村民无权要求分红。同时，村民以土地入股后，应服从公司的规定。村民要求分红，应当提供相应的证据证明。

【案例】

土地经营权入股后，分红条件未出现时，不得随意要求分红
——孟某、于某与某合作社土地承包经营权入股合同纠纷案[①]

案情： 2016 年 12 月 24 日，孟某作为承包方代表与发包方孟家房子村村委会签订《农村集体土地家庭承包合同》，承包土地的基本情况为西方田地，地块编码为 40××4，地类为旱地，面积为 16.36 亩，用途为种植业，全体承包方同意确权确股、不明确四至界线，承包期限为 11 年，自 2016 年 8 月 30 日起至 2027 年 12 月 31 日止等。2017 年 2 月 15 日，孟某作为承包方代表取得天津市静海区人民政府颁发的《农村集体土地承包经营权证》，承包方家庭成员为户主孟某、长子于某，土地为基本农田，面积为 16.36 亩。2016 年 12 月 24 日，孟某与被告某合作社签订《天津市农村土地承包经营权入股合同》，约定孟某将其承包的位于天津市静海区团泊镇孟家房子村的 16.36 亩土地的承包经营权向某合作社入股，从事种植业生产经营，以上入股土地按照每亩折合 1 股的标准，共折合股份 16.36 股，入股期限自 2016 年 8 月 30 日起至 2027 年 12 月 31 日止，共 136 个月，股份分红与支付方式为不保底分红、按当年实际的土地承包费的 75% 分红，某合作社于每年 12 月 31 日前向孟某支付保底分配部分，次年 12 月 31 日之前支付盈余分配部分，孟某应于 2016 年 12 月 31 日之前将入股土地交付乙方，某合作社有权要求孟某按合同约定交付入股土地，某合作社应当按照合同规定按时足额向甲方支付股份红利，某合作社延迟支付股份红利的，应按照同等期限银行存款利息的 200% 支付违约金，孟某不按时交付入股土地应按每天 100 元支付违约金等。孟某自 2016 年至 2018 年共收到孟家房子村村委会会计尚某给付的款项 28 000 元，经一审法院依法对尚某进行询问，其表示该款系孟家房子村村委会向村民所发放，钱款来源为孟家房子村村委会的收入，与某合作社并无关联。一审法院依法向天津市静海区团泊镇人民政府调取孟家房子村村委会 2016 年至 2018 年的账目，该账目显示孟家房子村村委会收入为鱼池承包费及土地承包费等，并以村民分款的方式由尚某支取发放并填写报销凭证。孟某起诉请求：依法判令某合作社给付孟某、于某自 2016 年 8 月 30 日至今欠付的土地承包权入股红利 84 000 元；判令某合作社向孟某、于某支付违约金 4876.14 元（自 2016 年 8 月 30 日至今，以延迟支付的

[①] 参见天津市静海区人民法院（2018）津 0118 民初 8738 号民事判决书。

股息红利为基数,按照中国人民银行同期同类贷款利率的2倍计算)。一审法院判决驳回原告孟某、于某的全部诉讼请求。

分析: 当事人对自己提出的诉讼请求所依据的事实有责任提供证据加以证明,没有证据或者证据不足以证明当事人的事实主张的,由负有举证责任的当事人承担不利后果。本案中,根据双方提交的证据及一审法院依法调取的证据可以认定,孟某一方收到的款项实际为孟家房子村村委会向其村民所发放,而该款的来源为孟家房子村村委会的收入,孟某、于某方虽主张被告某合作社未按《天津市农村土地承包经营权入股合同》的约定对其进行分红,其收到的款项为应发款项的50%,但根据现有证据无法认定孟家房子村村委会向孟某一方所发放的该款项与被告某合作社之间存在关联,故对于孟某一方的诉讼请求,一审法院不予支持。

【风险提示】

入股本质上是一种市场投资行为,必然存在市场风险,如果入股者承担市场风险的能力不强,一旦风险变成现实,在当前农村社会保障尚不健全的情况下,入股农民的基本生活保障就会受到威胁。为了积极稳妥地推动土地经营权入股,一方面,应当拓宽入股范围,允许土地经营权入股有限公司、股份公司等;另一方面,为了控制入股风险,更好地保障农民利益,应当对土地经营权入股的条件予以合理限制。

【法律规定速查】

《中华人民共和国农村土地承包法》(2018年12月29日修正)

第十七条 承包方享有下列权利:

(一)依法享有承包地使用、收益的权利,有权自主组织生产经营和处置产品;

(二)依法互换、转让土地承包经营权;

(三)依法流转土地经营权;

(四)承包地被依法征收、征用、占用的,有权依法获得相应的补偿;

(五)法律、行政法规规定的其他权利。

第三十六条 承包方可以自主决定依法采取出租(转包)、入股或者其他方式向他人流转土地经营权,并向发包方备案。

《中华人民共和国公司法》(2023年12月29日修订)

第四条第二款 公司股东对公司依法享有资产收益、参与重大决策和选择管理者等权利。

《农村土地经营权流转管理办法》(2021年1月26日)

第十六条 承包方自愿将土地经营权入股公司发展农业产业化经营的,可以采取优先股等方式降低承包方风险。公司解散时入股土地应当退回原承包方。

问题 23:集体经济组织成员入股后,有权要求发放股权证吗?

【解答】

集体经济组织成员要求集体经济组织发放股权证属经济纠纷,不属于村民自治范畴。集体经济组织成员享有获得股权证的权利,人民法院对该项权利的行使应当给予保护。

【案例】

村民入股后即成为股东,其有权起诉要求股份合作经济联社发放股权证
——李某与某股份合作经济联社股东名册记载纠纷案[①]

案情:某股份合作经济联社(以下简称某联社)于2009年3月17日经核准取得《广东省农村集体经济组织证明书》。2015年6月2日,广州市天河区农业和园林局出具《关于李某信访事项的答复》,确定李某向其提出的信访材料收悉答复,其没有某联社股份证资料。根据某联社在该局的备案信息,现提供李某的股份备案信息。附表信息显示某联社股东名册(社会股东)2,编号289,没有证号,姓名李某,人头股1股。

广州市天河区档案馆备案资料显示:(1)某联社于1999年5月31日出具声明,某联社是于1987年8月经批准成立的社团法人,有个人股东828人,总股数37 405股,联社属下有七个合作经济社,股东的股份分配按联社章程规定执行。(2)广州市某企业集团章程确定该企业集团具有独立法人资格,是由某经济发展有限公司及属下企业、某联社及下属的七个股份合作经济社共同出资组建;本企业集团均为法人股东,各股东按其持有的股份比例享有权利和承担义务。(3)某经济发展有限公司于2002年5月20日文件,某村撤村改制后公司的基本情况,公司名称广州市某经济发展有限公司(以下简称某经发公司),我村原来打算成立企业集团,但注册资金不足,所以决定不成立企业集团了。对经济联社我村决定

---

① 参见广东省广州市中级人民法院(2017)粤01民终1591号民事判决书。

继续保留并把所有村企业也归属联社管辖。为了完善对股份经济联社的管理,要求上级政府有关部门制定出一套村经济联社可行的合法文件。(4) 某经发公司章程确定股东包括某经发公司和广州市天河区某物业管理有限公司。(5) 某联社章程(1991年11月制定),实行股份合作经济,有利于促进政企分管和经营权与所有权分离,促进分工、分业和劳动力合理转移,改变企业经营管理,实行民主理财,组织社区性的生产服务网络,更充分发挥社区经济组织的职能作用,使农村的生产力水平得到全面提高;股份中集体积累股占60%,社员分配股占40%,持股者是本社股东,其股权不得买卖、不得转让、不能抵押、不得抽资退股;股份类型包括人头股、劳动工龄股、现金股、贡献股;参加股份制的成员在办理入股手续的同时,统一发给股份证书作为入股凭证,并凭证领取股红,该证书不能转让,不能作其他证件使用,丢失时要立即报失,申请办理补发手续;股东股权可继承,凡1989年5月1日起领有某联社股权的,今后股份可由直系亲属继承;股东代表大会是股份合作经济联社的最高权力机构。(6) 某联社补充章程(1995年1月6日通过),联社股份名称更名为原始股,取消原作工龄股、社员股的称谓,原始股折股化到法人股和个人股;今后凡股员寿终,其继承人应于90日内办理股权更改手续,过期不办理,股权收回联社所有。(7) 补充章程实施附则明确股权取得条件及换发股权证、建立股员名册、资产登记册等。另外,2001年2月12日广州市天河区人民政府下发《关于印发农村股份合作经济组织基本规定》,确定本规定所称的股份合作经济组织是指在天河行政辖区内的股份合作经济联社和股份合作经济社。股份合作经济组织是农村集体经济组织财产的唯一合法代表。股份合作经济组织依法进行经营活动,依法享有民事权利和民事责任。股东代表大会是股份合作经济组织的最高权力机构,股东代表按照股份合作经济组织章程规定的程序选举产生,实行"一人一票制"。在股份合作经济社章程中要清楚说明不同类型的股东身份,并将股东分类造册。同时,要将股东分类名册及股份数额报上一级主管部门、区农业办公室、区档案馆备案。股份合作经济组织的股权证书,由区人民政府统一印制,由各股份合作经济组织确认,填写股东股权和发放股权证书。李某向一审法院起诉请求:某联社立即发放李某的某村股权证。

一审法院判决:某联社于判决发生法律效力之日起十日内向李某开具其持有该社的人头股1股的股权证并向李某发送。

分析: 集体经济组织属于合作经济组织,其表现形式属于股份合作,对集体共有财产进行管理、经营,属于经济发展的经营模式,而非与村民委员会的行政管理一致，故某联社认为对于集体经济组织的股权证发放属于村民自治行为的内部事务处理不当。

对于李某诉求的股权证发放，某联社在相关部门办理备案的章程规定，股份的分配及管理项下"参加股份制的成员在办理入股手续的同时，统一发给股份证书作为入股凭证，并凭证领取分红。该证书不能转让，不能作其他证件使用，丢失时要立即报失，申请办理补发手续"。该章程属于某联社全体股东通过，对全体股东及某联社具有法律效力，各方均应按该章程规定享有权利和承担义务。李某作为某联社的股东，持有某联社股权，据此某联社应依章程的规定予以核发股权证书，予以明确李某在某联社所持股权并凭该股权份额行使股东权利及获得相应的利益，包括分红和以后的继承，且广州市天河区相关文件已对该集体经济组织的股权证予以明确并作出指导性指引，故李某按上述章程的规定请求某联社开具股权证，并无不当。

【法律规定速查】

《中华人民共和国农村土地承包法》（2018年12月29日修正）

第三十六条 承包方可以自主决定依法采取出租（转包）、入股或者其他方式向他人流转土地经营权，并向发包方备案。

第三十九条 土地经营权流转的价款，应当由当事人双方协商确定。流转的收益归承包方所有，任何组织和个人不得擅自截留、扣缴。

《中华人民共和国公司法》（2023年12月29日修订）

第四条第二款 公司股东对公司依法享有资产收益、参与重大决策和选择管理者等权利。

第四十八条 股东可以用货币出资，也可以用实物、知识产权、土地使用权、股权、债权等可以用货币估价并可以依法转让的非货币财产作价出资；但是，法律、行政法规规定不得作为出资的财产除外。

对作为出资的非货币财产应当评估作价，核实财产，不得高估或者低估作价。法律、行政法规对评估作价有规定的，从其规定。

第五十五条 有限责任公司成立后，应当向股东签发出资证明书，记载下列事项：

（一）公司名称；

（二）公司成立日期；

（三）公司注册资本；

（四）股东的姓名或者名称、认缴和实缴的出资额、出资方式和出资日期；

（五）出资证明书的编号和核发日期。

出资证明书由法定代表人签名，并由公司盖章。

问题 24：土地经营权入股后，村民可以解除合同吗？

【解答】

村民以土地经营权投资入股后，其享有的土地经营权就流转给他人，在无法定或约定的情况下，不得单方解除土地经营权入股合同，但出现以下情形的可以解除合同：（1）擅自改变土地的农业用途；（2）弃耕抛荒连续两年以上；（3）给土地造成严重损害或者严重破坏土地生态环境；（4）其他严重违约行为。

【案例】

受让人抛荒两年以上的，土地经营权入股人可以解除合同
——张某1诉张某2农村土地承包合同纠纷案[①]

案情： 2012年7月12日，原告与被告签订《荣县旭阳镇农村土地承包经营权流转合同》，原告（合同甲方）将其承包的田以入股分红方式流转给被告（合同乙方），流转期限自2012年8月31日至2026年8月31日。合同第5条约定："1.入股方式：每栽植160株核桃树为一股计算股权。栽植核桃树规格：2.5米×3米。2.分红方式：保底分红。收益扣除直接生产期成本，甲方占30%，乙方占70%。从核桃生产期第五年起执行保底分红，甲方当年收益不足300元/股时，乙方按300元/股支付红利……2012年8月31日至2016年8月31日，这期间为乙方投资管理阶段，不保底分红，有经济效益就按照甲方30%、乙方70%分红。从2016年9月1日起，执行保底分红，保底金额为每股每年300元，当利润甲方不足300元/股时，乙方按300元/股支付给甲方……分红时间从2016年起，每年12月31日前一次性付清当年红利。"合同第7条约定："流转土地上的附着物由甲方于合同签订以前自己处理，合同签订后甲方不处理乙方不进行补偿，造成损失由甲方自行负责。"合同第10条约定："有下列情形之一者，本合同可以变更或解除：①经当事人双方协商一致又不损害国家、集体和第三人利益的……③一方

[①] 参见四川省荣县人民法院（2017）川0321民初2101号民事判决书。

违约，使合同无法履行的；④乙方丧失经营能力使合同不能履行的……"合同第11条约定："违约责任：……2. 乙方违背合同规定，给甲方造成损失的，乙方赔偿全部损失。3. 乙方有下列情况之一者，甲方有权收回土地使用权：①不按合同规定用途使用土地的或者荒芜土地的；②不按时限交纳土地入股分红款的。4. 甲乙双方如有一方违约，赔偿另一方的一切经济损失。"第13条第6款约定："……如果合同到期后乙方不再继续流转，复耕费按每股200元一次性付给甲方，土地附属物属乙方所有。"合同签订后，原告将其承包的3.48亩田交付给被告。被告接收并自行清除地上附着物后，按约定的规格（2.5米×3米）种植了核桃树苗。后因被告疏于管理，其种植的核桃树苗未成活，土地逐渐荒芜。该流转的土地现状为无人耕种管理，杂草丛生。现原告张某1以被告违反合同约定，提出诉讼请求：（1）判决解除原告、被告之间签订的《荣县旭阳镇农村土地承包经营权流转合同》；（2）判决被告支付原告土地流转分红款704.70元；（3）判决被告支付原告土地复耕费469.80元。法院判决：一、解除原告张某1与被告张某2签订的《荣县旭阳镇农村土地承包经营权流转合同》；二、被告张某2自判决书生效之日起二十日内给付原告张某1分红款579元、复耕费386元，合计965元；三、驳回原告张某1的其他诉讼请求。

分析： 流转土地后，被告应当按照合同约定种植管理核桃树苗。因被告疏于管理致其流转的土地荒芜闲置多年，双方约定的合同已无法继续履行且合同目的已无法实现，加之原告、被告签订的《荣县旭阳镇农村土地承包经营权流转合同》亦约定如被告荒芜闲置土地，原告有权收回土地使用权，故原告诉请解除与被告签订的《荣县旭阳镇农村土地承包经营权流转合同》，既有事实依据又符合合同约定，予以支持。因原告、被告签订的《荣县旭阳镇农村土地承包经营权流转合同》对流转方式、流转范围、合同的变更和解除、违约责任等事项进行了明确约定，且该约定不违反法律规定，故对原告主张的分红款、复耕费予以支持。虽原告未提供证据证明其股权数量，但所栽植核桃株数未予清点属被告疏于督促管理所致，对原告所主张的分红款、复耕费以被告流转的土地面积并结合约定的栽植规格予以折股，并以此为基数予以计算。本案原告流转土地面积为3.48亩，按约定栽植规格，可栽植核桃树苗309株，按约定160株为一股，原告享有1.93股。因约定从2016年9月1日起执行保底分红，结合原告提起诉讼的时间及本案纠纷业已形成多年并经基层组织多次调处未果的实际，酌情予以支持原告一年的保底分红请求，即1.93股×300元/股×1年=579元，一次性复耕费1.93股×200元/股=386元。本案系合同纠纷，原告、被告系签订合同的主体。基于合同的相对性，被告与他人的协议或约定在未经原告认可的情况下，对原告不发生法律效力，被告辩称其不是本案适格被告的抗辩意见，不予采纳。因系保底分红，不应以有无收益为前提，且合同未约定以股权确认书作为分红依据，对被告辩称的没有股权确认书则股权无效且无盈利则无从分红的抗辩意见，不予采纳。被告辩称原告未清除地上附着物致被告清理而耗费了大量的人力物力，但原告、被告签订的合同约定为原告在签订合同以前自己处理地上附着物，如不处理被告不予赔偿，造成的损失由原告自行承担。现原告并未就此提出赔偿请求，故被告的该项抗辩与本案无关，不予采纳。另依据双方约定，合同期满后土地附属物归被告所有，虽双方未提出相关请求，但基于土地附属物可能存在的客观性，为此认为，合同解除后因合同产生的土地附属物归被告所有，但被告应在合理期限自行予以清除处理。结合本案纠纷实际，为减少讼累，指定被告在判决生效后二十日内将属于被告的土地附属物予以清除处理，逾期则由原告自行处理。

【风险提示】

珍惜、合理利用土地和切实保护耕地是我国的基本国策。禁止任何单位和个人闲置、荒芜耕地。随着国家乡村振兴战略的实施，农村土地流转日益活跃，对提高土地利用效率、实现土地规模经营、发展现代农业、增加农民收入起到了主要作用，但由此引发的纠纷也相对增多，影响农村建设转型升级的加快推进。特别是像案例中的被告，流转方流转土地后经营不善引发的纠纷，在辖区内是比较常见的。流转方缺乏经营管理经验和应对宏观经济形势变化的能力，导致经营亏损，加之政府和村组监管不到位，流转方逃债现象较易发生，从而导致农户拿不到流转费、土地荒芜等后续问题。对这类案件的处理，具有典型意义。

【法律规定速查】

《中华人民共和国农村土地承包法》（2018年12月29日修正）

第四十二条 承包方不得单方解除土地经营权流转合同，但受让方有下列情形之一的除外：

（一）擅自改变土地的农业用途；

（二）弃耕抛荒连续两年以上；

（三）给土地造成严重损害或者严重破坏土地生态环境；

（四）其他严重违约行为。

《农村土地经营权流转管理办法》（2021年1月26日）

第二十条 承包方不得单方解除土地经营权流转合同，但受让方有下列情形之一的除外：

（一）擅自改变土地的农业用途；

（二）弃耕抛荒连续两年以上；

（三）给土地造成严重损害或者严重破坏土地生态环境；

（四）其他严重违约行为。

有以上情形，承包方在合理期限内不解除土地经营权流转合同的，发包方有权要求终止土地经营权流转合同。

受让方对土地和土地生态环境造成的损害应当依法予以赔偿。

五、土地经营权抵押合同纠纷存在的问题及相关案例

土地经营权抵押合同纠纷，是指当事人就达成的承包人将其取得的农村土地承包经营权进行抵押的合同产生的权利义务纠纷。

土地经营权抵押，应该对抵押权的主体进行一定限制，根据《农村土地承包法》的规定，将金融机构作为可以设定抵押权的主体，有重要意义。土地经营权抵押，对村民来说，害怕失去土地，抵押意愿不高，对接受抵押的机构有较高的门槛要求，由于土地经营权处分的有限性，抵押价值评估的高成本性，土地承包经营权交换价值低等导致抵押土地承包经营权比较困难。在抵押制度设计时，既要考虑土地的保障功能，又要体现土地的经济功能；既要把抵押可能对农民生活造成的负面影响降到最低限度，又要充分体现土地的交换价值。只有通过制度创新、设立专门的金融机构、接受土地承包经营权的抵押，方能解决问题。

问题 *25*：土地经营权抵押合同是否有效？

【解答】

土地经营权和土地承包权分离，土地经营权作为一种用益物权，具有相对独立性，且是具有价值和使用价值的财产权利，以其设定抵押既可以充分发挥物的效用，也可以有效保护债权的安全。《农村土地承包法》第47条规定，承包方可以用承包地的土地经营权向金融机构融资担保，并向发包方备案。受让方通过流转取得的土地经营权，经承包方书面同意并向发包方备案，可以向金融机构融资

担保。担保物权自融资担保合同生效时设立。当事人可以向登记机构申请登记；未经登记，不得对抗善意第三人。实现担保物权时，担保物权人有权就土地经营权优先受偿。土地经营权融资担保办法由国务院有关部门规定。土地经营权抵押应是大势所趋，应保护其合法效力。

【案例】

村民以其土地经营权设定抵押的，该抵押行为有效
——某信用合作联社与杨某土地承包经营权抵押合同纠纷案[①]

案情： 2016年12月30日，被告杨某向原告某信用合作联社借款1 400 000元，约定借款期间的利率为年利率8.47%，逾期罚息利率在原借款利率基础上加收50%，借款期限12个月。借款当日，原告与被告签订借款抵押合同，约定被告杨某以其承包的1789.5亩土地使用权为上述借款提供抵押担保，担保范围为借款本金、利息、损害赔偿金、违约金以及原告实现债权的费用，担保期限自抵押生效之日至抵押担保范围内全部贷款清偿完毕止，双方在玛纳斯县办理了抵押登记。借款到期后，被告未按期偿还借款本息，原告诉至法院，法院于2018年5月3日作出（2018）新2324民初732号民事调解书，确定被告向原告偿还借款本金1 400 000元、利息24 210.56元，并按月利率10.58771‰计算支付自2018年2月11日之后的利息至本金还清为止，但调解结果未涉及被告杨某承包的1789.5亩土地使用权抵押担保事项，原告为此申请再审，一审法院（2018）新2324民申12号民事裁定书以抵押权属物权调整范围，应向物权登记地法院提出为由驳回了原告的再审申请。被告至今未偿还上述债务，原告持调解书、抵押合同、抵押登记文书、裁定书诉至法院，请求法院依法支持原告的诉讼请求。一审法院于2018年2月12日作出（2018）新2324民初382号民事调解书，该案生效后进入强制执行阶段，一审法院执行庭已将被告杨某抵押给本案原告某信用合作联社的土地承包经营权全部作价抵付给该案原告，被告杨某抵押给原告某信用合作联社的土地经营权已在（2018）新2324民初382号案件中执行完毕。同时，被告杨某于2017年5月17日又将该块耕地抵押给了昌吉国民村镇银行有限责任公司玛纳斯

[①] 参见新疆维吾尔自治区昌吉回族自治州中级人民法院（2019）新23民终1059号民事判决书。

支行，并在玛纳斯县农村综合产权改革办公室办理了抵押登记。

原告某信用合作联社请求法院确认原告与被告签订的土地承包经营权抵押合同有效；原告对被告杨某承包的1789.5亩土地的土地承包经营权享有优先受偿权。

被告杨某未到庭参加诉讼，也未向法院提交书面答辩意见。

一审法院判决：驳回原告某信用合作联社的全部诉讼请求。

原告某信用合作联社不服一审判决，提起上诉请求：撤销原审判决，确认签订的土地承包经营权抵押合同有效。被告给原告抵押的是其从其他农户处已经合法取得的农地流转期间的经营权，被告合法取得了涉案农地的流转经营权，不属于《担保法》第37条规定的范畴。根据《农村承包土地的经营权抵押贷款试点暂行办法》第5条、第7条的规定，本案中原告与被告签订抵押合同，被告将其合法取得的农地流转经营权抵押给原告的行为完全符合《农村承包土地的经营权抵押贷款试点暂行办法》的规定，应当认定为合同有效。原审驳回原告的诉讼请求错误，应当予以纠正。

二审法院依法判决：一、撤销一审判决；二、原告某信用合作联社与杨某签订的《农村信用社借款抵押合同》有效；三、驳回原告某信用合作联社的一审其他诉讼请求。

分析：关于双方签订的《农村信用社借款抵押合同》的效力。自2015年12月28日起施行的《全国人民代表大会常务委员会关于授权国务院在北京市大兴区等232个试点县（市、区）、天津市蓟县等59个试点县（市、区）行政区域分别暂时调整实施有关法律规定的决定》授权国务院在北京市大兴区等232个试点县（市、区）、天津市蓟县等59个试点县（市、区）行政区域，暂时调整实施原《物权法》《担保法》关于集体所有的耕地使用权不得抵押的规定。为了进一步深化农村改革，昌吉回族自治州委员会于2015年下发了《关于自治州开展农村综合产权制度改革试点的意见》，具体到本案中，涉案土地系被告杨某从同村农户处承包的土地，且已临近承包期限，原告某信用合作联社根据上述意见开展的抵押贷款，实际未产生农户失地的风险，故对原告某信用合作联社主张确认双方签订的《农村信用社借款抵押合同》有效的上诉请求予以支持。

【风险提示】

抵押担保，是指债务人或者第三人不转移对某一特定物的占有，而将该财产作为债权的担保，债务人不履行债务时，债权人有权依照《民法典》有关担保制度的规定以该财产折价或者以拍卖、变卖该财产的价款来优先受偿。土地经营权抵押，在部分地方开展土地抵押试点后，应认定抵押合同有效。以农村土地经营权抵押，既要保证抵押权人的利益，也要保障农民不会因抵押而丧失土地承包权。

【法律规定速查】

《中华人民共和国农村土地承包法》（2018年12月29日修正）

第四十七条　承包方可以用承包地的土地经营权向金融机构融资担保，并向发包方备案。受让方通过流转取得的土地经营权，经承包方书面同意并向发包方备案，可以向金融机构融资担保。

担保物权自融资担保合同生效时设立。当事人可以向登记机构申请登记；未经登记，不得对抗善意第三人。

实现担保物权时，担保物权人有权就土地经营权优先受偿。

土地经营权融资担保办法由国务院有关部门规定。

《中华人民共和国民法典》（2020年5月28日）

第四百一十八条　以集体所有土地的使用权依法抵押的，实现抵押权后，未经法定程序，不得改变土地所有权的性质和土地用途。

问题 26：土地经营权抵押合同签订后未办理抵押登记，抵押合同是否生效？

【解答】

当事人之间订立有关设立、变更、转让和消灭不动产物权的合同，除法律另有规定或者合同另有约定外，自合同成立时生效；未办理物权登记的，不影响合同效力。合同效力和物权效力加以区分，未经登记，不发生物权效力即对抗第三人的效力，而抵押合同本身只要没有法定的无效情形，或者当事人另有约定无效的情形，则自合同成立时生效。承包方可以用承包地的土地经营权向金融机构融资担保，并向发包方备案。受让方通过流转取得的土地经营权，经承包方书面同意并向发包方备案，可以向金融机构融资担保。担保物权自融资担保合同生效时设立。当事人可以向登记机构申请登记；未经登记，不得对抗善意第三人。实现担保物权时，担保物权人有权就土地经营权优先受偿。土地经营权融资担保办法由国务院有关部门规定。

【法律规定速查】

《中华人民共和国民法典》（2020年5月28日）

第三百九十五条　债务人或者第三人有权处分的下列财产可以抵押：

（一）建筑物和其他土地附着物；

（二）建设用地使用权；

（三）海域使用权；

（四）生产设备、原材料、半成品、产品；

（五）正在建造的建筑物、船舶、航空器；

（六）交通运输工具；

（七）法律、行政法规未禁止抵押的其他财产。

抵押人可以将前款所列财产一并抵押。

第四百条　设立抵押权，当事人应当采用书面形式订立抵押合同。

抵押合同一般包括下列条款：

（一）被担保债权的种类和数额；

（二）债务人履行债务的期限；

（三）抵押财产的名称、数量等情况；

（四）担保的范围。

第四百零二条　以本法第三百九十五条第一款第一项至第三项规定的财产或者第五项规定的正在建造的建筑物抵押的，应当办理抵押登记。抵押权自登记时设立。

第四百零三条　以动产抵押的，抵押权自抵押合同生效时设立；未经登记，不得对抗善意第三人。

第四百一十八条　以集体所有土地的使用权依法抵押的，实现抵押权后，未经法定程序，不得改变土地所有权的性质和土地用途。

问题 *27*：仅办理抵押登记，未签订抵押合同，抵押权是否设立？

【解答】

不动产抵押权的设立以登记为必要，签订抵押合同但未办理抵押登记的，抵押权并未设立，债权人如主张享有抵押权的，不应得到支持。抵押合同是抵押权人与抵押人意思表示一致后达成的协议,未经抵押人同意,直接以其财产设定抵押的,抵押不能成立。

【案例】

办理了抵押登记未签订抵押合同,抵押权未设立
——某农村信用社与李某、刘某、新芒井村民小组、老芒井村民小组、某茶业公司借款合同纠纷案[①]

案情: 2014年7月17日,李某与某农村信用社签订《个人循环借款合同》,合同约定:合同项下借款额度为5 000 000.00元,李某作为借款人使用循环借款额度的期限自2014年7月17日起至2017年7月17日止,借款用途为鲜茶收购,每笔贷款发放时的借款利率以中国人民银行公布的同期同档次贷款基础上浮60%确定,具体执行利率以借款凭证记载为准,借款人未按期偿还借款本金及利息的,罚息在借款利率基础上加收50%确定。李某作为借款人在合同上签字认可,李某的妻子刘某作为共同借款人在合同上签字捺印,签订借款合同的同时,李某与某农村信用社签订《最高额抵押合同》,抵押合同约定李某作为抵押人向抵押权人某农村信用社提供以下抵押物:(1)房产房屋所有权,位于威远镇威远街大寨四组;(2)新、老芒井村民小组两宗林权,位于永平镇芒腊村芒井;(3)机械设备及两个厂房土地,分别位于永平镇芒腊村芒井组、团结村杏腊组;(4)杏腊500亩林权及两个厂房土地;(5)土地使用权,位于威远镇威远街大寨四组。抵押人李某所担保的主债权为自2014年7月17日至2017年7月17日,在人民币5 000 000.00元的最高余额内的主债务本金、利息、逾期利息、罚息、复利、违约金、损害赔偿金、贷款人为实现债权和相关从权利而发生的费用以及其他应付的费用进行担保,抵押物共有人刘某在抵押合同上签字捺印。2015年7月2日,某农村信用社向李某发放贷款5 000 000.00元,该笔贷款到期后,李某、刘某未偿还该笔贷款本金和利息。

李某提供的抵押物房产房屋所有权人为李某,办理了房屋抵押他项权证;抵押物新、老芒井两宗林权所有权人分别为新芒井村民小组、老芒井村民小组,两宗林权抵押办理了抵押他项权证;抵押物机械设备办理了动产抵押登记书,

---

[①] 参见云南省普洱市景谷傣族彝族自治县人民法院(2017)云0824民初115号民事判决书。

抵押人为某茶业公司，厂房及土地未办理任何的抵押登记；抵押物土地使用权位于景谷县大寨四组，李某所有房产建盖于该土地之上，该土地使用权权属性质为集体土地使用权，使用权类型为划拨，用途是住宅用地，土地使用权抵押办理了他项权利证书。

一审法院认定两宗林权地的抵押权未设立。

分析： 关于新、老芒井两宗林权地的抵押的问题。庭审查明，原告某农村信用社与新、老芒井村民小组未签订过抵押合同，签订抵押决议书现场照片亦证实新、老芒井村民小组签订抵押决议书时，新芒井抵押决议书上手写部分，即借款人姓名"李某"，贷款数额"5 000 000.00""伍佰万"，"2014""5""19"，"茶厂"，户数"33""28"，"新芒井"，"李某"，"伍佰"，"3"为空白，老芒井抵押决议书上手写部分，即借款人姓名"李某"，贷款数额"5 000 000.00""伍佰万"，"2014""5""19"，"茶厂"，户数"19""14"，"老芒井"，"李某"，"伍佰"，"3"为空白，新、老芒井村民小组亦辩称其不清楚签订该协议书是为了使用本社集体所有的林权为李某贷款500万元抵押担保，因此，不认可林权抵押的效力，签订抵押协议时，缺失重要信息致使新、老芒井村民小组陷入重大误解，使用集体所有的林权设立抵押并非新、老芒井村民小组的真实意思表示，对抵押决议书效力不予认可，根据原《物权法》第185条第1款"设立抵押权，当事人应当采取书面形式订立抵押合同"①、原《担保法》第38条"抵押人和抵押权人应当以书面形式订立抵押合同"及第44条"办理抵押物登记，应当向登记部门提供下列文件或者其复印件：（一）主合同和抵押合同；（二）抵押物的所有权或者使用权证书"的规定，抵押权的设立应签订抵押合同，合同双方需具有利用抵押物进行抵押的意思表示，登记部门依据抵押合同办理抵押登记。本案中，原告某农村信用社与新、老芒井村民小组不存在抵押合同，最高额抵押合同的相对人为李某及原告某农村信用社，依据合同的相对性，最高额抵押合同的效力不及于新、老芒井村民小组，新、老芒井村民小组没有利用集体林权为李某贷款500万元进行抵押担保的意思表示，也未与原告某农村信用社签订抵押合同，林权虽然办理了抵押登记，但抵押权设立不符合法定形式要件，原告某农村信用社诉请对新芒井村民小组、老芒井村民小组提供的抵押物享有优先受偿权不予支持。

---

① 现对应《民法典》第400条第1款。

【法律规定速查】

《中华人民共和国农村土地承包法》(2018年12月29日修正)

第四十七条　承包方可以用承包地的土地经营权向金融机构融资担保，并向发包方备案。受让方通过流转取得的土地经营权，经承包方书面同意并向发包方备案，可以向金融机构融资担保。

担保物权自融资担保合同生效时设立。当事人可以向登记机构申请登记；未经登记，不得对抗善意第三人。

实现担保物权时，担保物权人有权就土地经营权优先受偿。

土地经营权融资担保办法由国务院有关部门规定。

《中华人民共和国民法典》(2020年5月28日)

第二百零九条　不动产物权的设立、变更、转让和消灭，经依法登记，发生效力；未经登记，不发生效力，但是法律另有规定的除外。

依法属于国家所有的自然资源，所有权可以不登记。

第三百九十九条　下列财产不得抵押：

（一）土地所有权；

（二）宅基地、自留地、自留山等集体所有土地的使用权，但是法律规定可以抵押的除外；

（三）学校、幼儿园、医疗机构等为公益目的成立的非营利法人的教育设施、医疗卫生设施和其他公益设施；

（四）所有权、使用权不明或者有争议的财产；

（五）依法被查封、扣押、监管的财产；

（六）法律、行政法规规定不得抵押的其他财产。

第四百一十八条　以集体所有土地的使用权依法抵押的，实现抵押权后，未经法定程序，不得改变土地所有权的性质和土地用途。

六、其他土地承包经营权合同纠纷存在的问题及相关案例

《农村土地经营权流转管理办法》第14条第2款对转包的概念作出明确规定：出租（转包），是指承包方将部分或者全部土地经营权，租赁给他人从事农业生产经营。转包后原土地承包关系不变，原承包方继续履行原土地承包合同规定的权利和义务。受让方按转包时约定的条件对转包方负责。

在土地经营权转包法律关系中,转包人是享有土地承包经营权的农户,即土地承包经营权人;受让方是承受土地经营权转包的农户。转包人对土地承包经营权的产权不变;受让方享有土地承包经营权使用的权利,获取承包土地的收益,并向转包人支付转包费。由于转包并不影响原有的土地承包关系,因此,无须发包人许可,只需要将转包合同向发包人备案。土地转包必须转包给本集体经济组织成员。

问题 28:未经发包人同意的土地经营权转包合同有效吗?

【解答】

土地承包经营权流转,只有转让承包经营权需要经发包方同意,其他土地经营权流转,均不改变原承包人与发包人之间的承包法律关系,无须经过发包人同意,仅需向发包人备案。

【案例】

未经发包方同意将土地经营权转包的,不会导致转包合同无效
——某村第一村民小组与骆某、盛某农村土地承包合同纠纷案[①]

案情: 被告骆某系原告某村第一村民小组的村民。被告盛某系同乡W村第二村民小组的村民。2006年11月12日,县政府下发了《农村土地承包经营权证》,发包方为某村村民委员会,承包方为骆某,承包期限为1998年12月31日至2028年12月31日;承包地总面积为14.62亩,并详细记载了水田、旱地地块名称、面积及四至等情况。2007年4月12日,被告骆某与被告盛某达成了《买卖房屋文契》,被告骆某将其位于某村第一村民小组的房屋以人民币14 000元的价格出售给被告盛某,同日,被告骆某邀请部分村民参加房屋买卖宴席,并有部分村民作为在场人在协议上签名。后被告骆某一家离开某村一组外出务工,但被告盛某购买该房屋后并未在该购买房屋居住使用。2007年4月12日,被告骆某(甲方)与被告盛某(乙方)签订《土地转让承包协议书》,内容为:"甲方骆某甘愿将当地政府分给骆某所有的水田、旱地、菜园地转让给乙方盛某永远管理,甲方骆某原有土地承包经营权证现已交付乙方盛某永远管理和使用,乙方盛某在承

---

① 参见江西省九江市中级人民法院(2017)赣04民终506号民事判决书。

按甲方承包经营权证的范围之内有权管理和行使各项产业,有关水田、旱地、菜园地的面积和四至以甲方原有的土地经营权证为准。经双方同意特立此协议为证,决无反悔,并通过法律公证。"2015 年,被告盛某在本案涉案土地上栽种红豆杉树苗,导致与原告产生纠纷,并经乡政府组织两村对原告与被告盛某进行调解,2015 年 3 月 11 日,原告与被告盛某达成了《关于某村一组与 W 村盛某土地承包经营(流转)纠纷调解协议书》,内容为"甲方:某村一组;乙方:盛某。经 2015 年 3 月 11 日晚乡政府会同某村、W 村组织甲乙双方就土地承包经营(流转)纠纷达成调解,达成如下协议:一、乙方按照某村一组村民骆某土地承包经营权证和《土地转让承包经营协议书》(2007 年 4 月 12 日)登记所属土地范围全面进行造林,甲方不得予以干涉。二、因甲方对乙方造林范围有异议,乙方同意甲方依法依规按程序进行维权,维权时限截至 2015 年 12 月 30 日。到时甲方仍未取得维权结果,应自动放弃继续维权,如甲方取得部分土地承包经营权,乙方承诺该土地上所造林木无偿归甲方所有。三、本协议一式五份,乡、村、甲、乙双方各执一份"。乡政府、某村村民委员会、W 村村民委员会均在调解协议书上加盖公章。2015 年 12 月 21 日,县政府给被告骆某颁发了《农村土地承包经营权证》,发包方为某村一组,承包方为骆某及其妻子张某、儿子骆某1、长女骆某2、孙子骆某3。承包期限为 1998 年 12 月 31 日起至 2028 年 12 月 30 日止;承包面积为9.26 亩,并记载了水田、旱地地块名称、面积及四至等情况。被告骆某原有登记在其《农村土地承包经营权证》中的部分涉案土地登记在原告某村村民委员会第一村民小组组长张某的《农村土地承包经营权证》名下。现原告诉至法院,要求依法确认两被告签订的土地转让协议书无效,要求被告盛某将非法占用的被告骆某所承包全部土地归还原告,且被告盛某将土地恢复原状。

法院判决驳回原告某村第一村民小组的诉讼请求。

分析:我国实行农村土地承包经营制度,农村土地承包采取农村集体经济组织内部的家庭承包方式。承包方依法享有承包地使用、收益和土地承包经营权流转的权利。土地承包经营权流转中的转让是指承包方经发包方的同意,将部分或全部土地经营权让渡给其他从事农业生产经营的农户,由该农户同发包方确定新的承包关系,原承包方与发包方在该土地的承包关系即行终止。该流转原则是平等协商、自愿、有偿。采取转让方式流转的,应当经发包方同意。根据法律规定,当事人对自己提出的诉讼请求所依据的事实,应当提供证据加以证明,当事人未能提供证据或者证据不足以证明其事实主张的,由负有举证责任的当事人承担不利的后果。2009年《农村土地承包法》第15条规定：家庭承包的承包方是本集体经济组织的农户。第39条第1款规定：承包方可以在一定期限内将部分或者全部土地承包经营权转包或者出租给第三方，承包方与发包方的承包关系不变。第48条第1款规定：发包方将农村土地发包给本集体经济组织以外的单位或者个人承包，应当事先经本集体经济组织成员的村民会议三分之二以上成员或者三分之二以上村民代表的同意，并报乡、镇人民政府的批准。① 本案中，被告骆某土地承包经营权证名下的土地的所有权仍属于原告，被告骆某与被告盛某流转的系土地承包经营权。被告骆某将其承包经营土地流转给被告盛某，有双方签字的《土地转让承包协议书》，且有部分村民作为见证人在该协议书上签字认可，并且某村村民并未对该流转承包主张优先权或者提出异议，该协议合法有效，原告诉称该协议书系被告盛某伪造，某村村民系在空白纸上签字，原告未在法律规定的期限内申请重新鉴定，且并未提供充分证据予以证明，原告于2015年12月21日对本案涉案诉争土地重新申请换发农村土地承包经营权证，但并未经过被告同意，且并未告知被告，该发证行为并不能否认两被告之间土地承包经营权流转行为。本案中，被告骆某与被告盛某的土地承包经营权流转纠纷经乡政府调解，原告不得干涉被告盛某在被告骆某的土地承包经营权证和《土地转让承包协议书》登记所属土地范围全面进行造林，原告并未提供充分证据证明其对该土地范围有异议，且某村村民委员会在调解协议书上盖章，部分村民在该《土地转让承包协议书》上签字，视为该转让行为征得村、组同意，本案中被告骆某与被告盛某签订的《土地转让承包协议书》是双方当事人的真实意思表示，并不违反法律法规的强制性规定，一审法院对《土地转让承包协议书》效力予以认定，且合同效力溯及被告双方，故对原告的诉讼请求，依法不予支持。2005年《农村土地承包司法解释》第20条规定："发包方就同一土地签订两个以上承包合同，承包方均主张取得土地承包经营权的，按照下列情形，分别处理：（一）已经依法登记的承包方，取得土地承包经营权；（二）均未依法登记的，生效在先合同的承包方取得土地承包经营权；（三）依前两项规定无法确定的，已经根据承包合同合法占有使用承包地的人取得土地承包经营权，但争议发生后一方强行先占承包地的行为和事实，不得作为确定土地承包经营权的依据。"② 本案中，本案涉案争议土地有两个土地承包

---

① 现对应2018年修正的《农村土地承包法》第16条、第44条、第52条第1款。
② 现对应2020年修正的《农村土地承包司法解释》第19条。

经营权证，且被告盛某已在本案涉案部分土地栽种了红豆杉树苗，其已经实际占有使用了本案涉案土地，故本案涉案土地承包经营权已由被告骆某流转给了被告盛某。2009年《农村土地承包法》第20条明确规定耕地的承包期为30年；第26条规定承包期内发包方不得收回承包地；第27条规定承包期内发包方不得调整承包地；第33条规定土地承包经营权流转的期限不得超过承包期的剩余期限。① 本案被告骆某与被告盛某约定的《土地转让承包协议书》中关于"骆某甘愿将当地政府分给骆某所有的水田、旱地、菜园地转让给乙方盛某永远管理"的约定违反了《农村土地承包法》的规定，二被告土地承包经营权的流转期限不得超过被告骆某土地承包经营权的承包期限。故被告盛某的土地承包经营权转让期限应以被告骆某的土地承包经营权承包期的剩余期限为准。

【风险提示】

我国实行农村土地承包经营制度，土地承包经营权流转的主体是承包方。承包方有权依法自主决定土地承包权是否流转和流转的方式。《农村土地承包法》第27条规定，承包期内发包方不得收回承包地；第28条规定，承包期内发包方不得调整承包地，进一步保障了土地承包经营权人的承包权利和转包自由。

【法律规定速查】

《中华人民共和国民法典》（2020年5月28日）

第三百三十六条　承包期内发包人不得调整承包地。

因自然灾害严重毁损承包地等特殊情形，需要适当调整承包的耕地和草地的，应当依照农村土地承包的法律规定办理。

第三百三十七条　承包期内发包人不得收回承包地。法律另有规定的，依照其规定。

《中华人民共和国农村土地承包法》（2018年12月29日修正）

第二十八条　承包期内，发包方不得调整承包地。

承包期内，因自然灾害严重毁损承包地等特殊情形对个别农户之间承包的耕地和草地需要适当调整的，必须经本集体经济组织成员的村民会议三分之二以上成员或者三分之二以上村民代表的同意，并报乡（镇）人民政府和县级人民政府农业农村、林业和草原等主管部门批准。承包合同中约定不得调整的，按照其约定。

第三十六条　承包方可以自主决定依法采取出租（转包）、入股或者其他方式向他人流转

---

① 现对应2018年修正的《农村土地承包法》第21条、第27条、第28条、第38条。

土地经营权，并向发包方备案。

《最高人民法院关于审理涉及农村土地承包纠纷案件适用法律问题的解释》（2020年12月29日修正）

第十四条 承包方依法采取出租、入股或者其他方式流转土地经营权，发包方仅以该土地经营权流转合同未报其备案为由，请求确认合同无效的，不予支持。

问题29：土地经营权转包可以改变土地用途吗？

【解答】

土地经营权流转不得改变土地所有权的性质和土地的农业用途，不得破坏农业综合生产能力和农业生态环境。承包方将承包地用于非农建设或者对承包地造成永久性损害，发包方请求承包方停止侵害、恢复原状或者赔偿损失的，应予支持。双方订立的转包合同约定改变土地用途的，转包合同无效。承包人将土地转包给他人经营，他人擅自改变土地用途的，土地承包人可以解除合同。

【案例】

改变土地用途的转包合同无效，双方应按过错承担责任
——杨某诉贺某土地承包经营权合同纠纷案[①]

案情： 原告杨某农户系蓟州区泗溜镇高各庄村农户，被告贺某系蓟州区泗溜镇高各庄村某村民的女婿，非该村村民。2007年7月20日，经中间人联络及蓟州区泗溜镇高各庄村村委会同意，原告农户及本村其他几家农户将位于本村村西家庭承包的约合0.88亩基本农田一同转包给被告，用于建养鸡场，双方约定承包期为二十年，每年承包费360元，自签订合同日起每五年给付一次承包费，逾期按每日5‰支付利息，并签订了《土地承包合同》。合同签订后，原告农户将面积为0.88亩，土地性质为基本农田的土地交给被告使用，被告给付杨某农户第一个五年承包费1800元及农业补偿费620元。后被告在该承包地上建了鸡舍并栽植了部分杨树。至2017年7月，被告未按约定期限交纳第三个五年承包费。

后原告农户诉至一审法院请求依法解除双方于2007年7月20日签订的《土地承包合同》，将位于天津市蓟州区泗溜镇高各庄村西的0.88亩农田恢复原貌并

[①] 参见天津市蓟州区人民法院（2018）津0119民初2872号民事判决书。

返还杨某农户；请求判令贺某给付杨某农户2012年7月20日至2017年7月20日承包费1800元，并自2012年7月20日起按每日5‰支付利息；判令贺某自2017年7月20日至土地返还杨某农户之日按每年每亩400元给付杨某农户承包费。贺某向一审法院提起反诉请求判令杨某农户给付贺某地上物损失5000元（最终金额以鉴定结论为准）。

一审法院判决：一、被告贺某清除其承包原告杨某农户土地上的附着物，并将该承包地返还给原告杨某农户，于判决生效之日起90日内执行；二、被告贺某给付原告杨某农户自2012年7月21日起至2017年7月20日止的土地占用费1800元，于判决生效之日起十日内付清；三、由被告贺某给付原告杨某农户自2017年7月21日起至诉争土地返还之日止，按每年360元给付土地占用费，于承包地返还之日付清；四、驳回原告杨某农户的其他诉讼请求；五、驳回被告贺某的反诉请求。

分析： 杨某农户的承包地系基本农田，其承包经营及转包经营均不能改变土地用途。双方虽对《土地承包合同》中是否有"必须经营养殖业"的约定有争议，但杨某农户将其承包经营的基本农田转包给贺某用于建鸡舍养鸡，是双方真实意思表示，且贺某已实际实施。双方的约定改变了基本农田的用途，违反了法律强制性规定，双方签订的《土地承包合同》应属无效。对于合同无效，杨某农户、贺某均存在过错，根据依无效合同取得的财产应当返还的规定，杨某农户要求贺某将承包地恢复原状并予以返还，一审法院应予支持。同时，贺某应参照约定标准给付杨某农户承包地占用期间的占用费。鉴于承包地上的附着物中有树木需办理相关手续的特殊情况，应给予贺某合理的清除期限。贺某要求将承包地上的附着物归杨某农户所有，并申请对承包地上的附着物评估作价，反诉要求由杨某农户给付其承包地上的附着物折价款，因杨某农户不同意接收承包地上的附着物，且贺某该请求没有相应依据，一审法院不予支持。贺某主张用杨某农户代表人盗伐其树木的款项抵承包费，因不属于同一法律关系，其主张依据不足，一审法院不予支持。因双方签订的《土地承包合同》无效，杨某农户无权要求贺某按合同约定的每日5‰给付逾期付款利息。被告在基本农田上建设鸡舍等建筑物、种植树木，违反2004年《土地管理法》第12条"依法改变土地权属和用途的，应当办理土地变更登记手续"的规定[①]。被告未经原告农户同意自行在涉案土地上种植树木,被告负有清除地上物的义务,其应自行承担清除地上物的费用,被告关于应由双方共同承担清除地上物费用的主张,不予支持。关于被告要求杨某农户给付地上物损失的诉讼请求,鉴于被告主张地上物的价值体现为残值,如前所述,被告负有地上物的清除义务,结合原告农户不同意接收上述地上物的事实,被告在清除地上物的同时可自行处置地上物(其中清除承包地上的附着物中的树木需办理相关手续),故对被告要求杨某农户给付地上物损失的诉讼请求,不予支持。

【风险提示】

土地经营权流转应遵循的原则之一为不得改变土地的农业用途。基本农田是指中国按照一定时期人口和社会经济发展对农产品的需求,依据土地利用总体规划确定的不得占用的耕地。占用基本农田的经营人负有清除地上物的义务,其应自行承担清除地上物的费用。未按照法律的规定合理使用承包地,造成耕地永久性损害,这是明显的违法行为。

【法律规定速查】

《中华人民共和国农村土地承包法》(2018年12月29日修正)

第十一条 农村土地承包经营应当遵守法律、法规,保护土地资源的合理开发和可持续利用。未经依法批准不得将承包地用于非农建设。

第三十八条 土地经营权流转应当遵循以下原则:

(一)依法、自愿、有偿,任何组织和个人不得强迫或者阻碍土地经营权流转;

(二)不得改变土地所有权的性质和土地的农业用途,不得破坏农业综合生产能力和农业生态环境;

(三)流转期限不得超过承包期的剩余期限;

(四)受让方须有农业经营能力或者资质;

(五)在同等条件下,本集体经济组织成员享有优先权。

第六十四条 土地经营权人擅自改变土地的农业用途、弃耕抛荒连续两年以上、给土地造成严重损害或者严重破坏土地生态环境,承包方在合理期限内不解除土地经营权流转合同的,

---

① 现对应2019年修正的《土地管理法》第12条。该条规定:"土地的所有权和使用权的登记,依照有关不动产登记的法律、行政法规执行。依法登记的土地的所有权和使用权受法律保护,任何单位和个人不得侵犯。"

发包方有权要求终止土地经营权流转合同。土地经营权人对土地和土地生态环境造成的损害应当予以赔偿。

《中华人民共和国民法典》（2020 年 5 月 28 日）

第三百三十四条 土地承包经营权人依照法律规定，有权将土地承包经营权互换、转让。未经依法批准，不得将承包地用于非农建设。

《中华人民共和国土地管理法》（2019 年 8 月 26 日修正）

第二十五条第一款 经批准的土地利用总体规划的修改，须经原批准机关批准；未经批准，不得改变土地利用总体规划确定的土地用途。

《最高人民法院关于审理涉及农村土地承包纠纷案件适用法律问题的解释》（2020 年 12 月 29 日修正）

第八条 承包方违反农村土地承包法第十八条规定，未经依法批准将承包地用于非农建设或者对承包地造成永久性损害，发包方请求承包方停止侵害、恢复原状或者赔偿损失的，应予支持。

问题 30：原土地承包经营权证上的户主死亡，该户其他成员是否继续履行户主生前所作的土地流转行为？

【解答】

家庭承包的承包方是本集体经济组织的农户。农户内家庭成员依法平等享有承包土地的各项权益。农户是承包方，而非户主，户主仅是代表户内成员，土地承包经营权证上的户主死亡，不影响其他户内成员的承包经营权，该户其他成员对承包土地享有平等的承包权益，户主生前所作出的土地流转行为仍然有效。

【案例】

户主死亡，不影响其与他人签订的土地经营权转包合同效力
——沈某诉王某土地承包经营权转包合同纠纷案[①]

案情： 原告沈某的母亲周某以户主身份自 1999 年起承包集体土地 0.56 亩，该承包地一直由原告实际耕种。2001 年，经原告、周某所在村民小组的组长牵头，周某与同村村民被告王某间达成土地承包经营权转包协议，被告无偿获得该

---

① 参见上海市崇明县人民法院（2010）崇民一（民）初字第 3640 号民事判决书。

块土地的使用权用于种植树苗。2007年12月,原告母亲周某去世。2010年12月14日,该村村民委员会与原告签订农村土地承包经营权流转合同,将上述土地发包给原告,期限为2年(自2010年12月20日起至2012年12月19日止),该土地上现种植有苗木。原告多次要求被告返还土地或给付土地使用费,遭被告拒绝,遂涉诉。法院经审理认为,合法的土地承包经营权受法律保护。根据原告提供的2010年12月14日签订的农村土地承包经营权流转合同,诉争土地现由原告承包经营,虽周某同被告签订的土地转包合同仍然有效,但因原合同未约定转包期限,参照《合同法》中关于租赁的相关规定,应视为不定期转包,故原告作为土地承包权人要求被告在合理期限内交还土地并无不当。

分析: 根据2009年《农村土地承包法》第32条、第34条的规定,承包方可以自主决定依法采取出租、转包、转让或者其他方式向他人流转土地经营权。[①] 具体到本案中,2001年周某作为诉争土地经营权证上的户主,经所在村民小组的组长牵头,将诉争土地无偿转包给被告种植,应该说周某所在家庭的户与被告间已经建立土地经营权转包关系。双方签订书面的土地转包协议,仅仅是未约定转包期限,参照原《合同法》第232条的规定[②],应认定为不定期转包。2009年《农村土地承包法》第15条规定,家庭承包的承包方是本集体经济组织的农户。[③] 家庭承包是以本集体经济组织内部的农户家庭为单位、人人有份的家庭土地承包经营方式,强调的是福利性及生活保障性,将承包经营权作为农村集体经济组织成员的一项权利。家庭承包是以本集体经济组织内部的农户家庭为单位,不是以农民个人为单位进行的承包。因此,享有家庭承包经营权的是农户家庭,而非户主或家庭成员中的某一人,该规定同样适用于土地流转关系。本案中,周某作为户主对承包地进行转包,非周某个人的处分,而是周某一户的处分,因此,土地经营权转包关系应视为周某所在户与被告间所建立,而非周某个人与被告建立土地经营权转包关系。家庭承包经营权为家庭成员共同享有。家庭中的个别成员死亡,其他家庭成员对承包地享有共同使用权。既然建立土地经营权转包关系的是周某所在户与被告,那么周某的死亡并不影响土地经营权转包关系的继续有效,该户的其他成员对承包土地享有共同使用权,周某生前对承包地所作的转包行为仍然有效。

---

① 现对应2018年修正的《农村土地承包法》第36条。
② 现对应《民法典》第730条。
③ 现对应2018年修正的《农村土地承包法》第16条。

【法律规定速查】

《中华人民共和国农村土地承包法》（2018 年 12 月 29 日修正）

第十六条　家庭承包的承包方是本集体经济组织的农户。

农户内家庭成员依法平等享有承包土地的各项权益。

《中华人民共和国民法典》（2020 年 5 月 28 日）

第五十五条　农村集体经济组织的成员，依法取得农村土地承包经营权，从事家庭承包经营的，为农村承包经营户。

《最高人民法院关于审理涉及农村土地承包纠纷案件适用法律问题的解释》（2020 年 12 月 29 日修正）

第三条　承包合同纠纷，以发包方和承包方为当事人。

前款所称承包方是指以家庭承包方式承包本集体经济组织农村土地的农户，以及以其他方式承包农村土地的单位或者个人。

第四条　农户成员为多人的，由其代表人进行诉讼。

农户代表人按照下列情形确定：

（一）土地承包经营权证等证书上记载的人；

（二）未依法登记取得土地承包经营权证等证书的，为在承包合同上签名的人；

（三）前两项规定的人死亡、丧失民事行为能力或者因其他原因无法进行诉讼的，为农户成员推选的人。

问题 31：未约定流转期限的土地经营权转包合同，原承包方能否随时要求返还？

【解答】

承包方有权自主决定土地经营权流转的期限与方式；土地经营权转包、出租时对流转期限没有约定或者约定不明的，参照《民法典》中的相关规定，视为不定期流转，原承包方可随时要求返还。除当事人另有约定或者属于林地承包经营外，承包地交回的时间应当在农作物收获期结束后或者下一耕种期开始前。

【案例】

土地经营权转包时未约定流转期限的，原承包方可随时要求返还，但应当在合理期限之前通知对方并给予对方一定的宽限期
——沈某诉张某土地承包经营权转包合同纠纷案[①]

案情： 原告、被告系同村村民，原告名下承包权证有土地 4.5 亩，2001 年始其中的 1.26 亩由被告使用至今，近年来，原告多次要求被告返还该地未果，遂涉讼。1.26 亩土地上现种植苗木。审理中，被告表示其本人也有 2.2 亩的土地种植苗木，涉案苗木可随时销售，也可移植。涉案 1.26 亩土地由三块地组成。

原告起诉要求被告返还 1.26 亩土地，并支付 2008 年 1 月至 2009 年 12 月的土地使用费计 1544 元。

一审法院判决：一、被告张某于 2011 年 10 月底之前将 1.26 亩土地上的苗木处理完毕，并将该土地返还原告沈某；二、原告其余诉请，不予支持。

分析： 土地流转一般以互换、转包、出租、入股等形式出现，其中，土地经营权转包和出租在司法实践中较为常见。转包指土地承包经营权人将自己承包期限内承包的土地，在一定期限内全部或部分转交给本集体经济组织内部的其他农户耕种，通常情况下接包方可向原承包方支付一定的转包费。出租是指承包方将部分或全部土地承包经营权以一定期限租赁给他人从事农业生产经营。本案中的原告、被告系同村村民，原告将 1.26 亩土地交由被告使用至今，这属于土地承包经营权的转包，双方在转包时并未对转包费、转包期限等作出约定。

2005 年《农村土地承包司法解释》第 17 条规定："当事人对转包、出租地流转期限没有约定或者约定不明的，参照合同法第二百三十二条规定处理……"[②] 原《合同法》第 232 条规定："当事人对租赁期限没有约定或者约定不明确，依照本法第六十一条的规定仍不能确定的，视为不定期租赁。当事人可以随时解除合同，但出租人解除合同应当在合理期限之前通知承租人。"[③] 因此，对于未明确约定转包、出租期限的，流转双方有权随时要求解除合同，但应当在合理期限之前通知对方并给予对方一定的宽限期。

[①] 参见上海市崇明县人民法院（2010）崇民一（民）初字第 3595 号民事判决书。
[②] 现对应 2020 年修正的《农村土地承包司法解释》第 16 条。
[③] 现对应《民法典》第 730 条。

【风险提示】

土地承包经营权流转的双方有权自主决定土地承包经营权流转的期限与方式。土地经营权转包、出租时对流转期限没有约定或者约定不明的，可以补充约定，无法达成补充约定的情况下应视为不定期流转，原承包方可随时要求返还，可以随时解除合同，但解除合同应当在合理期限之前通知对方。

【法律规定速查】

《中华人民共和国民法典》（2020年5月28日）

第五百一十条　合同生效后，当事人就质量、价款或者报酬、履行地点等内容没有约定或者约定不明确的，可以协议补充；不能达成补充协议的，按照合同相关条款或者交易习惯确定。

第五百一十一条　当事人就有关合同内容约定不明确，依据前条规定仍不能确定的，适用下列规定：

（一）质量要求不明确的，按照强制性国家标准履行；没有强制性国家标准的，按照推荐性国家标准履行；没有推荐性国家标准的，按照行业标准履行；没有国家标准、行业标准的，按照通常标准或者符合合同目的的特定标准履行。

（二）价款或者报酬不明确的，按照订立合同时履行地的市场价格履行；依法应当执行政府定价或者政府指导价的，依照规定履行。

（三）履行地点不明确，给付货币的，在接受货币一方所在地履行；交付不动产的，在不动产所在地履行；其他标的，在履行义务一方所在地履行。

（四）履行期限不明确的，债务人可以随时履行，债权人也可以随时请求履行，但是应当给对方必要的准备时间。

（五）履行方式不明确的，按照有利于实现合同目的的方式履行。

（六）履行费用的负担不明确的，由履行义务一方负担；因债权人原因增加的履行费用，由债权人负担。

第七百三十条　当事人对租赁期限没有约定或者约定不明确，依据本法第五百一十条的规定仍不能确定的，视为不定期租赁；当事人可以随时解除合同，但是应当在合理期限之前通知对方。

《最高人民法院关于审理涉及农村土地承包纠纷案件适用法律问题的解释》（2020年12月29日修正）

第十六条　当事人对出租地流转期限没有约定或者约定不明的，参照民法典第七百三十条规定处理。除当事人另有约定或者属于林地承包经营外，承包地交回的时间应当在农作物收获期结束后或者下一耕种期开始前。

对提高土地生产能力的投入，对方当事人请求承包方给予相应补偿的，应予支持。

问题 32：未经土地承包经营权人同意私自再转包的行为是否有效?

【解答】

经承包方书面同意，并向本集体经济组织备案，受让方可以再流转土地经营权。双方签订的土地经营权转包合同中约定承包期间不能对外承包和抵押的，土地使用人在转包期间未经承包人同意私自将土地转包给第三人，土地承包人可以要求返还土地并赔偿损失。

【案例】

未经承包经营权人同意擅自转包土地经营权，应承担返还土地的责任
——房某与王某土地承包经营权转包合同纠纷案[①]

案情： 原告房某与被告王某签订《土地承包合同》一份。双方约定：被告王某将 7 公顷土地转包给原告房某耕种至 2016 年年末（3 年期限），每年土地转让费 30 000 元。在原告房某向被告王某支付 90 000 元转包费之后，原告房某开始耕种转包土地。2014 年 12 月 27 日，原告房某与被告王某议定：将 7 公顷土地转包期限再延长 2 年，土地转包费仍为每年 30 000 元。同日，双方签订《土地承包合同》，载明："王某土地山场 60 亩，责任田 60 亩，包括王某母亲土地 15 亩，承包给房某，耕种到 2018 年秋。在此期间，王某无权对外承包和作抵押。承包费已付清。"同日，原告房某向被告王某支付了 2 年土地转包费。此后，原告房某继续耕种转包土地。2018 年春季，被告王某未经原告房某同意，将诉争 60 亩林地 2018 年承包经营权转让给了案外人王某 1，致使原告房某未能在 2018 年耕种 60 亩林地。

原告房某向法院提起诉讼，请求被告王某返还 60 亩林地转包费 17 140 元。一审法院判决：被告王某于判决生效之日，返还原告房某 60 亩林地 2018 年转包

---

① 参见黑龙江省孙吴县人民法院（2018）黑 1124 民初 1737 号民事判决书。

费 17 140 元。

分析： 土地是农业发展最基本的生产资料，也是农民最基本的生活保障，尽管我国土地总量大，但是人均土地占有量较少，加之人口增长的压力，土地承受的压力也越来越大。"土地承包经营权流转"对充分高效地利用有限土地资源，缓和紧张的人地关系，促进乡村振兴具有重要作用。因此，在土地经营权有效存在的前提条件下，在不改变农村土地所有权权属性质和用途的基础上，原承包方可依法将从土地经营权中分离出的部分权能等具体民事权利转移给他人。本案中，原告、被告双方签订书面的土地承包合同，将被告一方承包的土地转包给原告，该合同合法有效。在合同履行期间，被告又将土地转包给第三人，该转包行为违背了双方合同约定，损害了原告的利益，导致合同目的不能实现，被告应承担相应的违约责任。

【风险提示】

承包方将土地经营权转包或者出租后，其与原发包方之间的承包关系不变，即原承包人因承包合同取得的用益物权并不因转包和出租而丧失，故法律不能赋予新受让人取得的土地承包经营权以物权效力，其取得的土地承包经营权只能是债权，其转让行为应受到物权人即原承包经营权人的限制。

【法律规定速查】

《中华人民共和国农村土地承包法》（2018年12月29日修正）

第四十四条　承包方流转土地经营权的，其与发包方的承包关系不变。

第四十六条　经承包方书面同意，并向本集体经济组织备案，受让方可以再流转土地经营权。

《中华人民共和国民法典》（2020年5月28日）

第七百一十六条　承租人经出租人同意，可以将租赁物转租给第三人。承租人转租的，承租人与出租人之间的租赁合同继续有效；第三人造成租赁物损失的，承租人应当赔偿损失。

承租人未经出租人同意转租的，出租人可以解除合同。

《农村土地经营权流转管理办法》（2021年1月26日）

第六条　承包方在承包期限内有权依法自主决定土地经营权是否流转，以及流转对象、方式、期限等。

问题 33：合同履行期间，可以变更土地转包费吗？

【解答】

合同成立后，由于国家农业政策调整，土地价格上涨，非当事人的原因，导致农村土地承包经营权流转的承包方所获收益与受让方耕种土地所获收益相差悬殊，继续履行合同对一方当事人明显不公平，可适用公平原则变更原合同的条款，适当提高土地承包费。

【案例】

土地承包合同约定显失公平的情况下，可以变更合同
——周某与韩某农村土地承包合同纠纷案①

案情：2004 年 10 月 27 日，原告周某与王某签订《罕达汽镇小沟村农民土地流转合同书》，原告将九道沟 7.5 公顷土地承包给王某，承包期为 24 年，自 2004 年 5 月 24 日起至 2028 年 12 月 20 日止，承包费每公顷 100 元，承包费每年 5 月 1 日前一次性交齐，国家发放的粮食直补款发给被告，之后出台的涉农补贴按政策执行。2012 年，经村委会同意王某将上述土地转包给被告，合同由原告与被告继续履行，当年经相关部门协调，承包费由每年每公顷 100 元调整到每年每公顷 120 元。

之后，国家惠农政策陆续出台，农业环境逐年向好，耕种土地的效益大幅度提高，土地承包费价格持续上涨。原告诉称，自 2014 年起小沟村村民向被告及相关政府部门反映原土地承包费价格过低，不能满足基本生活需要，损害了农民的权益，要求提高承包费。原告于 2018 年向爱辉区农村土地承包经营纠纷调解仲裁委员会申请仲裁，要求将土地承包费调整到每公顷 2000 元。2018 年 6 月 30 日，爱辉区农村土地承包经营纠纷调解仲裁委员会作出裁决书，裁决将土地承包费调整为每年每公顷 800 元。原告不服该裁决，在法定期限内向法院提起诉讼，要求被告自 2016 年起按每公顷 2000 元给付土地承包费，该价格根据市场价格每三年一调整。诉讼期间，原告、被告未能对土地承包费调整达成一致意见。法院判决：一、将原告周某与被告韩某之间的《罕达汽镇小沟村农民土地流转合同书》中土地承包费价格予以调整，调整至每年每公顷 800 元，自 2019 年 1 月 1 日开始执

---

① 参见黑龙江省黑河市爱辉区人民法院（2018）黑 1102 民初 1453 号民事判决书。

行；二、驳回原告周某的其他诉讼请求。

分析： 原告、被告之间的《罕达汽镇小沟村农民土地流转合同书》合法、有效，原告将九道沟 7.5 公顷土地承包给被告，被告按约定交纳承包费。合同履行至 2012 年时，经相关部门协调，承包费由每年每公顷 100 元调整到每年每公顷 120 元。但后来由于国家惠农政策陆续出台，农业环境逐年向好，土地收益大幅度提高，导致附近土地承包费价格持续上涨，与签订合同及 2012 年调整承包费时的客观情况已发生重大变化，若维持原承包费价格，双方之间的利益将产生重大失衡，现原告、被告双方协商变更无法达成一致，继续履行又显失公平，故本案兼顾原告、被告双方利益，适用公平原则变更原合同的条款，即适当提高承包费。因被告承包原告的土地距村落较远，被告为改善与提高地力进行过一定的投入，并承担了一定的经济风险，故承包费的调整应参考市场价并低于市场价，根据承包地的位置、地力等情况酌情予以调整，即将土地承包费调整为每年每公顷 800 元。对于原告主张自 2016 年开始调整承包费的诉请，因合同的变更只能对未履行部分进行变更，对已履行部分不具有溯及力，双方 2018 年之前的承包合同已履行完毕，故承包费调整应从 2019 年开始执行。

【风险提示】

订立合同时的客观情况已发生重大变化，若维持原承包价格，双方之间的利益将产生重大失衡，现当事人协商变更无法达成一致，继续履行又显失公平，故兼顾双方利益，适用公平原则变更原合同的条款，即适当提高承包费。承包费的调整应参考市场价并低于市场价，根据承包地的位置、地力等情况酌情予以调整。因合同只能对未履行部分进行变更，对已履行部分不具有溯及力，故已履行完毕的部分，不论是否显失公平，不再进行调整。

【法律规定速查】

《中华人民共和国民法典》（2020 年 5 月 28 日）

第五百三十三条 合同成立后，合同的基础条件发生了当事人在订立合同时无法预见的、不属于商业风险的重大变化，继续履行合同对于当事人一方明显不公平的，受不利影响的当事人可以与对方重新协商；在合理期限内协商不成的，当事人可以请求人民法院或者仲裁机构变更或者解除合同。

人民法院或者仲裁机构应当结合案件的实际情况，根据公平原则变更或者解除合同。

《最高人民法院关于审理涉及农村土地承包纠纷案件适用法律问题的解释》（2020 年 12 月 29 日修正）

第十五条 因承包方不收取流转价款或者向对方支付费用的约定产生纠纷，当事人协商变更无法达成一致，且继续履行又显失公平的，人民法院可以根据发生变更的客观情况，按照公平原则处理。

第五章
宅基地使用权纠纷

第一节 概述及相应政策解读

一、概述

宅基地使用权,是指宅基地使用权人依法对集体所有的土地享有占有和使用的权利,依法利用该土地建造住宅及其附属设施的权利。

宅基地使用权人对宅基地享有如下权利和义务:

第一,占有和使用权。宅基地使用权人有权占有宅基地,并在宅基地上建造个人住宅以及与居住生活相关的附属设施。

第二,收益和处分权。宅基地使用权人有权获得因使用宅基地而产生的收益,如在宅基地空闲处种植果树等经济作物而产生的收益。

第三,无偿分配权。宅基地因自然灾害等原因灭失的,宅基地使用权消灭。对没有宅基地的村民,应当重新分配宅基地。

第四,宅基地使用权人出卖、出租住房后,再申请宅基地的,土地管理部门将不再批准。并且,宅基地使用权的受让人只限于本集体经济组织的成员。

宅基地使用权的特征:

第一,宅基地使用权的主体只能是农村集体经济组织的成员。

第二,宅基地使用权的用途仅限于村民建造个人住宅。个人住宅包括住房以及与村民居住生活有关的附属设施,如厨房、院墙等。

第三,宅基地使用权实行严格的"一户一宅"制。根据《土地管理法》的规定,农村村民一户只能拥有一处宅基地,其面积不得超过省、自治区、直辖市规定的标准。农村村民建住宅,应符合乡(镇)土地利用总体规划,并尽量使用原有的宅基地和村内空闲地。农村村民住宅用地,经乡(镇)人民政府审核,由县级人民政府批准，但如果涉及占用农用地的，应依照土地管理法的有关规定办理审批手续。农村村民出卖、出租住房后，再申请宅基地的，不予批准。

第四，宅基地的初始取得是无偿取得，具有一定的福利性。对因自然灾害或其他客观原因失去宅基地的村民，应当重新分配宅基地。已经登记的宅基地使用权转让或者消灭的，应当及时办理变更登记或者注销登记。农村村民出卖、出租、赠与住宅后，再申请宅基地的，不予批准。国家允许进城落户的农村村民依法自愿有偿退出宅基地，鼓励农村集体经济组织及其成员盘活利用闲置宅基地和闲置住宅。

我国人多地少，一直实行最严格的土地管理制度，且为防止出现农民转让宅基地后流离失所，进而影响社会稳定这一大局，我国立法禁止城镇居民购买宅基地。《国务院关于深化改革严格土地管理的决定》再次强调："加强农村宅基地管理，禁止城镇居民在农村购置宅基地。"《土地管理法》第62条第5款规定："农村村民出卖、出租、赠与住宅后，再申请宅基地的，不予批准。"也体现了不允许宅基地使用权向集体经济组织外的城镇居民转让的意思。农村宅基地只能在村集体成员内部之间转让，不能转让给城镇户口的居民。

农户因宅基地的使用、收益、处分等发生的争议主要分两大类：一类是侵权纠纷，如擅自侵吞和占用他人的宅基地的行为；另一类是合同纠纷，是因宅基地的流转发生的纠纷。

二、相应政策解读

1999年5月6日《国务院办公厅关于加强土地转让管理严禁炒卖土地的通知》（国办发〔1999〕39号）规定："一、严格控制城乡建设用地总量，坚决制止非农建设非法占用土地。城市、村庄、集镇建设一律不得突破土地利用总体规划确定的用地规模，城市新增建设用地和原有建设用地要统一实行总量控制，不得超计划供地；各项建设可利用闲置土地的，必须使用闲置土地，不得批准新占农用地，闲置土地未被充分利用的地区，应核减其下一年度农用地转用指标。农村居民点要严格控制规模和范围，新建房屋要按照规划审批用地，逐步向中心村和小城镇集中。中心村和小城镇建设要合理布局，统一规划，不得随意征、占农用地。小城镇建设要明确供地方式和土地产权关系，防止发生土地权属纠纷。乡镇企业用地要严格限制在土地利用总体规划确定的城市和村庄、集镇建设用地范围内，不符合土地利用总体规划的建筑物、构筑物不得改建、扩建，并结合乡镇企业改革和土地整理逐步调整、集中。严格控制高速公路服务区用地范围，公路两侧符合条件的农田，必须依法划入基本农田保护区。二、加强对农民集体土地的转让管理，严禁非法占用农民集体土地进行房地产开发。农民集体土地使用权不得出让、转让或出租用于非农业建设；对符合规划并依法取得建设用地使用权的乡镇企业，因发生破产、兼并等致使土地使用权必须转移的，应当严格依法办理审批手续。农民的住宅不得向城市居民出售，也不得批准城市居民占用农民集体土地建住宅，有关部门不得为违法建造和购买的住宅发放土地使用证和房产证。要对未经审批擅自将农民集体土地变为建设用地的情况进行认真清理。凡不符合土地利用总体规划的，要限期恢复农业用途，退还原农民集体土地承包者；符合土地利用总体规划的，必须依法重新办理用地手续。"

2014年12月2日，习近平总书记主持召开中央全面深化改革领导小组第七次会议，会议审议了《关于农村土地征收、集体经营性建设用地入市、宅基地制度改革试点工作的意见》。意见指出，改革完善农村宅基地制度。针对农户宅基地取得困难、利用粗放、退出不畅等问题，要完善宅基地权益保障和取得方式，探索农民住房保障在不同区域户有所居的多种实现形式；对因历史原因形成超标准占用宅基地和"一户多宅"等情况，探索实行有偿使用；探索进城落户农民在本集体经济组织内部自愿有偿退出或转让宅基地；改革宅基地审批制度，发挥村民自治组织的民主管理作用。

2018年12月23日，在第十三届全国人民代表大会常务委员会第七次会议上审议通过的《国务院关于农村土地征收、集体经营性建设用地入市、宅基地制度改革试点情况的总结报告》中指出，一是健全宅基地权益保障方式。科学确定"一户一宅"的分配原则，改革农民住宅用地取得方式，探索农民住房保障在不同区域户有所居的多种实现形式，健全农民住房保障机制。试点实践中，试点地区因地制宜探索户有所居的多种实现形式：传统农区实行"一户一宅"；在土地利用总体规划确定的城镇建设用地规模范围内，通过建设新型农村社区、农民公寓和新型住宅小区保障农民"一户一房"。因此，建议对人均土地少、不能保障"一户一宅"的地区，允许县级人民政府在尊重农村村民意愿的基础上采取措施，保障其实现户有所居的权利。二是完善宅基地审批制度。改革宅基地审批制度，使用存量建设用地的，下放至乡级政府审批；使用新增建设用地的，下放至县级政府审批。试点实践中，试点地区下放宅基地审批权限，并将相关环节全部纳入便民服务体系。浙江义乌等地还结合"最多跑一次"改革，实现申请更便利，审批更智能。但考虑到农民建住宅主要以盘活存量为主,且为确保耕地保护红线和促进节约集约用地,对新增建设用地的农转用审批尚不具备下放条件。因此,建议下放使用存量宅基地审批权,明确农村村民申请宅基地的,由乡(镇)人民政府审核批准但涉及占用农用地的,应当依法办理农转用审批手续。三是探索宅基地有偿使用和自愿有偿退出机制。对因历史原因形成超标准占用宅基地和"一户多宅"的,以及非本集体经济组织成员通过继承房屋等占有的宅基地,由农村集体经济组织主导,探索有偿使用。允许进城落户农民在本集体经济组织内部自愿有偿退出或转让宅基地。试点实践中,试点地区对宅基地有偿使用和自愿有偿退出做了多种尝试。如湖北宜城依据宅基地使用对象的身份及宅基地利用现状,对超占部分按照时段、面积、区域等标准收取有偿使用费;云南大理对利用宅基地上住房从事客栈餐饮等经营活动的由集体按使用面积收取土地收益金;江西余江、安徽金寨对退出宅基地或放弃建房进城购房的农户实行购房补贴;宁夏平罗探索建立农村老年人"以地养老"模式,允许农村老人自愿将宅基地、房屋、承包经营权退回集体,置换养老服务。因此,建议原则规定鼓励进城落户的农村村民依法自愿有偿退出宅基地。此外,2018年中央1号文件作出探索宅基地所有权、资格权、使用权"三权分置"的改革部署后,山东禹城、浙江义乌和德清、四川泸县等试点地区结合实际,探索了一些宅基地"三权分置"模式。但是,目前试点范围比较窄,试点时间比较短,尚未形成可复制、可推广的制度经验,且各有关方面对宅基地所有权、资格权、使用权的权利性质和边界认识还不一致,有待深入研究。

2019年8月26日,第十三届全国人民代表大会常务委员会第十二次会议表决通过《关于修改〈土地管理法〉〈城市房地产管理法〉的决定》。这次修改,进一步明确了坚持实行"一户一宅"的基本管理制度,增加了户有所居的规定,下放了宅基地的审批权,允许已经进城落户的农村村民自愿有偿退出宅基地,鼓励农村集体经济组织及其成员盘活利用闲置宅基地和闲置住宅。

2019年9月20日,中央农村工作领导小组办公室、农业农村部印发《关于进一步加强农村宅基地管理的通知》(以下简称《通知》)。《通知》要求,严格落实"一户一宅"规定,同时鼓励盘活利用闲置宅基地和闲置住宅。城镇居民、工商资本等租赁农房居住或开展经营的,租赁合同的期限不得超过二十年。不得以各种名义违背农民意愿强制流转宅基地和强迫农民"上楼",严禁城镇居民到农村购买宅基地。《通知》要求农村村民一户只能拥有一处宅基地,面积不得超过本省、自治区、直辖市规定的标准。农村村民应严格按照批准面积和建房标准建设住宅，禁止未批先建、超面积占用宅基地。《通知》同时提出，鼓励盘活利用闲置宅基地和闲置住宅。鼓励村集体和农民盘活利用闲置宅基地和闲置住宅，通过自主经营、合作经营、委托经营等方式，依法依规发展农家乐、民宿、乡村旅游等。

第二节　存在的问题及案例解读

宅基地使用权依据村民身份而产生，非村民不能申请宅基地使用权。宅基地使用权是一种用益物权，其权利内容的范围较广，主要包括：

第一，占有权。宅基地使用权人经依法申请批准取得宅基地使用权后，便享有对宅基地的独占权，任何组织和个人均不得非法擅自使用或剥夺其宅基地的使用。对于宅基地上旧有的建筑设施及其他林木，所有人或管理人应在合理的期限内作出处理，不得影响宅基地使用权人的使用。

第二，使用权。宅基地使用权是一项用益物权，没有明确的时间限制，无论宅基地使用的年限长短及其建设情况如何，宅基地使用权非依法定原因不能被剥夺。对于宅基地上的建房，与宅基地使用权同时受法律的长期保障，宅基地使用权人可自由行使权利。

第三，在宅基地空闲处修建其他建筑物、设施的权利。宅基地使用权人在主要住宅建筑外，可自行在宅基地范围内建设其他生产或生活需要的建筑和设施。

第四，宅基地使用权人有在宅基地内种植林木、花草、蔬菜的权利。该种植的林木、花草、蔬菜归使用权人所有。

第五，依法附随房屋出让宅基地使用权的权利。国家保护私有房屋合法买卖、继承、赠与等权利。因房屋和宅基地连同一体，不可分离，所以，宅基地使用权必须连同房屋一并转移。房屋所有权的变动，必须报请县级人民政府房屋管理部门进行变更登记。

公民就宅基地的使用权发生纠纷的，应本着兼顾国家、集体和个人三者利益的原则，既有利于生产，又方便生活，考虑历史使用情况，公平合理地处理纠纷。侵害人应当根据不同情况承担停止侵害、排除妨碍、恢复原状、赔偿损失等侵权责任。根据我国现行法律和司法实践，在处理宅基地侵权纠纷时，应注意以下问题：

第一，在坚持宅基地所有权归国家或集体所有，一律不准出租、转让和买卖的原则下，参照中华人民共和国成立以来宅基地的演变和实际利用情况，从考虑群众的生活需要出发，保护国家、集体的宅基地所有权和公民宅基地使用权。

第二，宅基地经过统一规划的，以规划后确定的使用权为准，公民原用的宅基地已经统一规划另行分配了的，不得再要求收回。宅基地经过合法手续个别调整了的，以调整后的使用权为准。

第三，未经统一规划的宅基地，对地界有争议的，可参照土改时确权的情况处理。如果四至明确的，应以四至为准；四至不明的，应参照长期以来的实际使用情况，本着有利生产、方便生活的原则，加以合理解决。

第四，共同使用的宅基地，未经共同使用人的同意，一方已经占有建房的，如果建房时对方明知而未提出异议，又不妨碍他人和公共利益的，可以允许其继续使用。

第五，农村居民抢占、多占集体土地或他人宅基地的，一律无效，应责令退回。凡以收回"土改田""祖宗田"的名义，或以"祖坟山""风水"为由强占集体所有的土地或他人宅基地造成损害的，除责令退回土地外，还应赔偿损失。

第六，村镇居民因买卖房屋而发生转移宅基地使用权纠纷的，按照《土地管理法》的规定处理。城市房屋所有人在原宅基地上翻建、改建自己的房屋时，未按规定办理合法手续的，依法不予保护。

问题 *1*：农村宅基地使用权如何取得？

【解答】

宅基地使用权取得方式分为原始取得与继受取得。原始取得是由村民提出宅基地使用申请，经乡（镇）人民政府审核批准。继受取得是从他人处转让或者继承、赠与等方式取得。农村村民通过申请取得宅基地要遵循"一户一宅"的规定，农村村民一户只能拥有一处宅基地，其宅基地的面积不得超过省、自治区、直辖市规定的标准。人均土地少、不能保障一户拥有一处宅基地的地区，县级人民政府在充分尊重农村村民意愿的基础上，可以采取措施，按照省、自治区、直辖市规定的标准保障农村村民实现户有所居。农村村民建住宅，应当符合乡（镇）土地利用总体规划、村庄规划，不得占用永久基本农田，并尽量使用原有的宅基地和村内空闲地。编制乡（镇）土地利用总体规划、村庄规划应当统筹并合理安排宅基地用地，改善农村村民居住环境和条件。

问题 2：宅基地使用权转让应具备什么条件？

【解答】

宅基地一般不允许转让给本集体经济组织以外的成员。本集体经济组织内有条件的宅基地使用权转让不为法律所禁止。转让需具备如下条件：

1. 转让人拥有两处以上的宅基地；
2. 转让人与受让人为同一集体经济组织内部的成员；
3. 受让人没有住房和宅基地，且符合宅基地使用权分配条件；
4. 转让行为征得集体经济组织同意。

以上条件应同时具备。

问题 3：因宅基地地界发生纠纷，村民可以直接向法院起诉确认宅基地地界范围吗？

【解答】

宅基地地界发生争议，属于宅基地确权纠纷。宅基地确权由人民政府作出处理决定。当事人之间只要一方提出宅基地权属争议，或宅基地使用证存在界限不明确、界限重合，或双方均无宅基地使用证的，就属于权属不清，即确权的纠纷。针对此种纠纷，双方应协商解决，协商不成的应由政府相关部门先行处理。提出争议的一方未经政府部门确权处理，不能以对方侵权为由向法院起诉，法院不能直接受理。

【案例】

村民因宅基地四至不清而发生纠纷起诉的，法院不予受理
——耿某与周某排除妨害纠纷、不当得利纠纷案[①]

案情： 原告、被告相邻而居，因房屋土地界址问题多次发生纠纷，后经调解，双方达成协议。甲、乙双方因宅基地地界发生纠纷，甲方周某上访到胡集国土所，经胡集国土所和胡集居委会协调，双方达成以下协议："1. 乙方耿某家宅基地南北宽10.5米的土地，以后无论何时甲方周某都得保证乙方耿某宅基地宽度10.5米。2. 乙方耿某所建房屋占甲方周某家土地，暂时予以保留，其使用权归乙方耿某使用，土地所有权归甲方周某所有，待房屋重建时，退出多占部分。3. 乙方耿某因建房时多占周某家宅基地土地，乙方耿某一次性补偿甲方周某2000元整。4. 周某不得再以任何借口提出不合理的要求和上访。5. 本协议一式三份，双方当事人签字后生效。"现原告、被告因诉争土地界址发生纠纷，原告诉至法院提出诉求。一审法院裁定驳回原告起诉。

分析： 土地所有权和使用权争议，由当事人协商解决；协商不成的，由人民政府处理。本案中双方争议土地，原告、被告均未提供权属证明，应认定本案双方争议的土地权属存在争议。该争议应由当事人协商解决，协商不成的，由人民政府处理，并不属于人民法院受理民事诉讼的范围。

【法律规定速查】

《中华人民共和国土地管理法》（2019年8月26日修正）

第十四条　土地所有权和使用权争议，由当事人协商解决；协商不成的，由人民政府处理。

单位之间的争议，由县级以上人民政府处理；个人之间、个人与单位之间的争议，由乡级人民政府或者县级以上人民政府处理。

当事人对有关人民政府的处理决定不服的，可以自接到处理决定通知之日起三十日内，向人民法院起诉。

在土地所有权和使用权争议解决前，任何一方不得改变土地利用现状。

[①] 参见江苏省沭阳县人民法院（2015）沭胡民初字第01144号民事裁定书。

《最高人民法院关于审理涉及农村土地承包纠纷案件适用法律问题的解释》（2020年12月29日修正）

第一条 下列涉及农村土地承包民事纠纷，人民法院应当依法受理：

（一）承包合同纠纷；

（二）承包经营权侵权纠纷；

（三）土地经营权侵权纠纷；

（四）承包经营权互换、转让纠纷；

（五）土地经营权流转纠纷；

（六）承包地征收补偿费用分配纠纷；

（七）承包经营权继承纠纷；

（八）土地经营权继承纠纷。

集体经济组织成员因未实际取得土地承包经营权提起民事诉讼的，人民法院应当告知其向有关行政主管部门申请解决。

农村集体经济组织成员就用于分配的土地补偿费数额提起民事诉讼的，人民法院不予受理。

问题 4：本村村民向异村村民转让宅基地行为有效吗？

【解答】

宅基地的所有权属于本集体经济组织，宅基地是村民依其集体经济组织成员的身份无偿取得，具有社会福利性质，专属于本集体经济组织成员。法律禁止集体经济组织成员向非本集体经济组织成员转让宅基地。非本集体经济组织成员购买本集体经济组织宅基地的行为无效，应根据协议双方的过错程度，各自承担相应的责任。

【案例】

非同村村民之间转让宅基地行为无效，转让人应按市场价赔偿受让人在该宅基地上所建的房屋

——施某等人诉杨某宅基地使用权纠纷案[①]

案情： 原告施某等人有坐落于黄岩区新前街道西范村宅基地两处。1995年7月7日，施某以其名义将其中一处宅基地作价15 000元转让给被告杨某。被告杨某支付转让费后建造四层楼房并居住至今。经鉴定机构评估："1.房地产（土地使用权及地上建筑物）总价值大写（人民币）：叁佰零柒万零柒佰元整（307.07万元），折算评估单价14 775元/平方米。2.地上建筑物总价值大写（人民币）：贰拾叁万陆仟玖佰元整（23.69万元）。3.土地使用权总价值大写（人民币）：贰佰捌拾叁万叁仟捌佰元整（283.38万元）。"原告施某等人认为，农村宅基地所有权归集体所有，宅基地使用权只能在本集体经济组织成员之间流转，因杨某是新前街道前洋村村民，原告、被告之间的转让行为应为无效，故向法院起诉要求确认原告、被告签订的《房屋基地转让书》无效，要求杨某返还位于黄岩区新前街道西范村的宅基地使用权，并要求杨某赔偿占用上述宅基地期间的损失2 362 880元。被告杨某则认为，首先，被告在该宅基地上建房并居住至今。使用该宅基地已超过20年。根据法律规定，超过20年的诉权不予保护。其次，被告购买宅基地使用权后支付了合理对价，系合法占用宅基地，原告没有损失，被告无须赔偿。最后，如果转让宅基地行为无效，起因是原告违反了诚实信用原则，故要求原告赔偿地上建筑物价值240 000元、购买宅基地价款及配套设施费26 000元和利息31 200元、土地使用权价值差额2 818 800元，共计损失人民币3 116 000元。

法院认为： 原告将黄岩区新前街道西范村的宅基地使用权转让给集体经济组织之外的杨某，违反国家法律规定，双方签订的《房屋基地转让书》应系无效。合同自始无效，原告主张《房屋基地转让书》无效，不受诉讼时效期间的限制。对于无效合同，因该合同取得的财产，应当予以返还，故应由原告返还被告宅基地转让款人民币15 000元和被告垫付的土地配套费11 000元，由被告返还原告涉诉宅基地。被告在涉诉宅基地上建造房屋并使用20年之久，且涉诉宅基地使用权价值大幅度提升，被告要求原告赔偿地上建筑物损失和土地使用权价值差额损失

[①] 参见浙江省台州市黄岩区人民法院（2016）浙1003民初2606号民事判决书。

合法合理，予以支持。本案合同无效，双方均存在过错。原告明知涉案宅基地依法不能转让给本集体经济组织以外成员仍进行转让，且在转让近20年后又要求确认转让合同无效，其行为存在较大过错；被告明知涉案土地系农村宅基地仍进行购买，亦存在过错，故酌情确定由原告对被告的损失承担90%的赔偿责任，即2 750 130元［（3 070 700元-15 000元）×90%］。原告未享受宅基地使用权期间享受了被告支付的对价带来的利益，且宅基地使用权有如此大的收益，很大因素是被告建造房屋后出租形成的，对原告要求被告赔偿占用宅基地期间损失的诉求，不予支持；被告支付26 000元对价后享受了宅基地使用权和居住权（房屋建造后），且被告已经主张宅基地价值差额损失，故对被告要求原告赔偿26 000元利息损失的主张，亦不予支持。遂判决确认《房屋基地转让书》无效，由施某等人返还杨某宅基地转让款15 000元和土地配套费11 000元，同时，赔偿杨某地上建筑物损失和土地使用权价值差额损失2 750 130元，合计2 776 130元；并由杨某搬离黄岩区新前街道新南路×号房屋，返还宅基地给施某。

分析： 根据《土地管理法》的规定，宅基地属于农民集体所有。宅基地是农村的农户或个人用作住宅基地而占有、利用本集体所有的土地，所有权属于农村集体成员，使用权也应由本集体经济组织成员享有。故异村村民或城镇居民购买宅基地使用权的行为是无效的。对合同无效后的赔偿责任问题，根据原《合同法》的规定，合同无效后，应当返还由该合同取得的财产；有过错的一方应当赔偿对方因此所受到的损失，双方都有过错的，应当各自承担相应的责任。宅基地使用权转让的双方均明知宅基地的性质而进行转让，双方对转让行为的无效均存在过错，无非是过错大小问题。在衡量过错时，应根据诚实信用和公序良俗原则，并立足于不让违约失信的人获益的大方向来确定。在确定损失时，应当考虑合同当事人履行合同可获得的可期待利益。本案中，施某等人将本集体经济组织的宅基地使用权转让给集体经济组织之外的杨某，双方的转让协议无效是毋庸置疑的。但是无效后，必然引发赔偿问题。原《合同法》的其中一条立法原则是当事人行使权利、履行义务应当遵循诚实信用原则（《民法典》规定为诚信原则）。以契约精神来说，施某等人作为出卖方在转让宅基地使用权后出尔反尔，有违诚信原则和公序良俗，且不利于交易市场的稳定和社会的和谐。本案在确定过错大小时，对不诚信方（原告方）苛以较大责任，符合国法人情，也产生了较好的社会效果。本案评估机构在经过一系列市场调查、走访后，最终以收益法为评估基准作出的评估结论是科学、客观、公正、可靠的，由此确定的杨某的损失范围也是符合市场行情的。作为失信方的施某等人，最终要以高代价赎回宅基地和房屋，得不偿失。

【风险提示】

农村宅基地使用权不得转让，因转让违反法律的禁止性规定而无效，转让合同双方当事人均存在过错，均应承担相应的法律后果：出卖人最终面临高价赔偿，买受人无法实现购买宅基地的目的。农村村民将宅基地转让给非集体经济组织成员的，该合同应认定无效。合同确认无效后，因该合同取得的财产，应当予以返还，不能返还或者没有必要返还的，应当折价补偿。有过错的一方应当赔偿对方因此受到的损失，双方均有过错的，应当各自按照其过错承担相应的责任。

【法律规定速查】

《中华人民共和国土地管理法》（2019年8月26日修正）

第九条　城市市区的土地属于国家所有。

农村和城市郊区的土地，除由法律规定属于国家所有的以外，属于农民集体所有；宅基地和自留地、自留山，属于农民集体所有。

第六十二条　农村村民一户只能拥有一处宅基地，其宅基地的面积不得超过省、自治区、直辖市规定的标准。

人均土地少、不能保障一户拥有一处宅基地的地区，县级人民政府在充分尊重农村村民意愿的基础上，可以采取措施，按照省、自治区、直辖市规定的标准保障农村村民实现户有所居。

农村村民建住宅，应当符合乡（镇）土地利用总体规划、村庄规划，不得占用永久基本农田，并尽量使用原有的宅基地和村内空闲地。编制乡（镇）土地利用总体规划、村庄规划应当统筹并合理安排宅基地用地，改善农村村民居住环境和条件。

农村村民住宅用地，由乡（镇）人民政府审核批准；其中，涉及占用农用地的，依照本法第四十四条的规定办理审批手续。

农村村民出卖、出租、赠与住宅后，再申请宅基地的，不予批准。

国家允许进城落户的农村村民依法自愿有偿退出宅基地，鼓励农村集体经济组织及其成员盘活利用闲置宅基地和闲置住宅。

国务院农业农村主管部门负责全国农村宅基地改革和管理有关工作。

问题 5：农村宅基地向城市居民转让后，合同的效力如何？

【解答】

农村和城市郊区的土地，除法律规定属于国家所有的以外，属于集体所有；宅基地和自留地、自留山，属于集体所有。农民享有的是宅基地使用权。农村宅基地使用权作为用益物权的一种，在我国法律中的地位特殊，其是依据集体经济组织成员身份取得，根据现行的法律法规和政策，只有本农村集体经济组织的成员才能取得宅基地使用权。非本集体经济组织成员不得取得宅基地，尤其禁止城镇居民在农村取得宅基地。

【案例】

城市居民购买农村宅基地的行为无效，转让方应承担
赔偿受让方利息损失的责任
——丰某诉周某、赵某买卖合同纠纷案[①]

案情： 被告周某与赵某为夫妻关系，系金华市金东区某村人。2011年12月25日，原告丰某（系城镇户口居民）与被告周某在证明人叶某的见证下签订《房基转让合同》一份，该合同约定"甲方（周某）出让给乙方（丰某）的土地位于某村，东靠马路，西靠曹某，面积为150平方米，总价为人民币贰拾壹万伍仟元整（215 000.00元）。乙方已付给甲方全部款项"，"甲方应协助乙方办理有关变更登记手续"。原告丰某支付上述215 000元转让款。此后几年该土地未进行建房审批手续。原告丰某于2017年9月20日向法院提起诉讼，请求依法确认原告、被告于2011年12月25日签订的《房基转让合同》无效，并依法判令被告周某、赵某共同返还原告房基转让款215 000元整并支付利息损失（自2011年12月26日起按照中国人民银行同期同档次贷款基准利率计算至债务履行完毕之日止）。本案经二审后最终认定，农村和城市郊区的土地，除法律规定属于国家所有的以外，属于集体所有；宅基地和自留地、自留山，属于集体所有。本案中，丰某、周某于2011年12月25日签订的《房基转让协议》约定将宅基地转让给非本集体经济组织成员，违反法律、行政法规的强制性规定，应认定无效。根据原《合同法》

---

① 参见浙江省金华市金东区人民法院（2017）浙0703民初4438号民事判决书。

第 58 条①的规定，合同无效后，因该合同取得的财产应予以返还，有过错的一方应当赔偿对方因此受到的损失，双方都有过错的，应当各自承担相应的责任。周某占用转让款多年，其与丰某均应知道法律及国家政策对宅基地的限制性规定，故双方对于《房基转让协议》无效均有过错。根据双方过错程度及转让款占用时间等因素，酌定周某按中国人民银行同期同类贷款基准利率的50%赔偿丰某自2011年12月26日至履行完毕之日止的利息损失。

分析： 宅基地是农村集体经济组织依法分配给其成员用作住宅建设的，带有福利保障性质，权利人不需要支付费用。宅基地使用权的取得、行使和转让，适用《土地管理法》等法律和国家有关规定。而根据现行法律和国家有关政策规定，宅基地取得需要经过依法审批，且其使用权受到限制。主要表现为不能抵押、不能自由转让（严格来说，只能向符合条件的本集体经济组织成员进行转让）等。农村宅基地使用权具有一定的特殊人身属性，法律法规规定其取得、使用、流转存在诸多限制，也意味着在强调宅基地作为农村村民住宅用地的保障性，遏制宅基地向本集体经济组织成员以外流转的可能性。本案原告丰某系城镇居民，其不能通过某村集体经济组织成员周某的转让行为获得农村宅基地，双方签订的《房基转让协议》因违反法律、法规的强制性规定，应认定为无效合同。合同被认定为自始无效，因该合同取得的财产，应当予以返还，不能返还或者没有必要返还的，应当折价补偿。有过错的一方应当赔偿对方因此所受到的损失，双方都有过错的，应当各自承担相应的责任。因此，丰某对于因宅基地转让而支付给转让人周某的转让款215 000元享有返还请求权，而周某亦有返还财产的义务。在合同被确认无效后，一般都会产生损害赔偿的责任。本案中，对于丰某基于无效合同而失去占有215 000元款项的损失可参照银行利息确定，而对于该损失的产生，双方均有过错，应承担相应的责任，故本案二审法院酌定周某按中国人民银行同期同类贷款基准利率的50%赔偿，亦符合公平原则。

【风险提示】

宅基地所有权归集体所有，集体经济组织成员只有使用权，不允许自由转让。宅基地转让人和受让人对于宅基地转让合同无效均有过错。但对于过错程度认定，应综合合同双方的认知程度、受教育程度、交易的发起情况及其他相关因素。转让人与受让人对于合同无效的过错程度很难界定的情况下，则倾向于认为双方过

---

① 现对应《民法典》第157条。

错程度相当。宅基地转让合同确认无效，遭受损失的双方均具有向对方主张赔偿责任的权利，受让人即付款方的损失可以参照中国人民银行同期同类贷款基准利息来酌定，但转让人对宅基地丧失占有的期间，因无法使用宅基地而产生的相应损失也要考量，做到公平裁决。

【法律规定速查】

《中华人民共和国土地管理法》（2019年8月26日修正）

第九条　城市市区的土地属于国家所有。

农村和城市郊区的土地，除由法律规定属于国家所有的以外，属于农民集体所有；宅基地和自留地、自留山，属于农民集体所有。

第六十二条　农村村民一户只能拥有一处宅基地，其宅基地的面积不得超过省、自治区、直辖市规定的标准。

人均土地少、不能保障一户拥有一处宅基地的地区，县级人民政府在充分尊重农村村民意愿的基础上，可以采取措施，按照省、自治区、直辖市规定的标准保障农村村民实现户有所居。

农村村民建住宅，应当符合乡（镇）土地利用总体规划、村庄规划，不得占用永久基本农田，并尽量使用原有的宅基地和村内空闲地。编制乡（镇）土地利用总体规划、村庄规划应当统筹并合理安排宅基地用地，改善农村村民居住环境和条件。

农村村民住宅用地，由乡（镇）人民政府审核批准；其中，涉及占用农用地的，依照本法第四十四条的规定办理审批手续。

农村村民出卖、出租、赠与住宅后，再申请宅基地的，不予批准。

国家允许进城落户的农村村民依法自愿有偿退出宅基地，鼓励农村集体经济组织及其成员盘活利用闲置宅基地和闲置住宅。

国务院农业农村主管部门负责全国农村宅基地改革和管理有关工作。

《中华人民共和国民法典》（2020年5月28日）

第一百五十三条　违反法律、行政法规的强制性规定的民事法律行为无效。但是，该强制性规定不导致该民事法律行为无效的除外。

违背公序良俗的民事法律行为无效。

第一百五十四条　行为人与相对人恶意串通，损害他人合法权益的民事法律行为无效。

第一百五十七条　民事法律行为无效、被撤销或者确定不发生效力后，行为人因该行为取得的财产，应当予以返还；不能返还或者没有必要返还的，应当折价补偿。有过错的一方应当赔偿对方由此所受到的损失；各方都有过错的，应当各自承担相应的责任。法律另有规定的，依照其规定。

问题 6：农户全家迁入城市，宅基地必须交回吗？

【解答】

国家允许进城落户的农村村民依法自愿有偿退出宅基地，鼓励农村集体经济组织及其成员盘活利用闲置宅基地和闲置住宅。农村村民既然已经取得城市户口，则说明他们已经有了稳定的职业和非农收入，一般在城市也拥有了自己的住房，所以腾退在农村已经闲置的宅基地和房屋，对于地少人多、宅基地紧张的农村是有利的。但是，宅基地使用权作为一种用益物权，具有对世性，可以对抗任何第三人的侵害，即使政府也不能非法干预、剥夺宅基地使用权人的宅基地。

【法律规定速查】

《中华人民共和国土地管理法实施条例》（2021 年 7 月 2 日修订）

第三十五条　国家允许进城落户的农村村民依法自愿有偿退出宅基地。乡（镇）人民政府和农村集体经济组织、村民委员会等应当将退出的宅基地优先用于保障该农村集体经济组织成员的宅基地需求。

第三十六条　依法取得的宅基地和宅基地上的农村村民住宅及其附属设施受法律保护。

禁止违背农村村民意愿强制流转宅基地，禁止违法收回农村村民依法取得的宅基地，禁止以退出宅基地作为农村村民进城落户的条件，禁止强迫农村村民搬迁退出宅基地。

问题 7：宅基地上所建房屋是否可以对外出售？

【解答】

宅基地属于农民集体所有，农民的宅基地使用权源于集体经济组织的分配，非该集体经济组织成员不能获得该集体经济组织分配的宅基地。农民在宅基地上建房仍然具有专属性质，根据"房随地走"的原则，宅基地上所建房屋也不得随意转让。不过，我国目前有些地方对农村房屋转让已经予以适度放宽，部分地方认定农村房屋买卖合同有效。

【案例】

集体土地上修建的房屋，仍然属于农村房屋，
不得向集体经济组织外的成员转让
——张某诉韩某房屋买卖合同纠纷案[①]

案情： 原告张某有巩义市涉村镇羊角沟村的安置房一套。2016年12月19日，被告韩某为购买该房屋向原告张某支付订金10万元，并约定韩某于2017年2月28日前向张某支付剩余房款26 000元，若韩某逾期付款，则张某不再将房屋出卖给韩某并可少退还韩某2万元订金。后因韩某未能依约支付剩余房款，双方协商解除房屋买卖合同无果，遂引起诉讼。法院于2017年9月27日作出（2017）豫0181民初5809号民事判决：一、确认张某与韩某于2016年12月19日订立的房屋买卖合同无效；二、张某于判决生效之日起十日内返还韩某购房款10万元并自2016年12月19日至实际付款之日按中国人民银行同期同类贷款支付利息。

分析： 集体土地上所建房屋不能向本村村民以外的人销售。本案争议房屋所涉及的土地为集体土地，韩某又非该集体经济组织成员，案涉合同存在变相向集体经济组织外部人员转让集体土地使用权之情形，违反了国家关于集体土地使用权管理的强制性规定，故张某与韩某于2016年12月19日订立的房屋买卖合同应为无效合同。

【风险提示】

宅基地的所有权归集体所有，是集体划拨给农民主要用于居住的土地，根据我国相关法律规定，宅基地是不允许转让的。根据"房随地走"的原则，在宅基地上建造的房屋归宅基地使用权人所有，宅基地使用权不允许转让，宅基地上的房屋也不允许向本集体经济组织外的成员转让，否则转让协议无效，双方应根据各自过错程度承担相应的法律责任。

【法律规定速查】

《中华人民共和国土地管理法》（2019年8月26日修正）

第六十二条　农村村民一户只能拥有一处宅基地，其宅基地的面积不得超过省、自治区、

[①] 参见河南省巩义市人民法院（2017）豫0181民初5809号民事判决书。

直辖市规定的标准。

人均土地少、不能保障一户拥有一处宅基地的地区，县级人民政府在充分尊重农村村民意愿的基础上，可以采取措施，按照省、自治区、直辖市规定的标准保障农村村民实现户有所居。

农村村民建住宅，应当符合乡（镇）土地利用总体规划、村庄规划，不得占用永久基本农田，并尽量使用原有的宅基地和村内空闲地。编制乡（镇）土地利用总体规划、村庄规划应当统筹并合理安排宅基地用地，改善农村村民居住环境和条件。

农村村民住宅用地，由乡（镇）人民政府审核批准；其中，涉及占用农用地的，依照本法第四十四条的规定办理审批手续。

农村村民出卖、出租、赠与住宅后，再申请宅基地的，不予批准。

国家允许进城落户的农村村民依法自愿有偿退出宅基地，鼓励农村集体经济组织及其成员盘活利用闲置宅基地和闲置住宅。

国务院农业农村主管部门负责全国农村宅基地改革和管理有关工作。

《中华人民共和国土地管理法实施条例》（2021 年 7 月 2 日修订）

第三十五条 国家允许进城落户的农村村民依法自愿有偿退出宅基地。乡（镇）人民政府和农村集体经济组织、村民委员会等应当将退出的宅基地优先用于保障该农村集体经济组织成员的宅基地需求。

第三十六条 依法取得的宅基地和宅基地上的农村村民住宅及其附属设施受法律保护。

禁止违背农村村民意愿强制流转宅基地，禁止违法收回农村村民依法取得的宅基地，禁止以退出宅基地作为农村村民进城落户的条件，禁止强迫农村村民搬迁退出宅基地。

问题 *8*：宅基地房屋买卖合同无效，买卖双方的过错责任如何确定？

【解答】

农村宅基地房屋的合同无效后，原则上应恢复原状，同时应该根据双方的过错程度确定责任。但由于农村宅基地房屋买卖纠纷的特殊性，应当综合考虑房屋转让时间、转让是否经过审批以及受让人的身份等因素，从公平合理的角度认定双方过错。

【案例】

虽然房屋买卖合同无效,因房屋使用时间已久,受让方无须返还房屋
——黄某1与黄某2、黄某3房屋买卖合同纠纷案①

案情: 黄某1在某村原有朝东向旧房2间,与黄某3的朝南向房屋相邻。黄某2、黄某3系兄弟关系。2000年9月23日,黄某1与黄某2签订协议1份,黄某4为中间人,由黄某1将上述2间旧房以800元的价格出售给黄某2,并对房屋周边土地作了调整处理,双方即按约履行。2000年年底,黄某3将上述2间旧房拆除。2001年,黄某3在其原有朝南向房屋的西侧建造朝东向平房2间,并居住使用至今。自2007年年底起,黄某1就老宅基地房屋之事与黄某2、黄某3多次交涉未果,遂诉至法院,要求判令:(1)黄某1与黄某2签订的房屋买卖协议无效;(2)黄某3私自建造在黄某1宅基地上的平房2间归黄某1所有。

黄某1与黄某2于2000年9月23日签订的协议约定,将黄某1名下拥有的宅基地房屋转让给黄某2,因黄某2为宅基地所在乡(镇)以外的城镇居民,且协议未经有关组织和部门批准,故该协议约定违反了国家有关规定,应确认为无效。黄某1关于确认协议无效的主张,予以支持。但是,鉴于双方签订的协议系双方真实意思的表示,黄某2按约支付了对价并对相应土地进行了调换,诉争土地上已建新房至今实际使用长达近十年,从尊重现实,维护居住稳定和正常生活秩序的角度出发,对黄某1主张确认两间平房归其所有的诉讼请求不予支持。据此,依照《民事诉讼法》第153条②之规定,判决:黄某1与黄某2于2000年9月23日签订的协议无效。

分析: 在农村房屋买卖合同被认定无效后,应充分考虑农村房屋买卖的背景,合同无效对双方当事人的利益影响,尤其是卖房人因土地升值或拆迁、补偿所获利益,购房人因房屋现值和原买卖价格的差异造成的损失,根据双方过错,综合权衡买卖双方的利益。同时,对于购房人已经装修、翻建、扩建房屋的情况,应对购房人的投入进行补偿,这也符合诚信原则。对于农村宅基地房屋买卖纠纷,可以综合考虑房屋转让时间、转让是否经过审批以及受让人的身份等因素,分别作出认定:(1)1999年国务院禁止性规定出台前已经发生并实际履行的买卖行

---

① 参见上海市崇明县人民法院(2010)崇民一(民)初字第360号民事判决书。
② 现对应2023年修正的《民事诉讼法》第177条。

为，若受让人在该房中长期居住的，从遵循诚信原则和维护社会稳定角度出发，可维持居住使用现状，而不直接认定无效。（2）1999年国务院禁止性规定出台后发生的买卖行为，若买卖双方均系本集体经济组织成员且符合有关规定的，该房屋买卖合同应认定有效；若将房屋出售给本集体经济组织以外人员，但取得有关组织或部门批准的，可以认定合同有效；若将房屋出售给城镇居民且未经批准的，合同应作无效处理。（3）合同无效后，双方当事人应相互返还房屋及购房款，但对于房价上涨产生的差价损失，可由双方对半承担。具体到本案来看，原告、被告在1999年之后签订宅基地房屋买卖合同，违反了国务院的禁止性规定，且该买卖合同未经有权机关批准和当地集体经济组织的同意，没有办理房屋所有权和宅基地使用权产权变动手续，因此，原告、被告之间的房屋买卖合同为无效合同。原告、被告双方签订农村房屋买卖协议时，主观上均有规避法律的意图，对于协议的签订均有过错，因此，双方应相互返还房屋及购房款，对于房价上涨产生的差价损失，由原告、被告对半承担。同时，因被告将原交易房屋拆掉重建，对其出资建房的损失部分由原告适当予以补偿。

【风险提示】

农村房屋转让合同，由于农村房屋一般转让时间久，而且转让双方当事人对农村房屋转让的违法性均知晓，故在判决双方承担合同无效的责任时，应充分考虑双方的居住情况、违法成本、历史因素等，公平合理地处理，不能因合同无效导致诚信一方的权利受损。

【法律规定速查】

《中华人民共和国民法典》（2020年5月28日）

第一百五十七条 民事法律行为无效、被撤销或者确定不发生效力后，行为人因该行为取得的财产，应当予以返还；不能返还或者没有必要返还的，应当折价补偿。有过错的一方应当赔偿对方由此所受到的损失；各方都有过错的，应当各自承担相应的责任。法律另有规定的，依照其规定。

第五百零九条 当事人应当按照约定全面履行自己的义务。

当事人应当遵循诚信原则，根据合同的性质、目的和交易习惯履行通知、协助、保密等义务。

当事人在履行合同过程中，应当避免浪费资源、污染环境和破坏生态。

问题 9：确认宅基地使用权转让合同无效，是否有诉讼时效限制？

【解答】

确认宅基地使用权转让无效，属于合同确认之诉，属形成权之诉，不受诉讼时效的限制，可以随时起诉主张宅基地使用权转让合同无效。

【案例】

确认宅基地使用权转让合同无效纠纷，不受诉讼时效限制
——李某诉唐某宅基地使用权纠纷案①

案情：原告李某系嘉禾县珠泉镇（原城关镇）珠泉社区居民，被告唐某系嘉禾县广发镇乐仁坊村居民。原告承包的位于嘉禾县嘉禾大道南端，面积为108.16平方米的土地属珠泉社区集体土地。2013年7月18日，原告为甲方与被告为乙方签订一份《土地使用权转让协议》，协议内容为："经甲、乙双方协定，甲方把土地使用权转让给乙方，并商定以下条款：1.甲方将嘉禾县城关镇嘉禾大道南端10.4米×10.4米=108.16平方米土地使用权转让给乙方，甲方保证该项土地与他人没有任何纠纷。2.该地东临嘉禾大道，西邻李某1地，北邻李某2地，南邻李某3地，四邻没有任何纠纷。3.该宗地使用权自协议签订之日起归乙方，无论以后政策怎么变化，双方不得反悔。该土地以后乙方怎么使用，甲方不得干涉。4.转让费总价48 000元整，自签订合约起一次性付清，任何一方违约，必须赔偿对方转让费用的10倍。以上协议一式两份，甲方双方各一份。"协议签订后，被告将48 000元给付了原告。因集体土地不能转让给集体经济组织外成员，被告为了能取得该土地使用权，经原告、被告协商要求先以原告的名义办理宅基地手续再行变更。为此，2014年原告申请宅基地用地手续并办理了《集体建设用地使用证》，实际批准宅基地使用权面积为104平方米。办证后，原告将《集体建设用地使用证》交给了被告唐某。之后，被告因不属原告集体经济组织成员，《集体建设用地使用证》一直无法变更登记至被告名下，导致双方产生纠纷，原告诉至法院。被告辩称，原告诉请已过诉讼时效，不应支持。一审法院判决：一、原告与被告于2013年7月18日签订的《土地使用权转让协议》无效。二、限被告于判决生

---

① 参见湖南省嘉禾县人民法院（2016）湘1024民初403号民事判决书。

效后十五日内将《集体建设用地使用证》返还给原告。

分析： 关于本案是否已过诉讼时效的问题。合同当事人不享有确认合同无效的法定权利，只有仲裁机构和人民法院有权确认合同是否有效，单纯的时间经过不能改变无效合同的违法性。原《民法总则》规定的三年的诉讼时效期间适用于债权请求权，不适用于形成权。而本案原告、被告关于确认合同无效的请求属于形成权之诉，不应受三年诉讼时效的限制。另要求被告返还《集体建设用地使用证》系因合同无效而产生的财物返还请求权，其在性质上属于债权请求权范畴，理应受三年诉讼时效的限制，但该诉讼时效应当从合同被确认无效时起算。因此，对被告提出的原告的诉讼已过诉讼时效的意见，不予采纳。

【风险提示】

非集体经济组织成员购买集体经济组织的房屋或者受让宅基地的使用权，双方签订的合同因违反法律的效力性强制性规定，所签订的合同无效，因合同效力确认纠纷无时效限制，故双方的权利义务始终处于不确定的状态，购买此房屋风险极大。

【法律规定速查】

《中华人民共和国民法典》（2020年5月28日）

第一百八十八条 向人民法院请求保护民事权利的诉讼时效期间为三年。法律另有规定的，依照其规定。

诉讼时效期间自权利人知道或者应当知道权利受到损害以及义务人之日起计算。法律另有规定的，依照其规定。但是，自权利受到损害之日起超过二十年的，人民法院不予保护，有特殊情况的，人民法院可以根据权利人的申请决定延长。

问题 *10*：宅基地申请人去世后，亲属之间宅基地使用权如何分配？

【解答】

我国现行宅基地分配和使用均以户为单位进行，遵循"一户一宅"的原则。户主作为宅基地申请人和户内成员共同享有宅基地的使用权利。当申请宅基地的户主去世，该户还有其他成员时，并不直接导致该户的消亡，该户内其他成员对宅基地继续享有使用权，因而不存在宅基地使用权的继承问题。未在该户内的其他亲属不享有继承权。宅基地使用权不能单独作为遗产予以分割继承，如果宅基地申请人生前在宅基地上建设了房屋，该房屋中属于其个人财产的部分可以视为遗产予以继承。

【案例】

宅基地使用权由宅基地申请时的户内所有成员共同享有
——许某与韩某3宅基地使用权纠纷案[①]

案情：原告许某与韩某系夫妻关系，韩某于2007年7月31日去世，被告韩某3系原告与韩某之三子，韩某1系原告与韩某之长子，韩某5系原告与韩某之五子，韩某5于2009年10月1日去世。2006年10月2日，韩某向新城村村委会提出建房申请，申请书内容为"我是新城村村民韩某，79岁，全家5口人，同住4间房。妻子许某67岁，儿子韩某5，35岁，儿媳郭某31岁，孙女韩某6，7岁。居住十分不便和拥挤，因此递交书面申请，在原有的宅基地上重新建房3间，特此申请"，落款处由韩某签字。2006年12月31日，天津市塘沽区新城镇人民政府作出乡村建房准建证，载明准建3间砖混房屋，准建面积92平方米。2009年4月13日，原告长子韩某1与被告韩某3及被告妻子孙某签订协议书，约定"韩某1在被告韩某3、孙某老宅基地上建新房。自2009年4月13日起5年内本地区拆迁，把平方米数的拆迁费折去韩某1的建房费享受剩余的25%。2009年4月13日起5年内不拆迁，被告、孙某收回韩某1的建筑房，按原本价格给付韩某1的建房所有费用"。庭审中，被告确认其在天津市滨海新区塘沽新城镇新城村A号有住房。韩某1认可其涉诉房屋是原告所有，并提出其建房是为原告所建。因原告、被告对于涉诉宅基地的权属存有争议，无法达成一致意见，故成诉。法院判决被告韩某3于判决生效后三十日内将天津市滨海新区塘沽新城镇新城村B号房屋及宅基地腾交原告许某。

分析：不动产物权的设立、变更、转让和消灭，经依法登记，发生效力；未经登记，不发生效力，但法律另有规定的除外。涉诉宅基地准建证登记的使用人为韩某，韩某去世后，原告作为韩某的配偶和户内成员，享有涉诉宅基地的使用

---

① 参见天津市滨海新区人民法院（2018）津0116民初25732号民事判决书。

权。原告长子韩某1出资在宅基地上建设房屋，韩某1认可涉诉房屋属原告所有，故原告对涉诉房屋享有所有权。被告与韩某1均不是该宅基地初始登记备案的使用权人，两人所签协议并不能直接发生变更涉诉宅基地权利主体的法律效力，也不能证实该宅基地使用权在初始登记后发生过变更登记，因此，对于被告所提出的抗辩意见，难以采信。故原告现要求被告从涉诉房屋搬出有事实和法律依据，依法予以支持。被告确有其他可居住房屋，具备腾房条件，应当予以配合。本案的争议焦点在于如何认定涉诉宅基地使用权的归属。按照我国现行法律的规定，宅基地是按户分配给农村村民用以满足其基本居住需求的建房用地，宅基地申请人和户内成员共同享有相应的使用权利。原告作为宅基地申请人的配偶和申请时的户内成员，作为涉诉房屋和宅基地的共同权利人，为了保护房屋和宅基地不受侵害，其有权作为原告提起诉讼。宅基地使用权不能单独作为遗产予以分割继承，如果宅基地申请人生前在宅基地上建设了房屋，那么该房屋中属于其个人财产的部分可以视为遗产予以继承。但本案的特殊性在于原告的丈夫作为宅基地申请人在取得建房准建证后尚未建房时就已经去世，其去世以后其长子才在该宅基地上建设房屋，被继承人死亡时房屋并不存在，自然也就不发生房屋所有权的继承关系。因此，本案涉诉的房屋及宅基地并不涉及遗产继承问题。不动产物权的设立、变更、转让未经登记的，不发生法律效力。虽然《不动产登记暂行条例》已于2015年3月1日起开始施行，但在实际工作中不动产统一登记工作并未完全展开，涉诉宅基地并未完成不动产登记，无法查询不动产登记簿。且现行法律对于宅基地申请人去世以后，宅基地使用人应当如何认定并无明确的规则。因此，在本案审理中，法庭首先以申请人建房时的乡村建房准建证作为确定权属的基础，该准建证可以证明被告并非记载的宅基地使用人，但仅依据准建证并不能直接确定被告是否属于宅基地使用权的共同权利人。法庭进一步结合在镇政府土地管理部门调取的建房申请书和户内成员表进行判断，经核实发现被告及其家属并非申请宅基地时的户内成员，故确定被告并非宅基地使用权的共同权利人，其所提出的理由不能对原告的请求构成有效抗辩。对于被告提出申请该宅基地时实际系由其经手的整个流程，认为即使确系由其经手整个流程，也不能据此推论其系宅基地使用权人。从被告曾与其兄就涉诉宅基地盖房签订协议书一事可以看出，被告确曾实际控制过该宅基地，但仍然不能据此得出被告系涉诉宅基地使用人的结论。镇政府土地管理部门登记的宅基地使用人一直没有发生变更，法庭结合案件实际情况确定原告有权要求被告腾房。另外，被告在答辩中提出，其在申请涉诉宅基地过程中，因违反计划生育政策，集体经济组织及政府管理部门不予批准，故其最终以父亲的名义申请宅基地。上述陈述内容现在并无证据证实，如果其所陈述的上述情况属实，可以反映被告本就不符合分配宅基地的条件，通过正常程序不能分配宅基地。

【风险提示】

在我国，宅基地使用权以及地上房屋的所有权应属于同一主体。当宅基地使用权人与房屋所有权人不一致时，应根据宅基地使用权人的主张支持其对房屋的所有权，而建造人并不能因房屋建造而取得宅基地使用权。宅基地使用权是基于其集体经济组织成员的身份而取得的一种福利，不得转让。

【法律规定速查】

《中华人民共和国土地管理法》（2019年8月26日修正）

第六十二条　农村村民一户只能拥有一处宅基地，其宅基地的面积不得超过省、自治区、直辖市规定的标准。

人均土地少、不能保障一户拥有一处宅基地的地区，县级人民政府在充分尊重农村村民意愿的基础上，可以采取措施，按照省、自治区、直辖市规定的标准保障农村村民实现户有所居。

农村村民建住宅，应当符合乡（镇）土地利用总体规划、村庄规划，不得占用永久基本农田，并尽量使用原有的宅基地和村内空闲地。编制乡（镇）土地利用总体规划、村庄规划应当统筹并合理安排宅基地用地，改善农村村民居住环境和条件。

农村村民住宅用地，由乡（镇）人民政府审核批准；其中，涉及占用农用地的，依照本法第四十四条的规定办理审批手续。

农村村民出卖、出租、赠与住宅后，再申请宅基地的，不予批准。

国家允许进城落户的农村村民依法自愿有偿退出宅基地，鼓励农村集体经济组织及其成员盘活利用闲置宅基地和闲置住宅。

国务院农业农村主管部门负责全国农村宅基地改革和管理有关工作。

《中华人民共和国民法典》（2020年5月28日）

第三百六十二条　宅基地使用权人依法对集体所有的土地享有占有和使用的权利，有权依法利用该土地建造住宅及其附属设施。

第三百六十三条　宅基地使用权的取得、行使和转让，适用土地管理的法律和国家有关规定。

第六章
涉及农村土地流转的其他纠纷

第一节 概述

涉及农村土地流转的其他纠纷，主要是农村建设用地的流转引发的纠纷。农村建设用地是指乡（镇）村建设用地，乡（镇）村建设用地是指乡（镇）村集体经济组织和农村个人投资或集资，进行各项非农业建设所使用的土地。主要包括：乡（镇）村公益事业用地和公共设施用地，以及农村居民住宅用地。农村集体建设用地分为三大类：宅基地、公益性公共设施用地和经营性用地。

2020年中央一号文件中明确指出，破解乡村发展用地难题。农村集体建设用地可以通过入股、租用等方式直接用于发展乡村产业。按照"放管服"改革要求，对农村集体建设用地审批进行全面梳理，简化审批审核程序，下放审批权限。推进乡村建设审批"多审合一、多证合一"改革。抓紧出台支持农村一、二、三产业融合发展用地的政策意见。

农村建设用地的法律规定相对比较少，随着农村经济发展，农村人口的流动，美丽乡村建设，涉及农村建设用地的纠纷会逐渐增多。本章主要介绍农村中比较常见的三类纠纷：小产权房转让合同纠纷、农村房屋买卖合同纠纷、土地租赁合同纠纷。本节主要介绍三类纠纷的概念、具体法律规定以及处理的基本原则。

一、小产权房转让合同纠纷

所谓小产权房，是指经过合法审批、在农村土地上开发建设的住宅房屋。小产权房又称乡产权房，是由乡镇政府而不是国家颁发产权证的房产，是一些村集体组织或者开发商打着新农村建设等名义出售的、建筑在集体土地上的房屋或是由农民自行组织建造的"商品房"。"小产权房"不是法律概念，是人们在社会实践中形成的一种约定俗成的称谓。该类房没有国家发放的土地使用证和预售许可证，购房合同在国土房管局不予备案。因此，该类房并不能作为商品房进入市场自由交易。

正是因为小产权房屋是建筑在农村集体土地之上，而集体土地只有本集体组织的成员才有权占有使用，因此，依据现行法律规定，小产权房是不允许上市交易的。也就是说，只有与集体土地有特定身份关系的农村村民才能购买或者经拆迁、回迁取得小产权房。非集体经济组织成员购买小产权房为法律所禁止，所签订的小产权房买卖合同为无效合同。

小产权房的出现与城市房价居高不下密不可分，其成为社会关注的热点亦是从房价上涨迈入快速之年的2007年开始的。按照国家的相关要求，"小产权房"不得确权发证。

"小产权房"买卖合同的效力认定要分情况而定，具体按照以下原则认定：

第一，对于发生在本乡范围内农村集体经济组织成员之间的农村房屋买卖，该房屋买卖合同认定有效。

第二，对于将房屋出售给本乡以外的人员的，如果取得有关组织和部门批准的，可以认定合同有效。

第三，对于将房屋出售给本乡以外的人员，未经有关组织和部门批准，如果合同尚未实际履行或者购房人尚未实际居住使用该房屋的，该合同应作无效处理。

"小产权房"拿不到正式的房产证，因此，并不构成真正法律意义上的产权，小产权房只有使用权，没有所有权。

二、农村房屋买卖合同纠纷

农村房屋买卖合同纠纷和宅基地使用权纠纷二者既有联系也有区别。农村房屋是建立在宅基地使用权基础之上，结合"房地一致"原则，两类纠纷的处理一致，但是宅基地使用权主要是针对农村土地发生的纠纷，而农村房屋买卖合同纠纷主要是针对房屋发生纠纷，二者在取得和处分上也有不同。农村房屋买卖合同纠纷根据买受人身份不同分为三类：一是本集体经济组织成员之间的农村房屋买卖；二是本集体经济组织成员向其他集体经济组织成员出售农村房屋；三是城镇居民购买农村居民房屋。农村房屋买卖合同纠纷案件类型多样，但分布相对集中，主要集中在向本集体经济组织成员外出售房屋的情形中，本集体经济组织成员之间的房屋买卖相对较少。从现行司法实践来看，对农村房屋买卖纠纷的处理，基本上秉持有限承认合同有效的原则，即除同一集体经济组织成员间进行买卖的合同关系认定为有效合同外，其他原则上认定无效。

农村房屋买卖合同有效的情形：

第一，出卖人和买受人均是同一村的村民。如果出卖人和买受人均是同一个村的村民，那么该合同是符合法律规定的，买卖合同当然有效。

第二，买受人在买卖房屋时与出卖人不是同一个村的村民，但是，之后将户口迁入该村。那么，由于买受人具备了同一个村村民的资格，属于同一集体经济组织成员，买卖合同有效。

第三，房屋买卖合同经过多次流转，最后流转到同一个村村民手里，那么该房屋买卖合同也有效。

第四，农村房屋买卖合同的买受人在购买房屋时是村民，后又转为居民的，不影响合同的效力。

在处理此类纠纷时，应在综合考量具体因素的基础上，坚持如下处理原则：

第一，坚持法律与政策相结合的原则。农村房屋买卖行为的政策性强，遵循"有法依法，无法依政策"的原则，在法律、法规没有规定时，国家政策和地方政策可以作为补充，但是，最理想的状态是优先适用法律、法规，维护法律、法规的效力位阶和应有权威，保障法定主义的应有地位。目前有些地方，承认农村房屋买卖合同的效力，在审理时应结合地方政策统一予以认定。

第二，坚持个案平衡的原则。在确认合同无效后，还要妥善处理损失赔偿问题，避免当事人利益失衡，应综合考虑当事人的过错，房屋购买的时间、装修、改建、拆迁、房价变动等因素确定各自应承担的民事责任，尤其是对出卖人因土地升值或拆迁补偿所获得利益与买受人因房屋现值和原买卖差价造成的损失，予以平衡，不能让不诚信的一方因此获益。

"一户一宅"原则是指农村村民一户只能申请一处宅基地，如果将原有宅基地上住宅房屋出卖或者出租后，不能再行申请另处宅基地。上述法律条文也间接肯定了村民出卖住房的行为，只是禁止卖房后再次申请宅基地。

新农村建设政策不完善、缺乏系统规划，但受利益驱动，利用新农村建设政策开发建设房屋的现象迅速增长，由此产生的房屋买卖合同案件也迅速增加，且表现形式多样化。对涉及向不特定公众销售房屋以及其中可能涉及违反土地管制、规划许可等情形，应审慎受理。若处理不当，可能会引发更多矛盾纠纷。

三、土地租赁合同纠纷

土地租赁合同纠纷，是指当事人在国家或集体把土地使用权出租给土地使用者，土地使用者支付租金过程中发生的权利义务纠纷，分为国有土地租赁合同纠纷和集体土地租赁合同纠纷。因土地租赁合同发生的纠纷，由不动产所在地人民法院专属管辖。

土地租赁合同纠纷与土地使用权租赁合同纠纷不同。土地租赁合同是国家或集体将国有土地或集体土地出租给承租人的合同，而土地使用权租赁则是土地使用者把土地使用权连同其上的建筑物、其他附着物出租给承租人使用。

集体土地使用权包括农地承包经营权（又称农地使用权）、宅基地使用权、乡镇企业建设用地使用权和公共设施、公益事业建设用地使用权。关于农地承包经营权的出租，在前文已经有详细介绍。至于公共设施、公益事业建设用地，因不具有营利性，实践中相关纠纷不多，所以本书不再述及两者的出租问题。关于宅基地的出租，从实务上看，因农民建住宅完全可以申请到免费的宅基地，从而很少存在承租别人宅基地使用权的必要性和可能性；从法理上看，既然法无禁止，应理解为是允许出租宅基地使用权的，而且允许出租不会导致宅基地使用权主体的变更，从而并不违反"一户一宅"的法律规定。下面主要分析建设用地的出租问题。

在此仅探讨集体土地租赁合同纠纷。处理土地租赁合同纠纷案件应遵循如下基本原则：

不得改变土地使用性质的原则。农村土地特别是耕地关系国家的粮食生产，不得未经批准擅自改变农地使用性质。不得改变土地所有权的性质和土地的农业用途，不得破坏农业综合生产能力和农业生态环境。

维护意思自治的原则。在处理这类案件时，应当尊重合同双方当事人的意思表示，只要双方当事人的约定不违反法律、政策，不损害国家利益、社会公共利益和他人利益，就应维护合同的法律效力。一方当事人以法律没有规定为由，否认合同的效力，不应予以支持。

公平保护当事人合法权益的原则。土地使用权租赁纠纷案件中的当事人，无论是自然人还是法人，是本地人还是外地人，是中国人还是外国人，其主体资格和法律地位都是平等的，在土地使用权租赁中的合法权益都应当公平地依法予以保护。

第二节 存在的问题及案例解读

一、小产权房转让合同纠纷存在的问题及相关案例

小产权房是指在农民集体土地上建设的房屋，未缴纳土地出让金等费用，其产权证不是由国家房管部门颁发，而是由乡政府或村委会颁发，所以又称作"乡产权房"。乡镇政府发证的所谓小产权房，实际上没有真正的产权。这种房没有国家发的土地使用证和预售许可证，国土房管局也不会给予购房合同备案。所谓产权证也不是真正合法有效的产权证。

目前，有些人贪图小产权房的低廉价格而购买或租赁，出现了一些纠纷，以致对簿公堂。购买小产权房的风险很多：小产权房不具备普通商品房的法律性质，在购买过程中出现合同纠纷难以得到等同保护；开发或建设过程中缺少监管，其质量问题出现的概率要高过商品房；因无法办理合法的产权手续，购买后也不能合法转让过户，对房产价值影响很大；若遇国家拆迁，很难得到相应的拆迁补偿。因此，不要一味看重小产权房的使用价值和低廉价格，也要多考虑法律风险和长远预期。

《国土资源部办公厅、住房城乡建设部办公厅关于坚决遏制违法建设、销售"小产权房"的紧急通知》明确，要坚决遏制在建、在售"小产权房"的行为。

问题 1：小产权房是否可以上市交易？

【解答】

小产权房是在农村集体建设用地上建成并对外销售的住宅。在尚未完成土地确权登记的地方，此类房屋无任何权属证书。近年来，国务院有关部门多次重申农村集体土地不得用于经营性房地产开发，城镇居民不得到农村购买宅基地、农民住房和"小产权房"。2012年8月8日，国土资源部办公厅、住房城乡建设部办公厅专门下发《关于坚决遏制违法建设、销售"小产权房"的通知》（国土资电发〔2012〕98号），明确各级国土资源和住房城乡建设主管部门要按照通知要求，对在建、在售的"小产权房"坚决叫停，严肃查处，对顶风违法建设、销售，造成恶劣影响的"小产权房"案件，要公开曝光，挂牌督办，严肃查处，坚决拆除

一批，教育一片，发挥警示和震慑作用。

问题 2：小产权房转让合同是否有效？

【解答】

建设、销售"小产权房"，严重违反土地和城乡建设管理法律法规，不符合土地利用总体规划和城乡建设规划，不符合土地用途管制制度，冲击了耕地保护红线，扰乱了土地市场和房地产市场秩序，损害了群众利益，影响了新型城镇化和新农村建设的健康发展，建设、销售和购买"小产权房"均不受法律保护。

【案例】

小产权房转让合同因违反法律效力性强制性规定而无效
——张某诉某开发有限公司、第三人黄某、马某房屋买卖合同纠纷案[①]

案情： 原告张某与被告于2009年9月1日签订房屋订购合同，合同约定原告购买某小区一楼二单元一层西户房屋一套，该房属砖混结构，层高3米，建筑面积为111.09平方米；合同总价款为129 000元，交付期限为2009年10月30日；原告、被告在合同中约定了双方的权利义务，被告承诺为原告购买的住宅提供基础配套生活设施，并承诺所售房屋无债权债务纠纷，因出卖人原因造成该住宅发生债权债务纠纷的，由出卖人承担全部责任。被告承诺在交房之日起两年内办理100%产权。原告于2009年9月2日交付被告房款共计129 000元整。被告与第三人马某于2007年8月29日签订联建协议，双方约定在原马某旧居处建住宅楼，楼长26.25米，宽16米，楼前占地长26.25米，宽8米，楼后占地长26.25米，宽10米，可建楼层七层；双方约定相关权利义务；在利益分成约定中，第三人可获得所建楼房550平方米，分住宅办法是高低平均分配及在一个单元内、分为1号楼4单元东1~6层550平方米。2007年11月18日，被告重新承诺为马某、黄某增加补偿面积50平方米，马某由550平方米改为600平方米，东单元1~6层。黄某由650平方米改为700平方米，西单元1~7层。2009年6月10日，被告因欠马某936 000元，以某小区7套房作抵押，在被告出售后以上述7套房款偿还第三人马某欠款。

---

① 参见山西省襄垣县人民法院（2017）晋0423民初1381号民事判决书。

在双方约定的交房日期到期后,被告没有按照约定履行合同义务。经原告寻求多渠道解决,后找到被告的法定代表人崔某,经调解,被告给原告发放了该房屋钥匙。原告在查看该房屋时,发现水、电、暖、煤气、有线电视、楼梯扶手等设施没有按照约定达到使用条件,于是诉至法院。一审法院判决:一、原告张某与被告某公司签订的房屋订购合同无效。被告某公司应当返还原告张某购房款129 000元,并赔偿原告张某相应损失。在被告未返还原告购房款及赔偿相应损失前,原告张某对某小区一楼一单元一层东户房屋享有使用权。二、驳回原告张某的其他诉讼请求。

分析: 本案属于小产权房房屋买卖合同纠纷,小产权房通常是指在中国农村和城市郊区农民集体所有的土地上建设的用于销售的住房。2004年《土地管理法》第43条规定:"任何单位和个人进行建设,需要使用土地的,必须依法申请使用国有土地;但是,兴办乡镇企业和村民建设住宅经依法批准使用本集体经济组织农民集体所有的土地的,或者乡(镇)村公共设施和公益事业建设经依法批准使用农民集体所有的土地的除外。"也就是说,除村民住宅、乡镇企业、公用设施和公益事业外,其他任何单位和个人进行商品房建设,都不能使用农村集体土地,必须依法申请使用国有土地。如建设对公众出售的商品房,应该依照法定程序获取土地使用权。如果所需的土地是农村集体土地,那么在规划的基础上,先通过政府代表国家对该土地进行征收,其性质即由集体土地变为国有土地。待政府对该地块以招拍挂的形式出让时,竞得该土地并支付土地出让金取得国有土地使用权。本案开发商在未经土地征收出让程序,没有土地使用证、规划许可证、施工许可证的情况下,进行非法建设,并直接在市场上销售"三无"违法建筑,违反了《土地管理法》和《城市房地产管理法》的规定,属于无法办理房屋产权登记的违法建筑,具有先天违法性。另外,本案被告公司与第三人签订的联建协议亦是无效的,2004年《土地管理法》第8条规定:"城市市区的土地属于国家所有。农村和城市郊区的土地,除由法律规定属于国家所有的以外,属于农民集体所有;宅基地和自留地、自留山,属于农民集体所有。"第63条规定:"农民集体所有的土地的使用权不得出让、转让或者出租用于非农业建设……"① 宅基地依法属于集体所有,宅基地使用权主要是为了保障每户农民的居住需求,具有社会保障功能和福利性质,其使用权只能分配给本村村民,宅基地使用权不得出让、

---

① 现对应2019年修正的《土地管理法》第9条、第63条。

转让或者出租用于非农业建设，也不得转让给城镇居民及非同一集体经济组织成员（非本村村民）。要取得宅基地使用权必须具有农村集体经济组织成员资格。根据原《物权法》第 147 条"建筑物、构筑物及其附属设施转让、互换、出资或者赠与的，该建筑物、构筑物及其附属设施占用范围内的建设用地使用权一并处分"之规定①，我国实行房地一体主义。按照房地一体的不动产处分原则，在宅基地上建设的房屋也不得转让给非同一集体经济组织成员。综上所述，被告占用第三人宅基地修建楼房并作为商品房出售的行为均违反了法律的禁止性规定，应属无效行为，对于原告要求确认房屋买卖合同有效及其他诉求，依法不予支持。

【风险提示】

因小产权房土地属于集体经济组织所有，根据"房随地走"的原则，所建房屋不能出售给其他非本集体经济组织的成员。非集体经济组织成员在受让小产权房后，无法办理房产证，所购买房屋不能正常转让，且小产权房无法办理房产证，极易引发纠纷。

【法律规定速查】

《中华人民共和国宪法》（2018 年 3 月 11 日修正）

第十条　城市的土地属于国家所有。

农村和城市郊区的土地，除由法律规定属于国家所有的以外，属于集体所有；宅基地和自留地、自留山，也属于集体所有。

……

任何组织或者个人不得侵占、买卖或者以其他形式非法转让土地。

……

《中华人民共和国民法典》（2020 年 5 月 28 日）

第三百五十七条　建筑物、构筑物及其附属设施转让、互换、出资或者赠与的，该建筑物、构筑物及其附属设施占用范围内的建设用地使用权一并处分。

《国务院办公厅关于加强土地转让管理严禁炒卖土地的通知》（国办发〔1999〕39 号　1999 年 5 月 6 日）

二、加强对农民集体土地的转让管理，严禁非法占用农民集体土地进行房地产开发

农民集体土地使用权不得出让、转让或出租用于非农业建设……

---

① 现对应《民法典》第 357 条。

农民的住宅不得向城市居民出售，也不得批准城市居民占用农民集体土地建住宅，有关部门不得为违法建造和购买的住宅发放土地使用证和房产证。

《国务院办公厅关于严格执行有关农村集体建设用地法律和政策的通知》（国办发〔2007〕71号 2007年12月30日）

二、严格规范使用农民集体所有土地进行建设

……

农村住宅用地只能分配给本村村民，城镇居民不得到农村购买宅基地、农民住宅或"小产权房"。单位和个人不得非法租用、占用农民集体所有土地搞房地产开发……

问题 *3*：离婚时对自建或购买本集体的小产权房，法院如何处理？

【解答】

小产权房由于未取得房屋产权证，离婚时双方协商不了的，人民法院不宜判决房屋所有权的归属，应当根据实际情况由当事人使用。待取得完全所有权后，再由任何一方另行向法院起诉。这类房屋包括当事人用标准价购买的拥有部分产权的房改房以及当事人购买的但在离婚时还未能办理产权的各类房屋。

【案例】

对未取得产权证的房屋，离婚时可以对该房屋的使用权进行分割

——李某甲与李某乙离婚纠纷案[①]

案情：原告、被告于2001年下半年经人介绍认识，2002年6月14日登记结婚，2003年3月20日生育一女，取名李甲，2008年7月8日生育次女，取名李乙，2012年6月20日生育一子，取名李丙，均跟随原告生活。原告、被告婚后共同在济南市市中区打工生活，之前租房居住，后于2009年8月8日以原告名义与山东崇华置业投资有限公司签订《商品房销售合同》，约定向该公司购买位于市中区十六里河大涧沟村的房屋（以下简称涉案房屋），并在该房屋定居。原告、被告常因家庭琐事发生纠纷，矛盾未能得到有效化解，不断积累、加深。2014年6月，被告家人到原告家对双方吵架之事进行商议，其间言语不和发生冲突，此后

---

① 参见山东省济南市中级人民法院（2016）鲁01民终215号民事判决书。

原告、被告开始分居。原告曾于 2014 年 7 月 15 日向法院提起离婚诉讼，法院经审理作出（2014）长民初字第 1598 号民事判决书，判令不准原告、被告离婚，该判决书生效之初，原告、被告曾继续共同生活过一个月左右时间，但后来因再次发生矛盾、无法调和，被告离开涉案房屋居住地点，双方继续分居至今。原告起诉要求离婚并对共有房屋进行分割。

一审法院认为，原告、被告对购买涉案房屋情况无异议，但原告认为系家庭共有财产，该房产无产权证书，购买价格为 225 611 元，双方认可款项已付清，现由原告及其家人、孩子居住，双方庭审中均同意如需分割，按该房屋购买价格的一半由占有房屋一方向对方折价补偿。法院判决：原告、被告婚后与山东崇华置业投资有限公司签订《商品房销售合同》购买的位于市中区十六里河大涧沟村的房屋，由原告李某甲享有包括居住权利在内的所有合同权利，承担合同义务；原告李某甲于判决生效之日起向被告李某乙支付房屋折价补偿款 112 806 元。

分析： 原告、被告经人介绍相识并自愿登记结婚，婚姻关系合法有效。双方婚后共同生活十余年的时间，建立一定夫妻感情，但在共同生活过程中，两人因家庭琐事产生矛盾并发生争吵，事后缺乏有效及时的沟通，从而导致矛盾日积月累发展成为根本性的分歧，夫妻感情难以调和。原告上次起诉后，法院作出（2014）长民初字第 1598 号民事判决书，判令不准原告、被告离婚，虽然原告、被告继续共同生活了一段时间，但在此期间没有充分修复夫妻感情，而是再次发生矛盾继而分居至今，未进行实质性和好。综合上述情节，结合被告的答辩意见，足以认定原告、被告双方夫妻感情确已破裂，对于原告李某甲要求与被告李某乙离婚的诉讼请求，法院予以支持。原告、被告离婚后，均对三名婚生子女负有抚养义务，三名子女现均跟随原告生活，综合原告、被告的抚养能力和实际生活状况，从有利于三名子女成长的角度出发，法院确定由原告抚养李甲、李丙，被告抚养李乙为宜，原告应当向被告支付李乙的抚养费，被告则应向原告支付李甲、李丙的抚养费，考虑当地实际生活水平、消费需求，被告每月向原告支付 800 元，原告每月向被告支付 400 元抚养费为宜，至三名子女独立生活之日止。关于财产分割事项，原告、被告共同购买的涉案房屋无产权手续，但双方均要求获得其居住权利，法院在已向原告、被告释明风险的情况下，根据涉案房屋的实际占有情况和原告、被告及抚养子女今后需求情况，确定由原告居住涉案房屋，原告应当按照房屋购买价格的一半向被告折价补偿 112 806 元。

问题 4：小产权房房屋买卖合同无效后如何平衡双方利益？

【解答】

农村房屋买卖合同纠纷，由于涉及农村土地的使用，涉及集体经济组织成员的身份，在处理该类纠纷时，应综合考虑各方利益。

现行法律、政策仍然限制集体土地、农村房屋的流转，对违法开发建设所引起的农村房屋买卖纠纷，应当否认其合同效力；而对符合新农村整体建设规划，未根本触犯国家土地政策类纠纷，应当适度考虑个体利益，以妥善平衡个体利益和公共利益。适当综合平衡当事人双方的利益，倡导诚信守法的价值观念。充分考量合同无效对双方当事人产生的影响，全面厘清买卖双方各自的责任大小，权衡出卖人因土地房屋升值、拆迁补偿等所获取的利益与买受人受到的房屋现值和房屋原值之间的差额损失，另外，对于买受人已对房屋进行装修、扩建、翻建的，应对其添附价值进行合理补偿。通过民事审判在全社会范围内倡导诚信守法的良好风尚。对于由历史遗留问题造成的农村房屋买卖行为，应在尊重历史、立足现实、坚持立法宗旨的前提下充分考虑历史因素，兼顾现有房屋居住使用及是否新建、翻建的实际情况，认真权衡当事人、集体、社会等各方的利益。

【案例】

判定合同无效后按实际情况使原被告分担损失
——施某1、金某、施某3、施某4、施某5与杨某农村房屋买卖合同纠纷案[①]

案情： 施某（审理中亡故）与李某（2001年10月亡故）系夫妻关系，育有施某1和施某2（2008年11月亡故）。施某1与金某系夫妻关系，育有施某3、施某4、施某5。施某2与徐某系夫妻关系，育有施某6。经台州市黄岩区土地管理局批准，施某1、金某、施某、李某、施某3、施某4、施某5取得坐落于黄岩区新前街道西范村宅基地两间。1995年7月7日，施某1将一间房屋基地以15 000元的价格卖给杨某。钱款已付清给施某1。杨某在支付施某1转让费15 000元，向政府部门缴纳土地配套费11 000元后，在该宅基地上建造了四层楼房并居住至今。2015年11月15日，施某1（甲方）与徐某、施某6（乙方）在西范村村委会的调解下达成民事调解书，约定施某的审批宅基地的平方落实在甲

---

① 参见浙江省台州市黄岩区人民法院（2016）浙1003民初2606号民事判决书。

方,乙方自愿放弃施某夫妻审批的宅基地与平方。审理中,原告方申请对台州市黄岩区新前街道西范村新南路×号宅基地使用权及地上建筑物(四层楼房)房地产市场价值进行评估,法院依法委托公信公司进行评估,该公司作出房地产估价报告书,估价结果为在价值时点2016年11月4日的公开市场价值如下:"1. 房地产(土地使用权及地上建筑物)总价值大写(人民币):叁佰零柒万零柒佰元整(307.07万元),折算评估单价14 775元/平方米。2. 地上建筑物总价值大写(人民币):贰拾叁万陆仟玖佰元整(23.69万元)。3. 土地使用权总价值大写(人民币):贰佰捌拾叁万叁仟捌佰元整(283.38万元)。"原告为此垫付评估费17 700元。

原告施某1、金某、施某3、施某4、施某5起诉请求:确认原告、被告签订的《房屋基地转让书》无效;由杨某返还位于黄岩区新前街道西范村×号宅基地使用权;杨某赔偿占用上述宅基地期间的损失2 362 880元(按租金120 000元/年从1995年7月7日起计算至判决确定的履行之日止)。

被告杨某答辩并反诉称:(1)1995年7月7日,施某1与杨某签订一份《房屋基地转让书》,载明"兹有新前镇西范村村民施某1将壹间房屋基地以壹万伍仟元卖给杨某。已付清给施某1。新前镇缴费贰万壹仟元杨某自己付清。以后一切事由杨某负担"。原告方在取得土地使用权证后直接交给了答辩人,且答辩人在该宅基地上建房并居住至今。答辩人使用该宅基地已超过20年。根据法律规定,超过20年的诉权不予保护。(2)1995年,答辩人购买宅基地使用权后已经支付了合理对价,其系合法占用宅基地,原告没有损失,答辩人无须赔偿。(3)如果涉诉协议无效,原因是五反诉被告违反了诚实信用原则,故反诉原告提起反诉,要求反诉被告赔偿地上建筑物价值240 000元、购买宅基地价款及配套设施费26 000元和利息31 200元、土地使用权价值差额2 818 800元,共计损失人民币3 116 000元。

针对杨某的反诉,原告答辩称:(1)杨某主张缺乏依据,其明知农村宅基地不能买卖,还要进行购买,存在过错。(2)杨某主张的各项损失不合理。地上建筑物价值应以实际的合理的价值为准;原告方仅收到杨某支付的价款15 000元,但不同意支付利息。土地使用权价值差额损失赔偿不合理,首先,宅基地使用权一直是原告方享有,只有原告方才有权主张该损失;其次,该数额依赖的评估报告书不合法、不合理,不应当予以采纳。

分析: 当事人行使权利、履行义务应当遵循诚信原则。村民将本集体经济组织的宅基地使用权转让给集体经济组织之外的人，确实违反国家法律规定，但是以契约精神来说，出卖方在转让宅基地使用权后出尔反尔，是违背诚信原则和公序良俗的，且不利于交易市场的稳定和社会的和谐。评估机构在经过一系列市场调查、走访后，最终以收益法为评估基准作出的评估结论是科学、客观、公正、可靠的。本案的裁判原则应立足于不让违约失信的人获益，合同当事人履行合同可获得的可期待利益应纳入本案损失的考虑范畴。虽然双方在签订合同时均存在过错，但造成本案诉讼的是失信方，失信方承担更大的责任合情合理。

本案中，原告将黄岩区新前街道西范村的宅基地使用权转让给集体经济组织之外的杨某，违反国家法律规定，双方签订的《房屋基地转让书》应系无效。合同无效自始无效，原告主张《房屋基地转让书》无效，不受诉讼时效期间的限制。对于无效合同，因该合同取得的财产，应当予以返还，故应由原告返还被告宅基地转让款人民币15 000元和被告垫付的土地配套费11 000元，由被告返还原告涉诉宅基地。被告在涉诉宅基地上建造房屋并使用20年之久，且涉诉宅基地使用权价值大幅度提升，被告要求原告赔偿地上建筑物损失和土地使用权价值差额损失合法合理，予以支持。本案所涉合同无效，双方均存在过错。原告方明知涉案宅基地依法不能转让给本集体经济组织以外成员仍进行转让，且在转让近20年后又要求确认转让合同无效，其行为存在较大过错；被告明知涉案土地系农村宅基地仍进行购买，亦存在过错，故酌情确定由原告对被告的损失承担90%的赔偿责任，即2 750 130元［（3 070 700元 –15 000元）× 90%］。原告未享受宅基地使用权期间享受了被告支付的对价带来的利益，且宅基地使用权有如此大的收益，很大因素是被告建造房屋后出租形成的，对原告要求被告赔偿占用宅基地期间损失的诉求，不予支持；被告支付26 000元对价后享受了宅基地使用权和居住权（房屋建造后），且被告已经主张宅基地价值差额损失，故对被告要求原告赔偿26 000元利息损失的主张，亦不予支持。

【法律规定速查】

《中华人民共和国民法典》（2020年5月28日）

第一百五十七条 民事法律行为无效、被撤销或者确定不发生效力后，行为人因该行为取得的财产，应当予以返还；不能返还或者没有必要返还的，应当折价补偿。有过错的一方应当赔偿对方由此所受到的损失；各方都有过错的，应当各自承担相应的责任。法律另有规定的，依照其规定。

问题 5：未经征地审批程序，在村集体所有土地上建房的征地行为有效吗？

【解答】

征用集体土地的主体只能是国家而不能是个人。任何单位和个人都不得非法侵占、买卖或者以其他形式非法转让集体土地，禁止非法将农用地转化为建设用地。违反法律强制性规定的任何土地征用协议均属无效。

【案例】

未依法经过征地审批，擅自建房的行为无效
——某村民组诉王某确认合同无效纠纷案[①]

案情： 原告某村某村民组原属于 X 组，多年前已从 X 组分出。2011 年，某村村委会与被告王某签订《承建某村新农村小区建设协议书》，被告王某承建某村新农村小区，乡、村二级负责小区土地报批、各种税费等，负责征地和征地中的调解工作。2012 年，某村村委会与 D 组签订《某村社区建设土地使用协议》，使用 26 亩土地作为社区建设用地，永久使用。其中占 D 组 10 亩，每亩 23 000 元，合计 230 000 元。X 组 16 亩，每亩 23 000 元，总款 368 000 元。该新农村小区规划需占用原告村民组名为"长塘"和"月塘"的部分土地。2012 年 3 月 23 日，原告某村民组与被告王某签订《新农小区征地协议》，主要约定被告王某建新农小区占用原告村民组"长塘"和"月塘"所有面积，不支付任何经济补偿。被告负责帮助原告修大塘。原使用"长塘"和"月塘"水灌溉的农户移到 X 组另一大塘灌溉等。2014 年，乡政府向县政府请示某村农村居民点办理用地手续。2015 年 6 月，县政府《会议纪要》原则同意该村新村规划设计方案。2016 年，县政府同意该村村委会使用本村 D 组和 X 组集体建设用地 17 008 平方米，作为农村居民点和拆迁安置建设用地。应按照使用土地补偿方案及时补偿费用，补偿不到位，不得使用土地。不得改变土地用途。被告王某未全部建成大塘，被告认为是原告村民阻扰施工导致大塘未完成修建。2017 年 7 月 27 日，原告某村民组诉至法院，要

[①] 参见河南省商城县人民法院（2016）豫 1524 民初 2050 号民事判决书。

求确认 2012 年 3 月 23 日原告某村民组与被告王某签订的《新农小区征地协议》无效。

法院判决：2012 年 3 月 23 日原告某村民组与被告王某签订的《新农小区征地协议》无效。宣判后，原告、被告均未提出上诉。

分析： 集体土地所有权与使用权受法律保护。任何单位和个人不得侵占、买卖或者以其他形式非法转让土地。只有国家为了公共利益的需要，才可以依法对集体所有的土地实行征用。征用土地是政府行为而不应当是个人行为，征用主体只能是国家而不是个人，个人无权征用土地，村委会也无权征用土地。被告准备在"征用"土地上建房出售非本集体经济组织农民自建住宅，与乡政府请示文件明显不符（使用人为本村本组居民），已经改变了土地用途。农用地转为建设用地的，应当办理农用地转用审批手续。原告村民组与被告王某签订征地协议时并未办理农用地转用审批手续。即使后来取得了审批手续，征地的主体也应当且只能是人民政府而不应当是被告王某个人。原告村民组与被告签订的《新农小区征地协议》违反了法律的强制性规定，应属无效合同，无效合同从成立之日起就不具有法律效力，无效合同也不存在诉讼时效的问题。某村民组将集体土地从群众手中"征用"，然后交给个人从事房地产开发，征地主体不合法，也改变了经批准的土地用途，违反《土地管理法》中有关国有土地用途的强制性规定，损害了国家和社会公共利益，违反了法律关于合同效力的规定，应认定该征地协议无效。国家实施土地征收行为，必须是为了满足公共利益的需要。征地用途直接反映了征地目的，即征收土地是否"为了公共利益的需要"主要通过征地用途来判断。一方面，我国实行严格的土地用途管制制度，土地征收时应依照法定的权限和程序进行，而无论是征地审批还是农用地转用审批，土地用途都是重要的审批事项，并需符合土地利用的总体规划。政府在征收后应当按照被批准的征地方案中的征地用途进行使用，如不得将征地方案中用于建设学校校舍的土地作为商业用地进行房地产开发。如果在土地征收完成后，允许政府对征收土地的用途进行随意变更，则不仅使得土地征收是不是"为了公共利益的需要"成为疑问，更使法律规定的征收审批程序成为一纸空文。征地机关如欲对土地用途进行变更，应当按照法定的审批程序重新提交原审批机关进行审批。否则，根据《土地管理法》的规定，不按照批准的用途使用土地的，农村集体经济组织在报原批准用地的人民政府批准后，可以收回土地的使用权。另一方面，征地用途属于法律、行政法规规定应当办理批准的事项，根据法律的规定，变更征地用途亦应依法报经批准。征收入擅自变更征地用途，属于未获得依法授权的越权行为，其行为主体资格存在瑕疵，如果事后不能获得有批准权的行政机关的追认，则其变更行为无效。而且征地的主体只能是国家，个人与村委会均无权征用农村集体土地。本案村委会无权征用土地，且其改变了土地用途，应认定该协议无效。

【风险提示】

农村土地是农民集体所有的重要资源，是农民生产生活的空间载体和增收致富的核心资产。乡村振兴与保护耕地并不矛盾。占用农村土地无证从事房地产开发，大建"小产权房"，违反法律，危害社会，不可能实现乡村振兴的长期目标。短期能够使农民增加一定的收入，从长期来看，不能增加乡村振兴的资金来源，不能促进土地要素的有效利用，对于保障农民脱贫致富、对于乡村振兴没有长远益处。

【法律规定速查】

《中华人民共和国土地管理法》（2019年8月26日修正）

第四十四条 建设占用土地，涉及农用地转为建设用地的，应当办理农用地转用审批手续。

永久基本农田转为建设用地的，由国务院批准。

在土地利用总体规划确定的城市和村庄、集镇建设用地规模范围内，为实施该规划而将永久基本农田以外的农用地转为建设用地的，按土地利用年度计划分批次按照国务院规定由原批准土地利用总体规划的机关或者其授权的机关批准。在已批准的农用地转用范围内，具体建设项目用地可以由市、县人民政府批准。

在土地利用总体规划确定的城市和村庄、集镇建设用地规模范围外，将永久基本农田以外的农用地转为建设用地的，由国务院或者国务院授权的省、自治区、直辖市人民政府批准。

第五十九条 乡镇企业、乡（镇）村公共设施、公益事业、农村村民住宅等乡（镇）村建设，应当按照村庄和集镇规划，合理布局，综合开发，配套建设；建设用地，应当符合乡（镇）土地利用总体规划和土地利用年度计划，并依照本法第四十四条、第六十条、第六十一条、第六十二条的规定办理审批手续。

《中华人民共和国民法典》（2020年5月28日）

第三百三十四条 土地承包经营权人依照法律规定，有权将土地承包经营权互换、转让。未经依法批准，不得将承包地用于非农建设。

第三百六十一条 集体所有的土地作为建设用地的，应当依照土地管理的法律规定办理。

二、农村房屋买卖合同纠纷存在的问题及相关案例

根据买受人身份的不同，农村房屋买卖分为三类：一是本集体经济组织成员之间的农村房屋买卖；二是本集体经济组织成员向其他集体经济组织成员出售农村房屋；三是城镇居民购买农村居民房屋。农村房屋买卖合同纠纷案件类型多样，但分布相对集中，主要集中在向本集体经济组织成员外的人员出售房屋的情形中，本集体经济组织成员之间的房屋买卖纠纷相对较少。后两类农村房屋买卖合同是否有效，如何平衡买卖双方的利益，将在下文问题中阐述。

农村房屋买卖纠纷的产生相当一部分原因系拆迁导致房屋价值上涨，原出卖人不愿意继续履行合同或者要求返还已交付的农村房屋。由于法律对农村房屋的流通存在诸多限制，较多地支持违约者主动性诉请导致存在一定的"诚信危机"。

问题 6：同一集体经济组织的村民间能否转让农村房屋？

【解答】

农村住房可以转让，但是由于宅基地的社会保障属性，交易主体受到一定限制。同一农村集体经济组织成员之间可以买卖农村房屋，但是村民将自己的房屋出售后再申请宅基地的，土地管理部门不予批准。

【案例】

同一集体经济组织成员之间转让房屋，应合法有效
——孙某 1 诉孙某 2、孙某 3 所有权确认纠纷案[①]

案情： 原告孙某 1 与案外人孙某 4 系同胞兄弟，均系原上海县陈行乡徐凌村 12 组的成员。案外人孙某 4 于 2013 年 1 月 17 日死亡，被告孙某 2 系孙某 4 的妻子，被告孙某 3 系孙某 4 的女儿。1984 年 6 月 10 日，孙某 4 将徐凌村 12 组房屋转让给原告孙某 1。孙某 4 向原告孙某 1 出具《私房转让凭据》一份，载明"我有私房两间，约五十平方米，位于刘家宅中段，房前临荷花池有一块场地；砖木结构，其中一间有木质室板和地板，并置有一条搁栅板。本人原准备拆迁另建，

[①] 参见上海市第一中级人民法院（2015）沪一中民二（民）终字第 128 号民事判决书。

因兄孙某1尚无地基造柴间,故提请我房子不要拆而作价转让给他。鉴于兄的实际需要,我同意兄的要求。为了慎重起见,请人于五月上旬估了价。实际价值为壹仟伍佰元。考虑到兄弟情谊,减价三分之一,即只收壹千(仟)元正(整)。对此,兄甚感满意。六月十日,兄弟俩正式议定,一次处理了结,立此为据,一式两份,各持一份"。《私房转让凭据》落款处,孙某4以转让人的身份签字确认,原告孙某1以接收人的身份签字确认。此后,徐凌村12组房屋由原告孙某1及其家人使用。2008年6月18日,原告孙某1与案外人上海漕河泾开发区经济技术发展有限公司(以下简称漕河泾公司)签订《上海市征用集体所有土地房屋拆迁补偿安置协议》,确认原告名下坐落于徐凌村12组的房屋建筑面积339.76平方米。经评估,其房屋重置单价为777.72元/平方米(建筑面积),土地使用权基价1.140元,价格补贴479.43元/平方米(建筑面积),货币补偿款(777.72元+1.140元+479.43元)×339.76平方米=814 455.68元,棚舍和其他附属物补偿款231 112.64元,搬家补助费6795.20元,过渡费16 308.48元,速迁奖励费15 000元,购房补贴费47 566元,各类动迁补偿款等共计1 131 238元。核准配置廉价商品房面积339.76平方米×70%=237.83平方米。在动迁配套商品房订购过程中,原告以其个人名义订购了上海市闵行区浦雪路×弄×号501室房屋,以其与案外人孙某4的名义订购了上海市闵行区浦驰南路×弄×号402室与×号401室房屋。2008年7月18日,孙某4与漕河泾公司签订《上海市征用集体所有土地房屋拆迁补偿安置协议》,确认徐凌村12组房屋建筑面积69.55平方米。经评估,其房屋重置单价为349元/平方米(建筑面积),土地使用权基价1140元,价格补贴372.25元/平方米(建筑面积),货币补偿款(349元+1140元+372.25元)×69.55平方米=129 449.94元,棚舍和其他附属物补偿款104 174.66元,搬家补助费1391元,过渡费3338.40元,速迁奖励费15 000元,购房补贴费9736元,各类动迁补偿款等共计263 090元。此外,因徐凌村12组房屋动拆迁,闵行区徐凌村还以动拆迁基金现金支付的方式,另行补偿100 000元。同日,孙某4还另行签订《照顾廉价安置房面积申请及回购的规定》一份,在动迁配套商品房订购过程中,孙某4以其名义订购了本案系争房屋。

2011年2月14日,孙某4与案外人上海浦陈房地产开发经营有限公司(以下简称浦陈公司)签订《上海市商品房出售合同》一份,购买本案系争房屋,购房的总房价款为326 676.40元,另物业管理费等5642.10元。其中,从动迁安置款账户直接划款支付260 975元,从上海闵士建筑装潢有限公司(以下简称闵士公司）划款支付71 343.56元，而闵士公司账下另有余款及利息31 519.32元，在孙某4去世后，已由两被告提款取现。2011年7月，系争房屋产权登记至孙某4名下，且系争房屋一直由原告孙某1的女儿孙某5、女婿乔某居住使用至今。2013年，原告向闵行区法院提起诉讼，要求确认本案系争房屋归其所有，并由被告孙某2、孙某3协助将系争房屋产权过户登记至其名下。目前，系争房屋仍登记于孙某4名下，且实际由孙某1交由孙某5与丈夫实际居住使用。

原告孙某1要求判令：确认位于上海市闵行区浦驰南路×弄×号101室房屋归原告孙某1所有；被告孙某2、孙某3协助原告孙某1办理上海市闵行区浦驰南路×弄×号101室房屋的产权过户手续。

一审判决：一、确认位于上海市闵行区浦驰南路×弄×号101室房屋归原告孙某1所有。二、被告孙某2、孙某3于判决生效之日起十五日内协助原告孙某1将上海市闵行区浦驰南路×弄×号101室房屋的产权过户登记至原告孙某1名下。办理上海市闵行区浦驰南路×弄×号101室房屋产权过户登记过程中产生的应交纳的税费，由原告孙某1负担。三、原告孙某1于判决生效之日起十五日内返还被告孙某2、孙某3人民币71 343.56元。四、原告孙某1于本判决生效之日起十五日内支付被告孙某2、孙某3补偿款人民币450 000元。

一审判决后，孙某2、孙某3不服提起上诉。二审判决驳回上诉，维持原判。

分析： 随着经济建设的快速发展，房屋价值不断上涨，农村宅基地房屋买卖也随之增加。但目前，我国对于农村宅基地房屋尚未建立完善统一的转让登记制度，农村宅基地房屋也没有房屋权利证明，而一般以土地使用证或宅基地使用权证作为房屋的权利凭证。因此，一旦发生农村宅基地房屋买卖，则必然对案件的审理与处理（特别是房屋权利归属问题），当事人实际利益的保护，以及维护社会稳定等方面带来困难。故有必要对此类案件的具体审理思路、适法与执法标准加以探究与统一，以切实解决宅基地房屋权利归属这一客观、现实的问题。

（一）关于农村宅基地房屋买卖合同效力认定问题

第一，合同必须要符合相关法律、司法解释的立法精神与基本原则。合同的形式、内容等具体环节应当与法律要求保持一致，以此作为判断合同效力的基础与依据，并严格审查买卖双方之合同真实意思表示。第二，合同签订主体应当严格限制于本村、镇集体经济组织内部。农村宅基地房屋本质上仍基于其宅基地之性质，具有较强的身份属性，故身份因素应予严格把握。而对于非本集体经济组织成员之间的宅基地房屋买卖合同，原则上应认定无效。第三，农村宅基地房屋登记等行政手续并非审查认定合同效力的必要条件。权利登记系依据物权法精神对房屋权利的公示效力,而合同效力应基于合同法精神与原则加以判断,欠缺登记手续不当然地认定合同无效。

本案中,徐凌村 12 组房屋虽系农村宅基地房屋,但房屋买卖双方系亲兄弟,属同一集体经济组织成员。从两人签订的《私房转让凭据》来看,其对徐凌村 12 组房屋转让的时间、原因、房屋结构、议价过程与实际成交价格等均作了详细的记载,且明确载明"兄弟俩正式议定,一次处理了结,立此为据",符合合同法精神与原则及合同基本要件。再考虑到双方签订《私房转让凭据》之事实发生于 1984 年,相关法律、法规并未出台或并不完备,欠缺具体的操作规则与程序,而农村宅基地房屋买卖也多以非官方的形式发生,当事人缺乏必要的认知与经验,客观上必要的申报、审批程序也缺失,综上而言,双方之间的买卖意思表示真实,《私房转让凭据》对双方均有拘束力。

(二)关于农村宅基地房屋权利归属的认定问题

如上所述,由于农村宅基地房屋转让缺乏依据与实际登记、公示程序,确认合同效力之后,房屋权利归属仍存有争议。建议从农村宅基地房屋买卖合同的实际履行情况确认房屋之归属。主要包括两个方面:一方面是指房屋对价款的支付情况,即审查购买人有没有实际支付买卖合同所约定之购买房屋的对价;另一方面是指房屋的实际交付与居住使用情况,即审查买卖合同签订后,房屋的交付情况、实际占有使用情况、是否具有添附或其他处分行为等。

本案中,如上所述,确认孙某 4 与孙某 1 就徐凌村 12 组房屋之转让系双方真实意思的前提下,包括房屋转让对价款的支付与实际交付使用两个方面,客观上均已履行完毕,由此认定孙某 1 为徐凌村 12 组房屋之实际权利人,符合客观实际。故虽因客观原因致徐凌村 12 组房屋直至拆迁仍登记在孙某 4 名下,但不影响孙某 1 以徐凌村 12 组房屋的实际权利人身份主张相关权利。

(三)关于农村宅基地房屋买卖后又经动、拆迁的利益归属问题

正因农村宅基地房屋的转让登记制度缺失,一般不具有房屋权利证明凭证,而以土地使用证或宅基地使用权证作为房屋的权利凭证,一旦遇到动、拆迁,特别是在已经转让后又遇到动、拆迁的情况下,如何界定其相应的利益归属,值得商榷并统一适法、执法。基于同一村、镇集体经济组织内部农村宅基地房屋的流转,综合考量上述两项因素后,应当确认受让方系房屋的实际权利人,故据此发生的动、拆迁及所得动、拆迁利益,应视为所涉农村宅基地房屋自身的动迁安置

利益的转化,应归属于确认的农村宅基地房屋权利人,而不应简单机械地以土地使用证或宅基地使用权证作为判断依据与基础。

本案中,双方争议之动迁安置房,即本案系争房屋系徐凌村12组房屋动迁,并用该房屋之动迁安置补偿款所购买的动迁配套商品房,应确认本案系争房屋实际系徐凌村12组房屋动迁安置利益的转化,应归属于徐凌村12组房屋的实际权利人,即原告孙某1。

【法律规定速查】

《中华人民共和国土地管理法》(2019年8月26日修正)

第六十二条 农村村民一户只能拥有一处宅基地,其宅基地的面积不得超过省、自治区、直辖市规定的标准。

人均土地少、不能保障一户拥有一处宅基地的地区,县级人民政府在充分尊重农村村民意愿的基础上,可以采取措施,按照省、自治区、直辖市规定的标准保障农村村民实现户有所居。

农村村民建住宅,应当符合乡(镇)土地利用总体规划、村庄规划,不得占用永久基本农田,并尽量使用原有的宅基地和村内空闲地。编制乡(镇)土地利用总体规划、村庄规划应当统筹并合理安排宅基地用地,改善农村村民居住环境和条件。

农村村民住宅用地,由乡(镇)人民政府审核批准;其中,涉及占用农用地的,依照本法第四十四条的规定办理审批手续。

农村村民出卖、出租、赠与住宅后,再申请宅基地的,不予批准。

国家允许进城落户的农村村民依法自愿有偿退出宅基地,鼓励农村集体经济组织及其成员盘活利用闲置宅基地和闲置住宅。

国务院农业农村主管部门负责全国农村宅基地改革和管理有关工作。

问题 7:违反"一户一宅"规定的农村房屋买卖合同的效力如何认定?

【解答】

"农村居民一户只能拥有一处宅基地"是对农村居民申请宅基地的限制性规定,但并不限制农村居民通过买受、承租方式取得宅基地。农村村民一户只能拥有一处宅基地,其宅基地的面积不得超过省、自治区、直辖市规定的标准。"一户一宅"标准不影响农村房屋买卖合同效力。合同效力的判断应以法律规定的有效要件为标准。可能导致农村宅基地房屋买卖合同无效的理由是其违反了法律、行政法规的强制性规定。即使合同的订立违反了其他部门颁布的规范性文件的强制性规定,也不能据此认定合同无效。

【案例】

违反"一户一宅"法律规定,并不导致合同无效
——何某诉徐某确认合同无效纠纷案①

案情: 原告何某、被告徐某均系天津市西青区张家窝镇炒米店村村民,农业户口。涉案房屋坐落于天津市西青区张家窝镇炒米店村南一宅基地,用地面积129.8平方米,建筑占地54.23平方米,集体土地建设用地使用证上载明的土地使用者为何某,登记时间为1991年9月。2009年,涉案房屋已经拆除,尚未还迁。原告认可于1999年收到房款6000元(包括何某1名下房屋,何某与何某1系父子关系),但称当时不同意卖房,退回房款被告不收。原告曾因涉案房屋问题多次向法院提起诉讼。原告何某诉称,原告没有卖房子的意愿,双方也没有书面买卖合同,被告不符合购买宅基地的法定条件,违反"一户一宅"的法律规定。原告特依法起诉请求判决原告、被告之间对坐落于西青区张家窝镇炒米店村南宅基地上房屋的口头买卖协议无效。被告徐某辩称,请求依法驳回原告诉讼请求。本案存在诉讼时效问题。虽然是口头协议,但也是协议,合同已经履行完毕。口头协议的标的已经不存在,确认无效没有意义。按照原告起诉理由,当初合同标的金额原告已经收取了,标的物现已不存在,无法返还。法院判决驳回原告何某的诉讼请求。

分析: "一户一宅"标准不影响买卖合同效力。合同效力的判断应以法律规定的合同有效要件为标准。可能导致农村宅基地房屋买卖合同无效的理由是其违反了法律、行政法规的强制性规定,此外即使合同的订立违背了其他部门颁布的规范性文件的强制性规定,也不能据此认定合同无效。2004年《土地管理法》第62条第4款规定:"农村村民出卖、出租住房后,再申请宅基地的,不予批准。"并未禁止农村宅基地上房屋的出售和出租。至于该法第63条规定:"农民集体所有

---

① 参见天津市西青区人民法院(2018)津0111民初1989号民事判决书。

土地的使用权不得出让、转让或者出租用于非农业建设……"① 其立法目的是限制农村集体土地用于非农业建设，而农村宅基地上的房屋即使出售也未改变宅基地的性质，其仍属于农村建设用地。可见，宅基地是可以买卖转让的，只是对农村居民申请宅基地有限制性规定。所以，对基于合法原因而取得宅基地的，可作变通处理，也就是说，法律并不限制农村居民通过买受、承租方式取得住房，违反"一户一宅"并不必然导致合同无效。另何某与徐某双方依法订立口头合同，应该遵守诚信原则，在双方当事人契约签订后，房屋已实际交付的情况下，由于如今的房屋涨价等因素，何某再主张合同无效，显然违背诚信的交易原则。

【法律规定速查】

《中华人民共和国土地管理法》（2019年8月26日修正）

第六十二条　农村村民一户只能拥有一处宅基地，其宅基地的面积不得超过省、自治区、直辖市规定的标准。

人均土地少、不能保障一户拥有一处宅基地的地区，县级人民政府在充分尊重农村村民意愿的基础上，可以采取措施，按照省、自治区、直辖市规定的标准保障农村村民实现户有所居。

农村村民建住宅，应当符合乡（镇）土地利用总体规划、村庄规划，不得占用永久基本农田，并尽量使用原有的宅基地和村内空闲地。编制乡（镇）土地利用总体规划、村庄规划应当统筹并合理安排宅基地用地，改善农村村民居住环境和条件。

农村村民住宅用地，由乡（镇）人民政府审核批准；其中，涉及占用农用地的，依照本法第四十四条的规定办理审批手续。

农村村民出卖、出租、赠与住宅后，再申请宅基地的，不予批准。

……

《中华人民共和国民法典》（2020年5月28日）

第一百五十三条　违反法律、行政法规的强制性规定的民事法律行为无效。但是，该强制性规定不导致该民事法律行为无效的除外。

违背公序良俗的民事法律行为无效。

---

① 现对应2019年修正的《土地管理法》第62条第5款、第63条。

问题 8：未经其他共有人同意出售共有农村房屋的，该出售房屋的合同是否有效？

【解答】

对共有人未经其他共有人同意出售共有房屋的争议，目前集中在夫妻一方未经他方同意出售夫妻共同财产。无权处分行为包括完全无处分权人、部分处分权人、限制处分权人处分案涉财产的行为。部分共有人未经其他共有人同意处分共有财产，不影响房屋买卖合同的效力。

出卖人向集体经济组织成员之外的人转让宅基地使用权后，又主张合同无效的，认定出卖人对合同无效具有较大过错，并以现有房屋价值（含土地价值）与购买房屋时的差价确定买受人的损失。

【案例】

未经共有人同意，不影响房屋买卖合同的效力
——郭某与徐某、第三人诸暨市永兴房屋拆迁服务有限公司
农村房屋买卖合同纠纷案[①]

案情：原告、被告系同一村集体经济组织成员。被告在 1987 年 3 月 2 日通过竞标以 1447 元的价格获得原大侣乡徐家村老陆队照顾户郭某生草屋三间。为此，大侣乡徐家老陆生产队、大侣乡徐家村村民委员会出具《立永卖草屋契》一份。后被告以 4000 元的价格将该三间草屋转让给原告，并在《立永卖草屋契》左上角载明："此买房契我自愿送好友郭某为业，子孙后代永无反悔。"《立永卖草屋契》也交与原告郭某持有。2014 年 10 月 5 日，原告、被告双方签订了《房屋转让合同》一份，该合同第 1 条内容为："乙方将其位于一九八七年原购买自老陆生产队的郭某生三间草屋转让给甲方。该房产具体情况详见《徐家老陆生产队立卖草屋契》（一九八七年三月二日立）。该处房产的相关权益随房屋一并转让。"第 2 条内容为："一九八七年乙方已经收到甲方支付的购房款，共计人民币 4000 元。" 2017 年 3 月、4 月，被告与诸暨市人民政府暨阳街道办事处、诸暨市人民政府土地储备中心、诸暨市城市建设投资发展有限公司（受委托服务单位均为诸暨市永兴房屋拆迁服务有限公司）分别签订了《诸暨市 2017 年"三改"专项行动房屋征收补

---

① 参见浙江省绍兴市中级人民法院（2017）浙 06 民终 3322 号民事判决书。

偿安置协议》《诸暨市2017年"三改"专项行动房屋征收补偿安置补充协议》。现原告郭某起诉请求：确认原告、被告签订的《房屋转让合同》有效；判令第三人诸暨市永兴房屋拆迁服务有限公司向原告赔付徐家老陆队三间草屋（约101平方米）的拆迁补偿款270万元（暂估）。

一审判决：确认原告郭某与被告徐某之间的关于原徐家村三间草屋的房屋买卖合同有效；因房屋征收产生的利益由原告郭某享有。

被告不服，上诉称被告与毛某于1970年6月8日登记结婚，三间草屋的宅基地属上诉人与毛某的夫妻共同财产，被告出卖三间宅基地未经共有人同意，应属无效。

分析： 对于被告以其系无权处分为由主张合同无效的上诉理由，虽《立永卖草屋契》《房屋转让合同》没有毛某签字，因被告与毛某系夫妻关系，由被告作为户主主导转让家庭共有财产符合我国农村房屋买卖交易惯例，原告有理由相信被告征得其他家庭成员同意后出面将涉案房屋转让。而且，在被告将讼争房屋交付后原告进行了重新建造，并在长达20年左右的时间里占有、使用涉案房屋，且在被告未提供证据证明毛某存在对上述事实不应当知情的情形下，毛某对此长期未提出异议，可以认定毛某对被告处分家庭共有房屋应该是知情和同意的。另外，根据2015年《最高人民法院关于审理买卖合同纠纷案件适用法律问题的解释》第3条第1款的规定，被告的该项上诉理由，缺乏事实和法律依据，不予采纳。

【法律规定速查】

《中华人民共和国民法典》（2020年5月28日）

第五百九十七条　因出卖人未取得处分权致使标的物所有权不能转移的，买受人可以解除合同并请求出卖人承担违约责任。

法律、行政法规禁止或者限制转让的标的物，依照其规定。

问题 9：农村房屋连环买卖纠纷案件可以要求法院合并审理吗?

【解答】

房屋买卖合同纠纷，在标的相同和法律上存在关联性的情形下，基于查明案件事实、减少当事人诉累的需要，根据诉的合并审理的法理，对买卖合同涉及的标的予以一并处理，既有利于查明案件事实，也有利于节约司法成本。

【案例】

有关联的农村房屋买卖纠纷，可以一并起诉处理
——张某1诉杨某、张某2等房屋买卖合同纠纷案[①]

案情： 1997年3月，季某1（季某2之父，已去世）向村委会在原预制厂地块申请建房3间，占用土地面积合计126平方米，其中楼屋3间108平方米，平台长1.5米、宽12米，计18平方米；跳梁长1.5米、宽12米，计18平方米。在该申请表中，乡镇土管员审查意见写明："留足公路留用地同意拆建75.6平方米，扩建51.4平方米。"1997年4月1日，地方办事处同意季某1建房75.6平方米。事后，季某1在上述地块建造了3间四层半楼房。2000年7月4日，张某3（季某2之夫）将季某1建造的房屋中的一间（北边）出卖给杨某，双方在他人的见证下签订了买卖契约。该契约中写明了房屋的四至、价款58 000元当即付清及房屋由季某1代审批新建等内容。事后，杨某支付了房款，占有了房屋并进行了房屋内部装修。2004年5月5日，杨某将从张某3处购得的房屋出卖给张某1，双方签订了房屋买卖契约，契约写明了房屋的四至、价款148 000元、当即付清等内容。张某1支付价款接收房屋后，在房屋内建造了三层至四层的楼梯，进行了外墙粉刷及内部整修等，之后便将房屋用以出租。2017年下半年，该村进行城中村改造建设，案涉房屋现已腾空。在进行城中村改造过程中，村委会确定了原季某1房屋占地面积与建筑物面积，原预制场处无证房屋按批文75.6平方米确认；另51.4平方米占地有村超平方发票2109.8元，该部分建筑面积按51.4平方米×4.5层＝231.3平方米予以建筑拆迁补偿。当事人对房屋建筑按城中村改造标准，占地面积按每平方米12 600元补偿，地上建筑物按重置价每平方米649.2元补偿无异议。经村委会评定，原季某1房屋建筑面积为350平方米，房屋价值为227 220元，装修价值为62 926元，附属物价值为170 156元，以上三项合计460 302元。另外，张某1、杨某、张某2均非白林村集体组织成员，且张某1系非农村居民。张某1以其向杨某、张某2购买的房屋土地使用权性质为集体，依法不得向非本集体成员转让或出售为由提起诉讼，要求：确认其与张某3、季某2于2004年5月5日签订的《房屋买卖契约》无效；由杨某、张某2退还购房款148 000元；由杨某、张某2、张某3、季某2赔偿404 713元。

[①] 参见浙江省金华市中级人民法院（2018）浙07民终2496号民事判决书。

分析：案件的第一个争议焦点是张某1将"一手出卖人"季某2、张某3一并起诉为被告是否合适。季某2、张某3认为自己并未与张某1发生房屋买卖合同关系，张某1的起诉违反合同相对性原则。在一般的房屋买卖合同纠纷案例中，鉴于合同相对性原则的约束，买受人仅起诉其对应的出卖人作为被告的情形居多，且参考《浙江省高级人民法院关于审理涉及房地产登记民事案件若干问题的意见（试行）》第11条第1款的规定，"城市房屋经多次转手买卖，均未办理过户登记手续，最后一手买受人起诉前手出卖人，要求协助办理过户登记手续的，应当将登记权利人列为第三人参加诉讼，并可判决其协助办理过户登记手续"，登记权利人也仅作为第三人参加诉讼。而本案的情况却略有不同，作为农村房屋连环买卖引发的纠纷，张某1虽不是季某2、张某3房屋买卖合同的相对人，但案涉两份买卖合同标的相同，存在法律上的关联性，且杨某已参加诉讼，合同当事人的诉讼利益并未受到损害，因此，将两份买卖合同合并审理，系基于诉的合并审理的法理，同时有利于查明案件事实、减少当事人诉累。

案涉的两份房屋买卖合同均涉及农村宅基地使用权的转让，而两个买受人张某1、杨某均非该集体组织成员，故两份买卖合同的签订属于违反法律、行政法规的强制性规定，当然无效。在合同被确认为无效后，因该合同取得的财产，应当予以返还；不能返还或者没有必要返还的，应当折价补偿。有过错的一方应当赔偿对方因此所受到的损失，双方都有过错的，应当各自承担相应的责任。所以，案件的第二个争议焦点是合同当事人的责任如何确定。(1)根据法律规定，既然两个房屋买卖合同均被认定无效，杨某作为第二个买卖合同的出卖人，是否应该将购房款返还给买受人张某1或者折价补偿呢？此时不能机械化地解读法条，需要考虑具体案情，买受人张某1已占有房屋十余年并一直用于出租获取收益，且出卖人杨某在诉讼中未主张房屋连环买卖中的给付利益，亦未主张分享房屋拆迁改造的补偿利益，此时再让杨某返还购房款，缺乏合理性。(2)张某1、杨某与张某3作为案涉合同的相对人，对无效合同的违法性均具有过错。而对于张某1的赔偿请求，则应区分杨某与张某3两人的不同情况。因此，该案承办人结合案情最后认定由占有房屋的拆迁改造利益的张某3、季某2承担相应赔偿责任，合理合法。

案件的第三个争议焦点是赔偿数额如何确定。一般情况下，在农村房屋买卖合同被确认无效后，买受人请求赔偿损失时应当全面考虑出卖人因升值或拆迁、补偿所获得的利益，以及买受人因房屋现值和原买卖价格的差异所受到的损失两方面的因素予以确定。该案承办人没有选择通过评估房屋价值来确定赔偿金额，也没有简单以房屋的拆迁补偿价值作为赔偿款的唯一依据，而是综合考量当事人的过错程度、买受人已长期占用房屋、房屋拆迁改造的补偿利益尚未全部获得等因素，确定由原房屋出卖人即案涉房屋拆迁改造利益的占有人承担主要的赔偿责任，同时考虑宅基地的补偿价值，房屋整体的装修价值、附属物价值、无合法审批手续建设的建筑部分价值，以及买受人占有的部分未作单独评定价值的情况，最终确定了一个较为合理的赔偿金额，这一点值得借鉴。

【风险提示】

受现行法律及司法政策因素影响，在第一手农村房屋买卖合同无效的情况下，后手农村房屋买卖合同应属无效。同时，为维护诚信原则及稳定社会秩序，若村民将农村房屋出售给集体经济组织成员之外的人，后该买受人将该房屋再次转售给该集体经济组织其他成员的，应否定原出卖人、后手出卖人的房屋返还请求权。连续的农村房屋买卖合同宣告无效，原出卖人并未丧失对房屋的所有权及宅基地的使用权。其可以基于原《合同法》第58条①之规定请求原买受人返还财产，或基于物权返还请求权请求后手买受人返还房屋。但直接向后手买受人主张返还房屋的，应按占有（或善意占有或恶意占有）物返还确定相应的返还责任。认定原出卖人可以依据原《合同法》第58条之规定向原买受人主张返还的依据是原买受人虽然并未现实占有房屋，但该未现实占有并不构成法律上的"不能返还"。后手买受人原则上不得依据原《合同法》第58条之规定，向原出卖人主张返还赔偿损失，其仅可以依据占有人（或善意或恶意）主张相应义务，如改良费用（装饰装修）的偿还，善意占有人对非重大过失致房屋灭失不负责任。原《合同法》第58条确定的返还请求、赔偿损失仍限于无效合同当事人之间，并不及于第三人。

问题 10：农村房屋买卖合同无效后，是否必然判决买房人腾退房屋？

【解答】

根据《土地管理法》的相关规定，农村宅基地的所有权属于集体所有，带有一定的福利性质，非集体经济组织成员不得购买本村房屋，否则合同无效。合同

---

① 现对应《民法典》第157条。

无效后，出让人主张受让人腾退房屋时，法院应该同时向受让人释明其可以提出赔偿之诉，在赔偿金额无法确认的情况下，腾退房屋的请求不应予以支持。

【案例】

房屋买卖合同无效后，出卖人违背诚信原则，买受人可以不返还房屋
——宗某诉王某农村房屋买卖合同纠纷案[①]

案情： 北京市通州区宋庄镇任庄村后街×号有院落一处，该院落的集体土地建设用地使用证上登记的土地使用者为宗某。2003年6月6日，宗某与王某签订《买卖房屋协议书》一份，该协议载明："甲方任庄村村民宗某将闲置的前院正房肆间×号院，厢房肆间，包括院墙……总计卖价叁万玖仟伍佰元，现款笔下交清……前院房屋四至：东至空地，南至道，西至道，北至任某，如果因国家占地拆迁或其他原因动用，一切利益归乙方王某所有，任何其他人员不得干涉。如果乙方王某将房屋卖出，任某优先，此协议一式两份，甲乙双方各一份。"王某、宗某、任某在落款处签字。协议书上还有北京市通州区宋庄镇任庄村村民委员会（以下简称任庄村委会）负责人签字，并加盖了任庄村委会公章。

上述协议签订后，双方依约履行了协议，之后该院落一直由王某占有使用。2003年10月12日，任庄村委会在涉案院落的集体土地建设用地使用证变更记事事项处登记：原宗某私有财产正房四间、厢房四间，使用面积210平方米及其他建筑物卖给北京市朝阳区小亮马桥居×号王某，此房屋×号院所有权归王某所有，特此变更，并加盖任庄村委会公章且村委会负责人签字。王某不是涉案房屋所在任庄村的集体经济组织成员。宗某向法院起诉：确认宗某与王某于2003年6月6日签订的《买卖房屋协议书》无效；要求王某腾退房屋。法院判决：一、确认宗某与王某于2003年6月6日签订的《买卖房屋协议书》无效。二、驳回宗某的其他诉讼请求。

分析： 违反国家法律、行政法规强制性规定的合同应属无效。农村房屋买卖必然涉及宅基地使用权的处分，根据《土地管理法》等法律的规定，农村宅基地的所有权属于集体所有，农民集体所有的土地的使用权不得出让、转让或出租用于非农业建设，所以农村宅基地使用权人在对宅基地行使收益和处分权利时，应

[①] 参见北京市第三中级人民法院（2018）京03民终8634号民事判决书。

当受到严格的限制，但在处理具体案件时应当结合个案不同的实际情况综合加以判断。本案中，王某不是涉案宅基地所在任庄村委会集体经济组织成员，不享有对涉案宅基地的使用权资格。虽然双方在签订涉案合同时，经过了任庄村委会的同意，但这并不代表王某成了任庄村委会集体经济组织成员，不能当然获得涉案宅基地的使用权资格。故宗某与王某于 2003 年 6 月 6 日签订的《买卖房屋协议书》系无效合同，且宗某、王某对合同无效均有过错。对于宗某要求确认双方签订的农村房屋买卖合同无效的诉讼请求，予以支持。庭审过程中，宗某向法院提起了关于评估涉案房屋价值的鉴定，在目前宅地一体的格局下，法院经综合考虑不予准许。原因如下：第一，鉴定农村房屋市场价值必须有该房屋所在区域的区位补偿价，但目前涉案房屋不涉及拆迁，其所在区域没有明确的区位补偿价，无法直接通过鉴定对房屋价值进行合理评估。第二，通州区正在进行城市副中心建设，涉及大规模的占地拆迁，土地及农村房屋价值涨幅较大，不宜仅参考邻近区域价格对涉案房屋进行估值。

　　对于宗某提出的要求王某腾退房屋的诉讼请求，不予支持，理由如下：第一，按照我国法律规定，合同无效后的法律效果需要一并处理，但在农村房屋买卖合同案件中，为保证公平公正，应将赔偿和腾退房屋一并处理。目前由于无法评估涉案房屋的价值，宗某无法对王某进行合理赔偿，故对于宗某要求王某腾退房屋的诉讼请求，证据不足，不予支持。第二，涉案房屋买卖行为发生在 2003 年，钱物两清。2003 年发生的行为虽在法律上无效，但系双方真实意思表示。该行为发生至今已经 15 年，涉案房屋始终由王某修缮居住。宅基地使用权作为一种用益物权，具有福利和社会保障功能，防止农民因出卖房屋失去土地及房屋致贫。本案中，宗某在出卖房屋后，2017 年之前从未主张房屋相关权利，现因其他原因违背曾经自愿订立的契约，不认可 2003 年的房屋出售行为，虽目前法律上确认房屋买卖合同无效，但宗某的行为不符合诚信原则。综上所述，宗某要求王某腾退涉案房屋及院落的诉讼请求，不予支持。

【风险提示】

　　合同无效后的法律效果需要一并处理，但在农村房屋买卖合同案件中，为保证公平公正，赔偿和腾退房屋应一并处理。房屋买卖合同无效后，对其判决腾退房屋时，也要考虑到购买方的赔偿问题，在赔偿损失无法确定的情况下，腾退房屋的请求不应支持，否则，只判决房屋腾退会显失公平。判决的法律效果与社会效果要统一。

【法律规定速查】

《中华人民共和国民法典》（2020年5月28日）

第一百五十五条　无效的或者被撤销的民事法律行为自始没有法律约束力。

第一百五十六条　民事法律行为部分无效，不影响其他部分效力的，其他部分仍然有效。

第一百五十七条　民事法律行为无效、被撤销或者确定不发生效力后，行为人因该行为取得的财产，应当予以返还；不能返还或者没有必要返还的，应当折价补偿。有过错的一方应当赔偿对方由此所受到的损失；各方都有过错的，应当各自承担相应的责任。法律另有规定的，依照其规定。

问题 11：同村村民之间房屋买卖合同是否有效?

【解答】

同村村民之间转让房屋并不违反法律的规定，且从房屋有效利用的角度，应对村民之间转让房屋的行为予以认可，积极鼓励村民之间进行房屋转让，既有利于节约农村土地，也有利于防止农村房屋资源的浪费。

【案例】

同村村民之间转让房屋合同合法有效
——唐某诉唐某1房屋买卖合同纠纷案[①]

案情：原告、被告双方均为某村村民。原告唐某因家中住房紧张，欲新建房屋以改善居住条件。被告唐某1除现有住房外，另在本村有老屋一间，系其分家析产所得。原告唐某与被告唐某1于2017年2月5日签订《协议书》一份，协议签订后，双方依约各自履行了付款交房义务。原告经了解得知，属"一户两宅"的房屋需要村镇同意才能买卖，不符合政策的房屋将要被拆除。原告认为，被告明知自己属于"一户两宅"，违反"一户一宅"政策，村里已通知要按规定拆除老屋，但被告仍将该房屋出卖给他，其欺诈行为明显，从被告处所购的房屋随时有

---

① 参见浙江省兰溪市人民法院（2017）浙0781民初1906号民事判决书。

被拆除的可能，已无法实现原告的购房目的。且原被告双方的旧房买卖协议违反法律的规定，属原《合同法》第52条规定的合同无效的情形。遂起诉至法院，请求法院确认房屋买卖合同无效并由被告返还原告购房款。被告则认为，原被告作为同一集体经济组织的成员，双方自愿签订旧房买卖协议书，并已经按照协议书的约定全面履行了各自的义务，不存在违反国家法律规定的情况，协议当属有效。原告之所以想解除协议是想另外选择地点建房而故意反悔，是不守信的行为，不应当得到法律的支持，要求驳回原告的诉请。

法院判决被告应返还原告购房款10 000元。一审判决后，原告、被告提起上诉，二审维持原判。

分析：根据《土地管理法》第62条第1款的规定，"农村村民一户只能拥有一处宅基地，其宅基地的面积不得超过省、自治区、直辖市规定的标准"，仅从字面上来看，一户村民如果拥有两处以上宅基地当然违反法律规定，即便是本集体经济组织成员，有住宅又购买其他住户住宅的，房屋买卖合同应当无效。在实践中，对于农村房屋买卖合同纠纷中购房合同的法律效力问题，应当根据《土地管理法》的规定，结合案件实际情况综合认定。在农村房屋买卖合同关系中，买受人与出让人需要满足特定的政策条件才能进行房屋买卖交易，否则可能因违反法律、行政法规之强制性规定而导致合同为无效合同，从而产生纠纷。前述案例的争议焦点：一是被告是否违反"一户一宅"政策，涉案房屋能否正常交易；二是原告、被告双方签订的《协议书》是否违反法律、行政法规的强制性规定。本案中，涉案房屋是被告基于继承所得，根据法律规定被告在此种情况下并不违反"一户一宅"政策，对涉案房屋拥有处分权。原告、被告双方签订的《协议书》系双方真实意思表示，且两人隶属同一集体经济组织，并未违反法律、行政法规的强制性规定。原告受让房屋后可依据相关程序进行审批建房，现有证据不足以证明原告的合同目的不能实现。关于被告是否有《协议书》中"门口基地"的处分权问题。《协议书》中记载的面积为100平方米，但集体土地建设用地使用证记载的用地面积仅为48.4平方米，被告未提交证据证明其享有"门口基地"的使用权，法院认定其对该部分土地没有处分权。原告、被告双方的《协议书》中对该屋前宅基地的处分也一定程度体现在了购房款金额上，因此结合本案具体情况，综合买卖合同总价款、房屋及屋前的宅基地面积、价值等因素，法院判决被告酌情返还部分购房款。

妥善处理农村房屋买卖纠纷对维护农民合法权益、保障和促进农村房屋健康有序流转具有十分重要的意义，审理此类案件，在依法办案的同时，还应当综合平衡当事人双方的利益，倡导诚信守法的价值观念，注重法律效果和社会效果的有机统一。

【法律规定速查】

《中华人民共和国土地管理法》（2019年8月26日修正）

第六十二条　农村村民一户只能拥有一处宅基地，其宅基地的面积不得超过省、自治区、直辖市规定的标准。

人均土地少、不能保障一户拥有一处宅基地的地区，县级人民政府在充分尊重农村村民意愿的基础上，可以采取措施，按照省、自治区、直辖市规定的标准保障农村村民实现户有所居。

农村村民建住宅，应当符合乡（镇）土地利用总体规划、村庄规划，不得占用永久基本农田，并尽量使用原有的宅基地和村内空闲地。编制乡（镇）土地利用总体规划、村庄规划应当统筹并合理安排宅基地用地，改善农村村民居住环境和条件。

农村村民住宅用地，由乡（镇）人民政府审核批准；其中，涉及占用农用地的，依照本法第四十四条的规定办理审批手续。

农村村民出卖、出租、赠与住宅后，再申请宅基地的，不予批准。

国家允许进城落户的农村村民依法自愿有偿退出宅基地，鼓励农村集体经济组织及其成员盘活利用闲置宅基地和闲置住宅。

国务院农业农村主管部门负责全国农村宅基地改革和管理有关工作。

问题 *12*：非本村村民购买农村房屋的房屋买卖合同是否有效？

【解答】

农村宅基地的所有权归集体经济组织所有，由村集体经济组织或者村民委员会经营、管理，使用权归农村居民，非集体经济组织成员无权取得。农村村民对其取得的宅基地使用权的处分权利受到一定限制，村民处分自有房屋的同时也处分了宅基地使用权，损害了集体经济组织的权益，为法律法规明确禁止，村民由此签订的农村房屋买卖合同无效。

【案例】

非本村村民购买农村房屋，农村房屋买卖合同无效
——程某、张某诉德清县某房产经纪服务所、
姚某、倪某1、倪某2、陆某房屋买卖合同纠纷案[①]

案情： 经被告德清县某房产经纪服务所居间介绍，原告程某、张某与被告姚某、倪某1、倪某2、陆某协商并签订《房屋买卖协议》一份，四被告将位于德清县新市镇厚皋村中心组姚某的新农村自建房和土地卖给二原告，房产面积大约590平方米（室内是毛坯房），土地和房子总价格1 080 000元整。另协商约定，四被告同意二原告要求把围墙全部弄好，围墙的费用由四被告自行承担，在交余款1 000 000元前将围墙修好。协议载明，土地和房屋卖给二原告是永久性的，自建房现不具备过户条件，如有条件过户，四被告无条件协助办理过户手续。签订合同当天二原告付给四被告购房定金80 000元，其他房款于2018年8月左右一次性付清，交付定金后将房屋交给二原告装修，房款未付清情况下，不能搬进房内居住。双方在协议上签字确认，被告德清县某房产经纪服务所在证明人处签字盖章。2018年4月22日，原告程某以银行转账方式向被告姚某交付购房定金80 000元，被告姚某出具收条一份。同日，原告程某向被告德清县某房产经纪服务所交付中介费8000元，被告德清县某房产经纪服务所出具收据联一份。购房定金交付后，被告按约修建围墙（未施工完毕），2018年5月初，原告、被告即因房屋面积事宜产生争议，故纠纷成讼。法院在立案审查时认为：农村宅基地的所有权归集体经济组织所有，由村集体经济组织或者村民委员会经营、管理，使用权归农村居民，非集体经济组织成员无权取得。农村村民对其取得的宅基地使用权的处分权利受到一定限制，村民处分自有房屋的同时也处分了宅基地使用权，损害了集体经济组织的权益，是法律法规明确禁止的，村民由此签订的农村房屋买卖合同无效。本诉原告系江苏省灌云县下车镇彭渡村村民，非案涉房屋所在村集体组织成员，故案涉《房屋买卖协议》无效，原告、被告对此均无异议。《房屋买卖协议》无效，因该协议取得的财产，应当予以返还，本诉被告德清县某房产经纪服务所作为居间人在协议证明人处签字盖章，现合同未促成，据此所得的中介费亦应予以返还。因《房屋买卖协议》无效，造成的损失，应根据过错原则

---

① 参见浙江省德清县人民法院（2018）浙0521民初2883号民事判决书。

承担。

分析： 本案争议焦点是《房屋买卖协议》的效力问题；若协议无效，财产返还及损失承担的问题。对农村房屋买卖问题，原《物权法》和《土地管理法》都作了规定，明确了农村宅基地的所有权归集体经济组织所有，由村集体经济组织或者村民委员会经营、管理，使用权归农村村民，非集体经济组织成员无权取得，村民由此签订的农村房屋买卖合同无效。因该协议取得的财产，应当予以返还。本诉被告德清县某房产经纪服务所作为居间人在协议证明人处签字盖章，现合同未促成，据此所得的中介费亦应予以返还。因《房屋买卖协议》无效，造成的损失，应根据过错原则承担。关于反诉原告主张围墙损失、租金损失的诉讼请求，经查，从协议载明的内容可知，原告、被告就案涉房屋无法办理房产证达成一致意见，且交易房款较市场价格低廉，双方在明知情况下，仍订立协议，双方过错程度相当。

关于围墙损失。反诉原告在反诉被告要求下建造围墙，现已实际支出的围墙建造费用，因合同无效而应根据过错原则由双方分担。如前所述，反诉原告提供的证据不能证实围墙造价15 000元，双方对此无法协商一致亦未提交评估，根据走访调查，综合围墙现状以及考虑围墙仍附着于案涉房屋并未灭失等情况，酌情确定反诉被告对修砌围墙支出承担与其过错程度相当的费用为4000元。

关于租金损失。首先，案涉房屋位于新农村居民区，属毛坯楼房，未予装修，反诉原告陈述因未缴纳费用而未开通水电，故该楼房目前不具备居住条件；其次，如前所述，本诉被告德清县某房产经纪服务所出具的租金说明不予采信，反诉原告亦未提供证据证实出租他人的交易历史；最后，反诉原告陈述2018年5月初双方就协议产生争议而未继续安装围墙护栏，亦陈述隔壁邻居处存有钥匙，仍能进出房屋，案涉房屋的现有状态除围墙外未有改变，而围墙未设置门锁，不存在排除反诉原告占有使用房屋的情形。

【法律规定速查】

《中华人民共和国土地管理法》（2019年8月26日修正）

第九条 城市市区的土地属于国家所有。

农村和城市郊区的土地，除由法律规定属于国家所有的以外，属于农民集体所有；宅基地和自留地、自留山，属于农民集体所有。

《中华人民共和国民法典》（2020 年 5 月 28 日）

第三百六十二条 宅基地使用权人依法对集体所有的土地享有占有和使用的权利，有权依法利用该土地建造住宅及其附属设施。

第三百六十三条 宅基地使用权的取得、行使和转让，适用土地管理的法律和国家有关规定。

问题 13：出卖人一定能依据房屋买卖合同无效而收回房屋吗？

【解答】

农村房屋买卖合同无效，在合同双方均有过错的情况下，且买受人购买房屋后已经做了修缮重建，在当地农村生活居住时间比较久，已经融入当地生活，又无其他住房，如果允许出卖人收回房屋，则会显失公平。

【案例】

房屋买卖合同无效，并不必然导致房屋返还
——张某、赵某、符某、赵某1 与商某农村房屋买卖合同纠纷案[①]

案情：原告张某系原告赵某、赵某1 母亲，原告赵某、符某原系夫妻关系。2005 年 10 月 22 日，原告赵某及其父亲赵某2 与被告商某在原告亲房叔伯及村干部的见证下，签订了《房屋断卖契》一份，约定原告将坐落于云和县隔溪寮村 × 号的部分房屋以 59 800 元的价格出售给被告。2005 年 11 月 24 日，诉争房屋的土地以赵某2 户五人（包含本案所有原告在内）的标准办理了宅基地土地使用权审批手续。被告商某购买涉案房屋后，对该房屋进行了装修，并将房屋的瓦、椽、墙体部位等进行了修缮。被告商某自购买该房屋后，一直居住至今。2013 年 11 月，原告赵某父亲准备对坐落于云和县隔溪寮村 × 号的自住房屋进行翻修，向云和县住建局提出旧房翻新的申请，但由于原告户的宅基地名额已在诉争房屋宅基地土地使用权审批手续中使用过，从而导致其自住房屋以旧翻新的申请无法通过政府相应部门的审批。现原告主张其出售给被告的房屋买卖合同无效，要求被告返还房屋；其将购房款 59 800 元退还给被告。被告商某在本案一审的诉讼过程中提出反诉，要求原告赔偿损失 90 万元，在重审过程中，被告商某撤回对原告的上

---

① 参见浙江省云和县人民法院（2015）丽云民重字第 1 号民事判决书。

述反诉请求。另查明，原告赵某目前所居住的房屋距离涉案房屋5米左右，并于1993年8月30日以家庭六口人（本案四原告和赵某2及原告赵某之子）的标准补办了土地使用权手续，该宅基地登记在赵某名下。法院于2017年2月24日委托丽水处州资产评估有限公司对坐落于云和县隔溪寮村×号涉案房地产依法进行评估。丽水处州资产评估有限公司对涉案房地产评估的结论为资产评估值人民币245 850元。鉴定费用为人民币3000元。

原告请求依法判决原告赵某以及原告父亲赵某2与被告商某于2005年10月22日订立的《房屋断卖契》无效；被告将坐落于云和县隔溪寮村×号的诉争房屋腾退给原告；原告返还被告购房款59 800元。

被告商某答辩称：（1）2005年10月22日原告、被告所签订的《房屋断卖契》是双方的真实意思表示，已经征得当地、当时的村委会主任、村支部书记等主要村干部的同意和确认。而且买卖房屋时，云和县人民政府的政策是允许此类房屋买卖，并且可以过户。（2）被告善意购得上述房产后居住至今，已经实际占有、管理、使用长达12年，而且已经将原来的破旧老屋进行过彻底翻新、修缮，并且增加了厨房、灶台、卫生间等，应当维护其稳定性。（3）原告用合法形式，提起恶意诉讼，企图牟取土地升值利益。所以，人民法院对原告这种恶意诉讼行为，应当依法采取相应的惩罚性措施。（4）本案所涉买卖房屋的宅基地确实是村民集体土地，若不能流转，则应由隔溪寮村村委会集体主张，原告无权主张。（5）云和法院委托评估的房地产评估结论遗漏了被告新建的厨房、灶台、卫生间等设施，而且建筑面积也少算了12.45平方米。

一审法院判决：一、原告赵某等人与被告商某于2005年10月22日签订的《房屋断卖契》无效；二、驳回原告赵某等人的其他诉讼请求。

分析：首先，案涉诉争房屋是建造在农村宅基地上，为宅基地的附着物，与宅基地具有不可分离性。而宅基地使用权是集体经济组织成员享有的权利，与特定的身份关系相关联，农村村民转让宅基地使用权有一定限制，即非本集体经济组织成员无权取得或变相取得。其次，被告商某未举证证明其为涉案房屋所在的集体经济组织成员，且其至今也未取得该村集体经济组织成员资格，因此，被告商某对诉争房屋的宅基地使用权因其非该村集体经济组织成员而未能取得。最后，基于农村房屋及宅基地使用权不可分的前提，因被告商某不具有购买本案讼争房屋的主体资格，故商某与赵某1等人签订的《房屋断卖契》因违反法律强制性规定应当认定无效。关于农村房屋买卖合同确认无效后，出卖人是否有权向买受人提出返还房屋请求的问题。本案诉争房屋纠纷中，出卖人作为原宅基地的使用权人，其售房行为隐含了放弃宅基地使用权的意思表示，根据"房地一致"原则，出卖人既放弃宅基地使用权又转让了房屋所有权，无权再向买受人提出返还房屋的要求，故赵某1等人在已经失去宅基地使用权的情况下要求返还案涉房屋，缺乏依据。当然，案涉房屋宅基地使用权并不因买受人购房行为而当然享有，后续事项应由相关集体土地所有人进行处置。被告商某的户籍虽在相邻的景宁畲族自治县，但其长期在购房所在地云和县生活居住，其购买案涉农村房屋已有12年，且该房屋是被告商某生活居住所用的唯一房屋。另外，据调查了解，在云和生活居住的类似于被告商某情况的"在云景宁人"有二三万人，他们已彻底融入了云和当地居民的生活，被称为"新云和人"，如果允许将案涉房屋返还给原告，则会引发"蝴蝶效应"，带来系列社会问题。对案涉房地产的评估目前来说难以反映其真实的价值。法院虽然对案涉房屋房地产的价值依法进行了相应的评估，但因为农村房屋本身的特殊性及评估参照物较少的特点，较难体现房地产的市场价值；同时，因案涉房地产尚未列入政府的拆迁红线范围之内，也无法按政府拆迁补偿的标准来定义案涉房地产的价值，而云和相当多的涉农村房屋买卖虽然目前未列入拆迁红线范围，但随着经济的发展，其在未来极有可能会被列入政府的拆迁红线范围之内，如果出卖方要求返还房屋诉请得到支持，则会导致出卖方现在可以以较低的成本付出获得较大的期待利益，有损公平公正。

【风险提示】

原告将其农村房屋出售给被告后，其售房行为隐含了放弃宅基地使用权的意思表示。根据"房地一致"原则，出卖人在转让房屋的同时丧失了宅基地使用权。虽然房屋买卖合同无效，但是，从公平价值角度考虑，如果直接判决返还房屋，对买受人有失公平。当然，案涉房屋宅基地使用权并不因买受人购房行为而当然由其享有，后续事项应由相关集体土地所有人进行处置。

【法律规定速查】

《中华人民共和国民法典》（2020年5月28日）

第一百五十七条 民事法律行为无效、被撤销或者确定不发生效力后，行为人因该行为取得的财产，应当予以返还；不能返还或者没有必要返还的，应当折价补偿。有过错的一方应当赔偿对方由此所受到的损失；各方都有过错的，应当各自承担相应的责任。法律另有规定的，依照其规定。

问题 14：出卖人无权处分农村房屋情形下，买房人是否可以善意取得房屋？

【解答】

无权处分情形下签订的合同并不必然属于无效合同，合同的效力应当取决于当事人的意思表示是否真实以及是否满足法定的无效条件。农村房屋的善意取得应当满足不动产善意取得制度的要件，同时对具体要件进行分析时，应当结合农村风俗习惯等综合认定。

【案例】

出卖人无权处分房屋，并不影响善意取得人取得房屋所有权
——王某1、王某2、王某3诉王某4、傅某排除妨害纠纷案[①]

案情： 王某、朱某系义乌市佛堂镇田心二村的村民，生前生育三子，分别为原告王某1、王某2、王某3；王某于1993年10月21日病故，朱某于1989年7月26日因病死亡。1991年9月25日，义乌市土地管理局就坐落于义乌市佛堂镇田心二村的房屋颁发给王某集体土地建设用地使用证。王某死亡后，涉案二间一层房屋由原告王某3管理，涉案房屋的土地证书亦由原告王某3保管。

1997年5月20日，原告王某3与被告王某4签订《房屋折价书》一份，载明："佛堂镇田心二村王某3因办江达饲料厂，于1996年9月29日向田心二村王某4借款60 000元整。现因无法归还借款，经双方协商同意以房屋折价还款，以懋庆堂、西南角楼上、楼下房屋共壹拾壹间折价归还王某4借款：1. 王某3所有房屋折价人民币40 000元整，差额不足部分由王某3现金补足；2. 房屋四靠按土地有偿使用证为准；3. 本协议双方盖章后有效，以上各证同时归王某4所有。"协议签订后，被告王某4取得包括涉案房屋在内的集体土地使用权证2本。1998年12月8日，时任义乌市佛堂镇田心二村村支书在《房屋折价书》中加盖村民委员会公章并确认"以上情况属实，集体土地使用权证2本，请予办理过户手续"。1998年12月8日，义乌市佛堂镇人民政府在《房屋折价书》中加盖公章。1998

[①] 参见浙江省金华市中级人民法院（2016）浙07民终3972号民事判决书。

年 12 月 16 日，义乌市房地产交易市场管理所在《房屋折价书》背面加盖公章，确认"按价 40 000 元，计征 6% 契税"。当日，被告王某 4 就《房屋折价书》中所涉的房屋（含涉案房屋以及原告王某 3 个人所有的房屋）交纳转让手续费 1000 元、评估费 180 元、税费 2400 元、印花税 20 元；同日，义乌市财政局颁发《房屋契证》一份，载明承受方为王某 4，出让方为王某 3。

1998 年 5 月 15 日，被告王某 4 与被告傅某签订《卖房契约》一份，载明：买卖契约人王某 4 将坐落于懋庆堂西南角平屋二间……计落地面积 52.15 平方米，又楼屋三间……计落地面积 67.31 平方米包括屋内一切建筑物卖于内弟傅某为业，当面议定屋价人民币 30 000 元整，其款在立契约当面一次付清。原告王某 1 作为见证人在该契约上盖上自己的私章。1998 年 12 月 17 日，义乌市佛堂镇田心二村村民委员会在《卖房契约》上盖章；1998 年 12 月 18 日，义乌市佛堂镇人民政府在《卖房契约》上加盖公章；1998 年 12 月 22 日，义乌市房地产交易管理所在《卖房契约》上盖章并确认"按 30 000 元计征契税及费"。当日，被告傅某就《卖房契约》中所涉的房屋交纳转让手续费 885 元、税费 900 元、印花税 15 元；同日，义乌市财政局颁发《房屋契证》一份，载明承受方为傅某，出让方为王某 4。之后，涉案房屋一直由被告傅某居住使用至今。1998 年 12 月 10 日，义乌市佛堂镇田心二村村民委员会出具《证明》一份，证明载明："兹有本村王某 1、王某 2、王某 3 兄弟三人（父王某 1993 年、母朱某 1989 年病逝），原王某平屋二间……父母百年后由王某 3 管理使用，长子王某 1、次子王某 2 放弃继承权利。特此证明。"原告王某 1 在该证明上加盖私章，并代原告王某 2 签名捺印。2015 年 10 月 22 日，原告王某 1、王某 2、王某 3 以被告王某 4、傅某无权占有房屋为由要求二被告腾退涉案房屋。

一审判决驳回原告诉讼请求。原告不服提起上诉，二审维持原判。

分析：第一，在无权处分情形下签订的合同，合同效力如何认定？

无权处分情形下签订的合同并不必然属于无效合同，合同的效力应当取决于当事人的意思表示是否真实以及是否满足法定的无效条件。2012 年《最高人民法院关于审理买卖合同纠纷案件适用法律问题的解释》第 3 条第 1 款规定："当事人一方以出卖人在缔约时对标的物没有所有权或者处分权为由主张合同无效的，人民法院不予支持。"上述规定明确将物权变动的原因行为和结果行为进行了区分。变更不动产物权的合同（如出卖他人之物的合同）属于标的物的物权发生变动的原因行为，而非物权变动的结果行为。处分人的无权处分系对标的物物权能否发生变动这一结果发生影响，而不能决定合同是否有效。因此，合同的效力不以处分人对标的物享有所有权或处分权为要件，也不当然地受双方主观上是否善意之影响，其效力取决于当事人的意思表示是否真实以及是否满足法定的无效条件。无权处分行为本身仅仅涉及合同能否履行以及合同履行后相对人能否取得标的物所有权的问题。

本案中，王某3与王某4均系同一集体经济组织成员，双方签订的《房屋折价书》是以房抵债的房屋买卖合同，该合同系双方当事人的真实意思表示，且该合同不存在法定的合同无效事由。因此，该《房屋折价书》自合同成立时生效。

第二，农村房屋的善意取得制度的要件应当如何认定？是否必须以登记过户作为认定房屋转让的要件？

善意取得制度是指无处分权人转让标的物给善意第三人时，善意第三人一般可以取得标的物的所有权，所有权人不得请求善意第三人返还原物。善意取得制度是为了维护交易安全，确保交易的便捷，固定财产权利的权属状态。根据法律规定，不动产善意取得应当满足以下几个要件：（1）无处分权人将不动产转让给受让人；（2）受让人受让该不动产时是善意的；（3）以合理的价格进行转让；（4）转让的不动产依照法律规定应当登记的已经登记，不需要登记的已经交付给受让人。

本案是否符合不动产善意取得制度，需要逐一结合上述四个要件进行分析。首先，根据前述第一个问题的分析，王某3处分涉案房产的行为属于无权处分行为，其以无权处分形式将涉案房产转让给王某4。其次，王某4受让涉案房产时是否属于善意。善意与否的判断，根据法律规定，应当以受让人在受让不动产时不知道转让人无处分权且无重大过失为判断标准。即判断受让人非善意的标准是受让人对转让人无处分权这一事项具有重大过失以上的主观状态。本案中，三原告认可在其父母亲去世之后，涉案房屋系由王某3管理使用，相应的土地权证亦由王某3保管；原告王某2在1989年之后就离开本村，住到妻子家中，且平日亦很少回到本村；而王某1亦在事后放弃继承权。在上述情形下，即使涉案房屋发生了继承，但三原告一直未办理涉案房屋的土地权属变更，而由王某3持有和保管涉案房屋的土地权属证书，王某4根据当时农村的风俗习惯、涉案房屋的使用状况以及房屋土地权属证书的持有情况，有理由相信王某3对涉案房屋具有相应的处分权。再次，涉案房屋的转让并非无偿转让，根据《房屋折价书》的约定，涉案房屋以及王某3个人所有的房屋合计是以40 000元的价格折抵转让。原告主张涉案房屋转让价格不合理，但未提供足够的反驳证据，也未申请对涉案房屋在转让时的市场价格进行评估，故法院认定涉案房屋系以合理价格进行转让。最后，关于涉案房屋的登记问题。涉案房屋系农村房屋，在当时的法律规制下，不动产的统一登记制度尚不完善，涉案房屋仅有土地的权属登记情况而并无房产的登记情况，故不能以土地权属登记情况作为唯一要素来判断和确认房产登记情况，应当综合进行判断分析。王某4在受让涉案房屋后，经过政府部门和房地产主管部门的确认，交纳了房产转让所需的税费，办理了涉案房屋的契证。房产契证是国家房屋主管部门颁发给房主的以证明其享有房屋所有权的一种权利证书，在不动产登记制度不完善的情况下，房屋契证系认定房屋合法产权人的重要凭据，也系房屋办理过户手续的依据；除非有足够的证据推翻契证所载的内容，应当认定契证所载的权利人系合法产权人。故王某4取得涉案房屋契证的行为应当认定为其已办理了涉案房屋的过户手续。综上分析，王某4以合理的价格受让王某3处分的房屋，且取得涉案房产的土地使用权证，交纳房产转让的税费，办理了涉案房屋的契证，王某4的行为构成不动产的善意取得。因此，王某4合法取得涉案房屋的所有权。所有权人对自己的不动产或者动产，依法享有占有、使用、收益和处分的权利。王某4作为房屋所有权人，有权对自己的不动产进行处分。

【风险提示】

无权处分情形下签订的合同并不必然属于无效合同，合同的效力应当取决于当事人的意思表示是否真实以及是否满足法定的无效条件。农村房屋的善意取得应当满足不动产善意取得制度的要件，同时对具体要件进行分析时，应当考量农村房屋产权登记的特殊性。农村房屋在仅有宅基地集体土地使用权证的情形下，不能一概以房屋产权证的变更登记作为判断农村房屋交付的要件。

【法律规定速查】

《中华人民共和国民法典》（2020年5月28日）

第三百一十一条　无处分权人将不动产或者动产转让给受让人的，所有权人有权追回；除法律另有规定外，符合下列情形的，受让人取得该不动产或者动产的所有权：

（一）受让人受让该不动产或者动产时是善意；

（二）以合理的价格转让；

（三）转让的不动产或动产依照法律规定应当登记的已经登记，不需要登记的已经交付给受让人。

受让人依据前款规定取得不动产或者动产的所有权的，原所有权人有权向无处分权人请求损害赔偿。

当事人善意取得其他物权的，参照适用前两款规定。

问题 15：城镇居民能否购买农村房屋？

【解答】

目前，我国试点地区的城镇居民可以向农民购买房屋，房屋买卖合同一般认定有效。但是在非试点地区，农民将其房屋出售给本集体经济组织以外的个人，该房屋买卖合同认定为无效。宅基地房屋买卖合同被认定无效的，双方当事人应根据各自过错程度承担相应的法律责任。

【案例】

城镇居民购买农村房屋，双方签订的房屋买卖合同应认定无效
——刘某1、刘某2等与罗某房屋买卖合同纠纷案[①]

案情： 刘某1、刘某2系夫妻关系，均是桥边村村民。罗某户籍地在宜昌市西陵区。1994年4月27日，刘某1、刘某2在桥边村某组以刘某1名义兴建房屋，楼房建筑面积150平方米（75平方米×2），平房建筑面积25平方米。1997年9月10日，原宜昌县土地管理局测量登记刘某1房屋，建筑占地面积为144.3平方米，宗地图显示144.3平方米房屋两层，附属房屋占地41.3平方米（7米×5.9米），其土地属集体划拨性质。2011年4月3日，刘某1、刘某2与罗某签订《房屋买卖合同书》约定，刘某1、刘某2将其位于桥边村××层砖混结构房屋及附属杂屋整体变卖给罗某，房屋界址见集体建设用地使用证；附带转让屋后旱田0.75亩及相龙山旱田0.33亩给罗某耕种、经营，待罗某户籍迁入桥边村以后办理土地变更转让登记；房屋价款188 000元，罗某于合同签订之日一次付清；合同签订后，如今后遇国家建设或项目建设征用罗某购买的房屋及受让的土地，所有征用的相关补偿费均归罗某享有。签订合同当日，刘某1、刘某2出具收条，收到罗某支付房屋价款188 000元。合同签订后，刘某1、刘某2将合同约定的

[①] 参见湖北省宜昌市点军区人民法院（2019）鄂0504民初1号民事判决书。

房屋、土地移交给罗某。罗某接收房屋、土地后，对房屋进行改扩建，对屋后旱田进行耕种使用，相龙山 0.33 亩旱田未耕种使用。2018 年 1 月 25 日，罗某与桥边村村委会签订《房屋及附属物搬迁安置补偿协议书》，因电子信息产业园项目建设用地需要，需搬迁罗某房屋，桥边村村委会确认罗某被征房屋总建筑面积为 568.38 平方米（正房面积 470.88 平方米、附房面积 97.5 平方米），其中包括罗某购买刘某 1、刘某 2 房屋正房和附房面积。确认给付罗某房屋、装饰、附属物及搬迁补偿费用总计 777 302.56 元。协议书签订后，房屋被拆除。2018 年 6 月，桥边村村委会与被搬迁补偿户主刘某签订了《房屋及附属物搬迁安置补偿协议书》，刘某作为户主的户籍登记中记载，常住人口登记有刘某 1（刘某父亲）、刘某 2（刘某母亲）。罗某系城镇户口，户籍地为宜昌市西陵区××号，现居住于宜昌市××区××单元××室。刘某 1、刘某 2 持有的 2016 年 10 月 18 日农村土地承包经营权证记载的承包地块中，包括其合同约定转让给罗某的屋后旱田、相龙山旱田两地块，截至刘某 1、刘某 2 起诉时，两地块均未被正式征收。庭审中，刘某 1、刘某 2 要求罗某返还屋后旱田、相龙山旱田两地块，罗某同意返还，但提出青苗补偿款归罗某所得，桥边村村委会称两地块拆迁补偿款应当补偿给承包地块登记权利人刘某 1、刘某 2。

刘某 1、刘某 2 向一审法院起诉请求：要求确认刘某 1、刘某 2 与罗某签订的房屋买卖合同无效，并要求罗某返还拆迁补偿款人民币 777 302 元；返还安置还建房面积 432.9 平方米。要求罗某返还占有的土地（屋后旱田 0.75 亩、相龙山旱田 0.33 亩）。请求桥边村村委会协助刘某 1、刘某 2 办理基于村民应享有的拆迁安置补偿措施。法院判决：一、确认原告刘某 1、原告刘某 2 与被告罗某于 2011 年 4 月 3 日签订的《房屋买卖合同书》无效；二、被告罗某于判决生效后三十日内将原告刘某 1、原告刘某 2 与被告罗某 2011 年 4 月 3 日签订的《房屋买卖合同书》记载的屋后旱田 0.75 亩及相龙山旱田 0.33 亩两地块返还给原告刘某 1、原告刘某 2（被告罗某种植的农作物青苗补偿费除外）；三、驳回原告刘某 1、原告刘某 2 其他诉讼请求。

分析： 在农村房屋买卖纠纷的处理中，很关键的问题是如何认定农村房屋买卖合同的效力。农村房屋买卖合同作为一种民商事合同关系，要受合同法的调整，同时，由于农村房屋买卖行为的特殊性，合同又必须符合农村房屋买卖的特殊要求。在农村房屋买卖合同具备了一般性合同生效要件的前提下，如何认定该类合同的法律效力呢？首先，从国家立法层面来看。目前我国还没有一部专门调整农村房屋买卖和土地使用权转让方面关系的法律，审判实践中主要依据《物权法》

《民法通则》《土地管理法》等法律中的相关规定进行调整（2021年起适用《民法典》相关规定），更多的需要参照国家政策性文件和规定对农村房屋买卖行为进行规范。根据原《物权法》第153条[①]的规定，宅基地使用权的取得、行使和转让，适用土地管理的法律和国家有关规定。原《民法通则》第6条[②]规定，民事活动必须遵守法律，法律没有规定的，应当遵守国家政策。因此，我们认定农村宅基地房屋买卖合同的效力，主要是看国家有关规定和国家政策是如何加以规范和调整的。国务院办公厅于1999年5月6日下发的《关于加强土地转让管理严禁炒卖土地的通知》第2条规定，农民的住宅不得向城市居民出售；国务院于2004年10月21日下发的《关于深化改革严格土地管理的决定》第10条规定，禁止城镇居民在农村购置宅基地。一系列政策、法规确定了农村宅基地"一户一宅"、出售宅基地须经有关部门审批、禁止城镇居民向农村扩张等价值导向。结合原《合同法》第52条[③]的规定，农民将农村宅基地房屋出售给城镇居民，违反了国家政策和相关法律、法规，应确定为无效。其次，从宅基地制度的设计初衷来看。在房地一体的格局下，农村房屋买卖标的不仅涉及房屋，还包含着对应的宅基地使用权，而宅基地使用权是集体经济组织成员才享有的权利，与农村集体经济组织成员的身份紧密相连，非本集体经济组织成员无权取得或变相取得。如果允许农村宅基地房屋出售给城镇居民，则将连同宅基地使用权一并转让，将导致宅基地使用权享受主体的扩大化，损害集体经济组织的权益，违反法律、法规的规定。因此，从这一层面来讲，城镇居民也不能购买农村宅基地房屋。城镇居民购买农村宅基地房屋后，该交易行为如果已经有权机关批准并经所在集体经济组织同意，办理了房屋所有权和宅基地使用权产权变更手续，取得合法权属证书的，可视为买卖合同经过审批并批准成立，此时应认定为有效合同。

【法律规定速查】

《国务院办公厅关于加强土地转让管理严禁炒卖土地的通知》（国办发〔1999〕39号　1999年5月6日）

二、加强对农民集体土地的转让管理，严禁非法占用农民集体土地进行房地产开发

农民集体土地使用权不得出让、转让或出租用于非农业建设；对符合规划并依法取得建设

[①] 现对应《民法典》第363条。
[②] 现对应《民法典》第10条。
[③] 现对应《民法典》第153条。

用地使用权的乡镇企业,因发生破产、兼并等致使土地使用权必须转移的,应当严格依法办理审批手续。

农民的住宅不得向城市居民出售,也不得批准城市居民占用农民集体土地建住宅,有关部门不得为违法建造和购买的住宅发放土地使用证和房产证。

要对未经审批擅自将农民集体土地变为建设用地的情况进行认真清理。凡不符合土地利用总体规划的,要限期恢复农业用途,退还原农民集体土地承包者;符合土地利用总体规划的,必须依法重新办理用地手续。

三、土地租赁合同纠纷存在的问题及相关案例

问题 16:土地租赁合同案件如何确定受理与管辖法院?

【解答】

凡是平等主体的公民之间、法人之间、其他组织之间及其相互之间发生的以土地使用权租赁为标的的民事权益纠纷,均应作为民事案件,一律由人民法院受理。不动产已登记的,以不动产登记簿记载的所在地为不动产所在地;不动产未登记的,以不动产实际所在地为不动产所在地。土地租赁合同纠纷适用专属管辖,由不动产所在地法院管辖。

【法律规定速查】

《中华人民共和国民事诉讼法》(2023年9月1日修正)

第三十四条 下列案件,由本条规定的人民法院专属管辖:

(一)因不动产纠纷提起的诉讼,由不动产所在地人民法院管辖;

(二)因港口作业中发生纠纷提起的诉讼,由港口所在地人民法院管辖;

(三)因继承遗产纠纷提起的诉讼,由被继承人死亡时住所地或者主要遗产所在地人民法院管辖。

问题 17:土地租赁合同纠纷案件的诉讼时效为多久?

【解答】

土地租赁合同纠纷案件,向人民法院请求保护民事权利的诉讼时效期间为三

年。法律另有规定的，依照其规定。诉讼时效期间自权利人知道或者应当知道权利受到损害以及义务人之日起计算。法律另有规定的，依照其规定。但是自权利受到损害之日起超过二十年的，人民法院不予保护；有特殊情况的，人民法院可以根据权利人的申请决定延长。超过诉讼时效期间，当事人自愿履行的，则法律不禁止。

【法律规定速查】

《中华人民共和国民法典》（2020年5月28日）

第一百八十八条 向人民法院请求保护民事权利的诉讼时效期间为三年。法律另有规定的，依照其规定。

诉讼时效期间自权利人知道或者应当知道权利受到损害以及义务人之日起计算。法律另有规定的，依照其规定。但是，自权利受到损害之日起超过二十年的，人民法院不予保护，有特殊情况的，人民法院可以根据权利人的申请决定延长。

问题 18：处理土地租赁合同纠纷应遵循哪些原则？

【解答】

首先，应遵循土地使用权有偿使用的原则。土地出租人有权向土地承租人收取一定的租金。其次，依法保护合同的原则。在处理这类案件时，应当尊重合同双方当事人的意思表示，只要双方当事人的约定不违反法律、政策，不损害国家利益、社会公共利益和他人利益，就应维护合同的法律效力。一方当事人以法律没有规定为由，否认合同的效力，不应予以支持。最后，公平保护当事人合法权益的原则。土地使用权租赁纠纷案件中的当事人，无论是自然人还是法人，本地人还是外地人，中国人还是外国人，其主体资格和法律地位都是平等的，在土地使用权租赁中的合法权益都应当公平地依法予以保护。一方利用经济优势，进行不正当竞争，转嫁经营风险的行为应不予保护。

【法律规定速查】

《中华人民共和国农村土地承包法》（2018年12月29日修正）

第三十八条 土地经营权流转应当遵循以下原则：

（一）依法、自愿、有偿，任何组织和个人不得强迫或者阻碍土地经营权流转；

（二）不得改变土地所有权的性质和土地的农业用途，不得破坏农业综合生产能力和农业生态环境；

（三）流转期限不得超过承包期的剩余期限；

（四）受让方须有农业经营能力或者资质；

（五）在同等条件下，本集体经济组织成员享有优先权。

问题 19：租赁土地上种植了农作物，如何返还土地？

【解答】

若地上农作物在租期届满前已经收获，则承租方将土地平整后返还即可；若地上种植作物的生长周期较短、成熟条件没有特殊要求的话，应当以双方协商为基础，优先考虑将作物移栽到其他土地继续种植、将租赁土地平整后归还的方案；若土地上种植的是具有特定生长周期和成材属性的经济林木，在返还土地时应当参照《农村土地承包司法解释》第16条第1款的规定，承包地交回的时间应当在农作物收获期结束后或者下一耕种期开始前，这一规定的目的在于最大限度地保证地上农作物的经济价值，更好地平衡双方当事人的利益，符合物尽其用的理念。

【法律规定速查】

《最高人民法院关于审理涉及农村土地承包纠纷案件适用法律问题的解释》（2020年12月29日修正）

第十六条　当事人对出租地流转期限没有约定或者约定不明的，参照民法典第七百三十条规定处理。除当事人另有约定或者属于林地承包经营外，承包地交回的时间应当在农作物收获期结束后或者下一耕种期开始前。

对提高土地生产能力的投入，对方当事人请求承包方给予相应补偿的，应予支持。

问题 20：租赁期限届满，承租方是否有权主张优先租赁权？

【解答】

我国法律尚未规定优先租赁权，当事人主张优先租赁权的，应当依照约定。约定的优先租赁权成立需要满足两个条件：一是作为主合同的租赁合同需合法有效；二是合同双方对优先租赁需有合意表示。

【案例】

优先租赁权需要双方合意约定，未达成合意的情况下不享有继续租赁权
——某公司与刘某土地租赁合同纠纷案[①]

案情： 2009年1月6日，原告某公司（原深圳市××实业有限公司）与刘某签订《××林场××地块及物业租赁协议》，约定原告某公司将所属的××林场××地块及相关物业出租给刘某，租赁地块总面积20 426.43平方米，其中物业部分占地面积366.67平方米，建筑面积1100平方米；租赁期限为5年，从2009年1月1日起至2014年12月31日止，其中2009年1月1日至6月30日为免租期，租金从2009年7月1日开始计算；合同签订之日起5个工作日内，刘某支付30万元作为租赁保证金，该款项原告某公司应在租期届满或合同解除后15日内，刘某无违约或违约行为已解除的前提下如数退还；第一年至第三年的地块月租金为每平方米3元，年租金为722 151元，物业月租金为每平方米7元，按建筑面积1100平方米计算，年租金为92 400元，以上两部分合计年租金为814 551元；第四年……刘某应在每月15日前交付当月租金；合同期满如不再续约或合同解除后，地块上的所有附着物归刘某自行处理，无法搬离的附着物为原告某公司所有；如刘某迟延缴交租金及其他应由原告某公司代缴之费用，每逾期1日，按所欠缴金额0.05%支付滞纳金；如刘某连续两个月未缴纳租金等其他应缴之费（经原告某公司书面同意延迟或少缴租金等除外），原告某公司有权提前解除合同，收回土地使用权，租赁保证金不予退还；原告某公司、刘某双方在履行合同期间，有关合同内容的增加、减少或修改，均须双方协商一致达成书面补充条款；本合同租赁期满，刘某享有在同等条件下对地块及物业的优先租赁权，但刘某应在期满三个月前书面通知原告某公司，并须得到原告某公司的同意，重新签订合同约定租金和其他租赁条件，如在同等条件下原告某公司未将地块优先租赁给刘某，则必须照价接收刘某在租赁地块上的建筑物及增设物等的投资购置价值，刘某投资款的支出应报原告某公司审核签字确认，如刘某不提供，原告某公司则不承担补偿责任；租赁期满或合同提前解除的，刘某应于期满之日或合同解除之日起10日内保证工作人员撤离……租赁期满或合同解除后，如刘某已缴清全部租金及各项费用并无违约行为，原告某公司应在刘某搬迁后15天内将刘某的租

[①] 参见广东省深圳市中级人民法院（2018）粤03民终23567号民事判决书。

赁保证金如数退回，如有拖欠租费的情况，原告某公司可先从租赁保证金中扣除支付。

上述协议签订后，原告某公司将租赁土地及物业交付予刘某使用。2009年11月16日，原告某公司、刘某签订《补充修改协议》，双方经协商对租赁协议中租赁面积部分内容进行修改；原合同租赁期限改为从2009年1月1日起至2014年6月30日止，其中2009年1月1日至9月30日为9个月的免租期，从2009年10月1日起正式计租。

2010年8月24日，原告某公司、刘某又签订《补充协议》，双方约定从2009年10月1日至2010年9月30日，空地租金以每月每平方米1.5元计收，房屋租金不变，其他条款按原合同执行。

2014年12月8日，原告某公司以登报公告的方式向刘某发出《通知》，陈述双方签订的租赁协议等已到期，鉴于双方没有签订新的租赁协议，刘某也没有交纳费用，还拖欠2013年至2014年的部分租金，要求刘某在通知之日起3天内前来搬迁可搬迁的物品，交纳拖欠的租金。之后，刘某继续使用租赁土地和物业，并且委托他人在2015年至2017年多次向原告某公司交纳租金，原告某公司也继续收取租金并出具了收据和发票。现原告某公司以刘某仍然拖欠租金为由诉至一审法院。

原告某公司起诉：（1）解除原告某公司、刘某之间的租赁合同；（2）刘某将承租的20 192平方米土地及建筑面积1100平方米的物业返还原告某公司；（3）刘某支付拖欠的租金439 879元；（4）刘某支付从2014年7月1日起至实际返还租赁土地和物业之日止按每月107 999元的标准计算的使用费；（5）刘某立即将租赁土地及物业上的附着物予以搬迁，并自行承担搬迁费。

一审法院判决：一、确认原告某公司与刘某签订的《××林场××地块及物业租赁协议》《补充修改协议》《补充协议》于2017年5月25日解除；二、刘某于判决生效之日起十五日内清空位于××林场××地块20 192平方米租赁土地上可搬离的附着物，并将上述租赁土地和物业返还予原告某公司；三、刘某于判决生效之日起十五日内向原告某公司支付拖欠的2017年5月15日前的租金439 879元，并支付从2017年5月16日起至判决确定的返还租赁土地和物业之日止按每月106 826.65元的标准计算的租金（使用费）；四、驳回原告某公司的其他诉讼请求。

分析： 原告某公司、刘某签订的《××林场××地块及物业租赁协议》《补充修改协议》《补充协议》是双方当事人的真实意思表示，内容未违反法律、行政法规的效力性强制性规定，合法有效，双方均应全面履行合同义务。根据上述租赁协议及补充协议的约定，涉案土地及物业的租赁期限为 2009 年 1 月 1 日至 2014 年 6 月 30 日，租期届满后刘某继续使用租赁土地及物业，并交纳租金，原告某公司虽于 2014 年 12 月 8 日通知刘某搬离场地，但其后又在 2015 年至 2017 年继续收取刘某交纳的租金，且未再对刘某的使用行为提出异议，依据《民法典》第 734 条的规定，双方之间的租赁协议继续有效，租赁期限变更为不定期，双方均可随时提出解除合同，故原告某公司诉请解除双方之间的租赁合同，合法有理，一审法院予以支持。涉案租赁协议及补充协议应于原告某公司要求解除租赁关系的表示送达刘某之日即 2017 年 5 月 25 日解除。刘某辩称其曾在租期届满前向原告某公司申请续租，且得到了原告某公司工作人员的口头同意，但刘某并未就此提交证据予以证实，依法应承担举证不能的法律后果，故一审法院对刘某的该项辩解不予采纳。

《民法典》第 566 条第 1 款规定："合同解除后，尚未履行的，终止履行；已经履行的，根据履行情况和合同性质，当事人可以要求恢复原状或者采取其他补救措施，并有权要求赔偿损失。"涉案租赁协议及补充协议解除后，刘某作为承租人，理应将 20 192 平方米租赁土地返还出租人即原告某公司。根据涉案租赁协议的约定，合同解除后，土地上的所有附着物归刘某自行处理，无法搬离的附着物为原告某公司所有，故刘某应在返还租赁土地和物业之前将土地上可搬离的附着物处理完毕。经原告某公司、刘某双方确认，截至 2017 年 5 月 15 日，刘某尚欠原告某公司租金 439 879 元，原告某公司诉请刘某支付上述费用，理据充分，一审法院予以支持。同时，因涉案租赁土地和物业仍由刘某使用并获益，根据公平原则，刘某理应支付占用期间的使用费。一审法院参照涉案租赁协议及补充协议约定的 2013 年 10 月 1 日至 2014 年 6 月 30 日的租金标准，酌情确定刘某应按每月 106 826.65 元的标准向原告某公司支付从 2017 年 5 月 16 日起至判决确定的返还租赁土地和物业之日止的租金（使用费）。刘某辩称原告某公司解除合同后应对其投入的建设成本予以补偿，一审法院认为，涉案租赁协议及补充协议已对租赁期限及租期届满后附着物的归属作出明确约定，刘某承租土地和物业后进行投资建设之时，理应对投入成本和可得收益作出理性判断，现合同约定的租期已经届满，刘某的合同权利已经得到全部履行，其再行要求原告某公司对其投入成本给予补偿，不符合合同权利义务对等原则，故不予支持。

【法律规定速查】

《中华人民共和国民法典》（2020 年 5 月 28 日）

第五百六十六条　合同解除后，尚未履行的，终止履行；已经履行的，根据履行情况和合同性质，当事人可以请求恢复原状或者采取其他补救措施，并有权请求赔偿损失。

合同因违约解除的，解除权人可以请求违约方承担违约责任，但是当事人另有约定的除外。

主合同解除后，担保人对债务人应当承担的民事责任仍应当承担担保责任，但是担保合同另有约定的除外。

第七百三十三条　租赁期限届满，承租人应当返还租赁物。返还的租赁物应当符合按照约定或者根据租赁物的性质使用后的状态。

第七百三十四条　租赁期限届满，承租人继续使用租赁物，出租人没有提出异议的，原租赁合同继续有效，但是租赁期限为不定期。

租赁期限届满，房屋承租人享有以同等条件优先承租的权利。

问题 21：土地租赁合同未约定租赁期限的情况下，是否可以随时解除合同？

【解答】

当事人对租赁期限没有约定或者约定不明确，视为不定期租赁。当事人可以随时解除合同，但出租人解除合同应当在合理期限内通知承租人。土地作为一种周期性的财产，在解除合同的情况下，应结合土地上种植物的生长情况，合理行使解除权，防止随意解除，导致损失扩大。

【案例】

**未约定租赁期限的土地租赁合同，出租人可以随时解除合同，
但应在合理期限内通知承租人**

——董某与田某土地租赁合同纠纷案[①]

案情： 原告以家庭承包户的方式承包无极县里城道乡周家庄村村民委员会土地4.16亩，共两块，分别为0.61亩和3.55亩。2011年，被告租赁原告0.61亩地块中西头的一部分用于建设鸡舍，租金按照每亩小麦、玉米各600斤计算，双方未约定租赁期限，未签订书面租赁协议。2017年，原告要求解除租赁关系，但经多方调解，双方未能达成一致意见。原告董某向一审法院请求：解除双方的租赁关系；被告返还租赁土地，恢复地貌。一审法院判决：一、解除原告董某与被告田某之间的土地租赁合同。二、被告田某于本判决生效后二十日内返还原告董某土地，并恢复土地原貌。

分析： 农村土地承包采取农村集体经济组织内部的家庭承包方式。原告以家庭承包户的方式承包无极县里城道乡周家庄村村民委员会土地4.16亩，共两块，分别为0.61亩和3.55亩，有原告提供的农村土地承包经营权证予以证实，对此予以认定。被告租赁原告承包的土地，系双方真实意思表示，且不违反法律强制性规定，应为有效合同，原被告双方应按约定全面履行各自的权利义务。原《合同法》第232条[②]规定，当事人对租赁期限没有约定或者约定不明确的，视为不定期租赁，当事人可以随时解除合同，但出租人应当在合理期限内通知承租人。本案中，原被告未签订租赁合同，亦未约定租赁期限，故应视为不定期租赁，当事人可以随时解除合同。原告于2017年提出解除双方的租赁关系，但经多方调解，双方未能达成一致意见，应视为原告已在合理期限内通知了被告，故对原告要求解除租赁合同的请求，应予支持。原被告解除租赁合同后，被告应及时返还原告土地，并恢复土地原貌。

---

① 参见河北省石家庄市中级人民法院（2019）冀01民终11696号民事判决书。
② 现对应《民法典》第730条。

【法律规定速查】

《中华人民共和国民法典》(2020年5月28日)

第五百一十条 合同生效后,当事人就质量、价款或者报酬、履行地点等内容没有约定或者约定不明确的,可以协议补充;不能达成补充协议的,按照合同相关条款或者交易习惯确定。

第五百一十一条 当事人就有关合同内容约定不明确,依据前条规定仍不能确定的,适用下列规定:

(一)质量要求不明确的,按照强制性国家标准履行;没有强制性国家标准的,按照推荐性国家标准履行;没有推荐性国家标准的,按照行业标准履行;没有国家标准、行业标准的,按照通常标准或者符合合同目的的特定标准履行。

(二)价款或者报酬不明确的,按照订立合同时履行地的市场价格履行;依法应当执行政府定价或者政府指导价的,依照规定履行。

(三)履行地点不明确,给付货币的,在接受货币一方所在地履行;交付不动产的,在不动产所在地履行;其他标的,在履行义务一方所在地履行。

(四)履行期限不明确的,债务人可以随时履行,债权人也可以随时请求履行,但是应当给对方必要的准备时间。

(五)履行方式不明确的,按照有利于实现合同目的的方式履行。

(六)履行费用的负担不明确的,由履行义务一方负担;因债权人原因增加的履行费用,由债权人负担。

问题 22:如何认定土地租赁合同无效?

【解答】

首先,看土地使用权租赁合同是否存在法律规定的合同无效的情形。其次,看租赁土地的一方是否具有农业经营能力。再次,看土地租赁合同是否违反了农村土地的使用性质。最后,看双方约定的租赁期限是否超过法律规定的20年期限,超过部分无效。

问题 23：土地租赁后，改变土地的农业用途的，合同是否有效？土地上的违章建筑如何处理？

【解答】

土地经营权流转应当遵循以下原则：

（1）依法、自愿、有偿，任何组织和个人不得强迫或者阻碍土地经营权流转；

（2）不得改变土地所有权的性质和土地的农业用途，不得破坏农业综合生产能力和农业生态环境；

（3）流转期限不得超过承包期的剩余期限；

（4）受让方须有农业经营能力或者资质；

（5）在同等条件下，本集体经济组织成员享有优先权。

农村土地承包经营权可以依法进行流转，但不得改变土地的农业用途，否则流转无效。在无效的土地租赁合同中，应当充分考虑租赁土地上违章建筑的认定及处理属于国家行政部门的职权范围，对于未取得建设工程规划许可证建设的违法建筑的认定和处理，属于国家有关行政机关的职权范围。

【案例】

改变土地使用用途的租赁合同无效，
土地上的违章建筑经行政部门确认后再处理
——程某与汤某土地租赁合同纠纷案[①]

案情： 2006 年 4 月 1 日，原告（反诉被告）程某与被告（反诉原告）汤某签订《租田协议书》，约定将原告位于江西省上饶市广丰区洋口镇水北居丰溪河沿边的 2.73 亩责任田租赁给被告建厂房使用，并约定租金为每年每亩 1200 斤干谷，按当年市场价折合现金支付，租用期限从租田之日起直到被告停办及转让之日为止。被告在未取得相关行政部门审批的情况下，在上述责任田及相邻属于他人的责任田上建设了厂房，双方当事人履行《租田协议书》至案件诉讼前。原告程某与被告汤某均确认通过汤某现有厂房，无法确定涉案责任田的四至边界情况。

原告程某诉称，双方当事人于 2004 年 2 月 15 日签署了一份《租田协议书》，约定将原告程某面积为 2.68 亩的责任田租赁给被告汤某办厂。租用期限从租田之

---

① 参见江西省上饶市广丰区人民法院（2018）赣 1103 民初 1567 号民事判决书。

日起直到被告停办及转让之日为止。现因被告已停止办厂，并将房屋出租给他人使用，故原告提起诉讼，请求确认双方当事人签署的《租田协议书》无效；判令被告将租用土地返还给原告。

被告汤某辩称：原告、被告签订的《租田协议书》系双方真实意思表示。租赁合同未到期，也未达到合同解除条件。租赁土地的用途未改变，至今该土地仍是厂区。同时提起反诉，要求判令原告支付被告租赁土地上建筑物损失12万元（实际价值以评估结果为准），后变更反诉请求，要求原告返还租金53 634元，并赔偿被告租赁土地上建筑物损失（实际价值以评估结果为准），并申请对本案责任田上的建筑物作市场价值评估。

法院判决：一、原告（反诉被告）程某与被告（反诉原告）汤某于2006年4月1日签订的《租田协议书》无效；二、驳回原告程某的其他诉讼请求；三、驳回被告（反诉原告）汤某的反诉请求。宣判后，原告程某、被告汤某均未提出上诉，判决已发生法律效力。

分析： 根据2009年《农村土地承包法》第33条第2项土地承包经营权流转"不得改变土地所有权的性质和土地的农业用途"的规定[①]，农村土地承包经营权可以流转，但不得改变该土地的农业用途。在本案中，双方诉争的土地属于责任田，系农业耕地，依据原告程某与被告汤某签订的《租田协议书》的相关约定，被告向原告租赁责任田的目的是使用该责任田办厂，改变了该土地的农业用途，且被告未经有关行政部门审批在该责任田上建了厂房，即本案《租田协议书》违反了上述法律的强制性规定，根据原《合同法》第52条第5项合同无效的法定情形"违反法律、行政法规的强制性规定"的规定[②]，原告、被告于2006年4月1日签订的《租田协议书》应当认定为无效合同，故原告要求确认双方当事人签署的《租田协议书》无效，应予以支持。

根据原《民法总则》第157条"民事法律行为无效、被撤销或者确定不发生效力后，行为人因该行为取得的财产，应当予以返还；不能返还或者没有必要返还的，应当折价补偿。有过错的一方应当赔偿对方由此所受到的损失；各方都有过错的，应当各自承担相应的责任。法律另有规定的，依照其规定"的规定[③]，本案《租田协议书》无效，原告有权要求被告返还本案责任田，但原告在庭审中承

---

① 现对应2018年修正的《农村土地承包法》第38条第2项。
② 现对应《民法典》第153条。
③ 现对应《民法典》第157条。

认通过涉案厂房只能知道责任田的大概位置,只有将厂房拆除后才能找到本案责任田的原有边界。因涉案厂房是未经有关行政部门审批建设的,根据《第八次全国法院民事商事审判工作会议(民事部分)纪要》第 21 条的规定,对于未取得建设工程规划许可证建设的违法建筑的认定和处理,属于国家有关行政机关的职权范围。故在涉案厂房得到有关行政部门认定、处理前,如果仅依据原告提供的证明责任田原有四至的证据作出返还本案责任田的判决,将会因本案责任田现有四至情况不明而难以得到有效履行或执行,本案原告没有提供充分证据证明其责任田的现有四至情况,应承担相应的不利法律后果。但在涉案厂房得到有关行政部门认定、处理后,原告可另行主张责任田返还。本案双方当事人均确认通过被告现有厂房的状况,无法确定本案责任田的四至边界情况,即本案责任田上建了多少厂房也不明确,而本身状况不明确的厂房无法进行价值评估,故对被告提出对本案责任田上的建筑物作市场价值评估的申请,应当不予受理。对于被告提出反诉要求原告赔偿涉案土地上建筑物的损失,因被告证据不足,且未实际发生,也应当不予支持。

原告因本案《租田协议书》取得的责任田租金,本应返还给被告,但因本案责任田上建了多少厂房不明确,故被告长期使用相应厂房所获收益难以确定进而不能返还,应当折价补偿原告,而原告领取的责任田租金,属于双方协议的结果,故根据公平原则,以此作价补偿给原告并不妥当。据此,原告主张被告已实际使用了本案责任田、原告领取的租金不予返还,应当予以支持,被告提出反诉要求原告返还租金 53 634 元,应当不予支持。

【法律规定速查】

《中华人民共和国农村土地承包法》(2018 年 12 月 29 日修正)

第十八条 承包方承担下列义务:

(一)维持土地的农业用途,未经依法批准不得用于非农建设;

(二)依法保护和合理利用土地,不得给土地造成永久性损害;

(三)法律、行政法规规定的其他义务。

第三十八条 土地经营权流转应当遵循以下原则:

(一)依法、自愿、有偿,任何组织和个人不得强迫或者阻碍土地经营权流转;

(二)不得改变土地所有权的性质和土地的农业用途,不得破坏农业综合生产能力和农业

生态环境;

（三）流转期限不得超过承包期的剩余期限;

（四）受让方须有农业经营能力或者资质;

（五）在同等条件下,本集体经济组织成员享有优先权。

《中华人民共和国民法典》(2020年5月28日)

第一百五十三条 违反法律、行政法规的强制性规定的民事法律行为无效。但是,该强制性规定不导致该民事法律行为无效的除外。

违背公序良俗的民事法律行为无效。

第一百五十四条 行为人与相对人恶意串通,损害他人合法权益的民事法律行为无效。

第一百五十五条 无效的或者被撤销的民事法律行为自始没有法律约束力。

第一百五十七条 民事法律行为无效、被撤销或者确定不发生效力后,行为人因该行为取得的财产,应当予以返还;不能返还或者没有必要返还的,应当折价补偿。有过错的一方应当赔偿对方由此所受到的损失;各方都有过错的,应当各自承担相应的责任。法律另有规定的,依照其规定。

问题 24：对租赁土地上的建筑物、其他附着物如何处理?

【解答】

承租人在改建、扩建之前已征得出租人同意,且双方对产权有约定的,按约定处理。如虽经出租人同意,但对产权没有约定的,产权应归出租人。对改建、扩建地上建筑物或其他附属物的费用,由出租人折价偿付。如承租人未经出租人同意,擅自改建、扩建地上建筑物或附属物的,能够拆除的,可以责令拆除;不能拆除的,也可以适当折价归出租人所有;若造成出租人损失的,应当负赔偿责任。承租人在合法使用租赁的土地时,因不可抗力而使地上建筑物和其他附属物灭失的,原则上应由出租人申请重建。如承租人征得出租人的同意重建地上建筑物,有约定的按约定处理,没有约定或未经出租人同意而擅自重建、改建的,产权仍归出租人,对因重建、改建、扩建地上建筑物而支出的费用,由出租人予以适当补偿。

【法律规定速查】

《中华人民共和国民法典》（2020年5月28日）

第七百一十五条　承租人经出租人同意，可以对租赁物进行改善或者增设他物。

承租人未经出租人同意，对租赁物进行改善或者增设他物的，出租人可以请求承租人恢复原状或者赔偿损失。

问题 25：地上违法搭建物被拆除，出租人是否应当向承租人承担赔偿责任？

【解答】

出租人是土地的使用权人，其将土地出租用于非农建设，违反了其作为土地承包人的义务，应承担责任；承租人作为土地的使用方，其在签订合同前应对土地的使用性质尽到审慎的注意义务，否则，其也应当承担部分责任。在确认合同无效后，应根据双方在签订合同时的过错程度、合同履行情况、租赁双方收益情况等主客观因素，对建筑物的造价费用在土地租赁合同双方之间进行合理分摊。

【案例】

违法建筑被拆除的损失，双方应按过错程度进行分担
——某加工厂与某村村民委员会土地租赁合同纠纷案[①]

案情： 原告、被告于2012年10月31日签订土地租赁合同，约定被告将宝山区某村集体耕地2.50亩（以下简称系争土地）出租给原告用于建造生产厂房。合同约定，如上级部门要求拆违，责任由被告承担。合同签订后，原告投资220~230万元在土地上建造了三幢生产厂房并办理了个体工商户营业证照，并一直依法经营。2016年12月23日，宝山区庙行镇人民政府向原告发出宝山区庙行镇"五违"整治告知书，称原告存在违法用地、违法建筑等情形，并于2017年1月10日左右将原告建造的房屋作为违法建筑而拆除。

原告提出诉讼请求，请求法院判令被告向原告支付因原告建造的房屋被拆除而造成的经济损失人民币200万元。被告某村村民委员会辩称：第一，系争土地为

[①] 参见上海市宝山区人民法院（2017）沪0113民初20106号民事判决书。

耕地，原告用于建造生产厂房系非农建设，故租赁合同无效。第二，原告在系争土地上搭建的是违法建筑，违法利益不应得到合法保护。第三，原告搭建厂房被拆除，不仅因其是非法建筑，还因其存在违法排污等多种违法行为。第四，原告无法证明其实际损失的具体金额，应承担举证不能的责任。综上所述，不同意原告的诉讼请求。

分析： 对于建筑物赔偿责任的认定并不能简单适用"不当得利"的原则，而应当以过错责任原则为法理依据。出租人与承租人间的租赁合同因改变土地用途，故土地租赁合同被确认无效，地上建筑物因违法被拆除而产生损失。对于上述损失，出租人对租赁合同无效存在过错，其同意承租人在地上进行违法搭建，对违法建筑物被拆除的损失亦存在过错。而承租人由于其信赖租赁合同有效而支出的相关建造费用，当然属于合同无效的赔偿范围即缔约过失责任的赔偿范围。

双方导致土地租赁合同无效的过错程度从土地租赁合同无效的原因来看，系因出租人所出租土地为农用耕地，违反《土地管理法》。出租人是土地的使用权人，其对土地的性质理应清楚且明知，其将土地出租用于非农建设，偏离了出租人占有、使用、处分土地的合法权利边界，故出租人应对土地租赁合同无效承担较为主要的过错责任。而与此同时，承租人在订立土地租赁合同时应当负有遵守法律、行政法规的法定义务，其对所承租的土地应当尽到审查义务，审慎判断其将所承租的土地用于非农建设的民事行为是否符合法律和行政法规的强制性规定。由此，承租人对于土地租赁合同无效亦应承担相应的过错责任。

至于双方对违章建筑所应承担的过错程度，土地出租人未对土地尽管理职责，默示甚至同意违法建筑的建造，必然应当负有相应的过错责任。承租人"凭空"在土地上搭建房屋后再行转租或经营收益，其对外经营的收益以及对外转租的基础已非出租人依据缔约时的土地现状可以预期的，且违章房屋用于转租或经营的收益金额一般远高于普通房屋租赁中承租人的租金收益，也远高于土地出租人所收取的土地租金。在承租人基于无效租赁合同要求出租人进行赔偿的情况下，对于赔偿金额的确定标准即应当更全面地进行评价，将双方履行无效合同的收益部分（包括出租人收益的金额，承租人基于违法建筑所获得的包括经营收益及转租收益等在内的金额）一并纳入法院酌定赔偿金额的考虑范围，将有效避免租赁合同双方权利义务的失衡，实现实质上的公平，也有利于在民事责任的分配中形成正确的社会价值导向。

【风险提示】

土地作为不动产，在我国都有登记。土地租赁合同的双方当事人在签订租赁合同前应该审查土地的使用性质。双方恶意串通损害国家利益的，合同无效，双方因此所获利益应收归国有。

【法律规定速查】

《中华人民共和国民法典》（2020年5月28日）

第七百零八条　出租人应当按照约定将租赁物交付承租人，并在租赁期限内保持租赁物符合约定的用途。

第七百零九条　承租人应当按照约定的方法使用租赁物。对租赁物的使用方法没有约定或者约定不明确，依据本法第五百一十条的规定仍不能确定的，应当根据租赁物的性质使用。

第七百一十一条　承租人未按照约定的方法或者未根据租赁物的性质使用租赁物，致使租赁物受到损失的，出租人可以解除合同并请求赔偿损失。

问题 26：集体建设用地租赁期限可以超过 20 年吗？

【解答】

2020年1月1日施行的《土地管理法》第63条第4款规定："集体经营性建设用地的出租，集体建设用地使用权的出让及其最高年限、转让、互换、出资、赠与、抵押等，参照同类用途的国有建设用地执行。具体办法由国务院制定。"目前国务院尚未出台相关规定，认定集体建设用地租赁期限可以超过20年，法律法规依据不足。即使集体建设用地租赁期限参照国有建设用地执行，亦应参照国有建设用地租赁、出租年限，租赁年限不应超过20年。

【案例】

集体建设用地租赁最长年限不得超过 20 年

——青岛市城阳区河套街道某社区居民委员会诉赵某某等合同纠纷案[①]

案情： 青岛市城阳区河套街道某社区居民委员会诉称：2001年8月31日，原告作为出租方与被告赵某某签订《土地租赁协议书》，土地位置为小东进村路村志

---

① 本案为人民法院案例库入选案例，参见山东省青岛市城阳区人民法院（2020）鲁0214民初17058号民事判决书、山东省青岛市中级人民法院（2021）鲁02民终11288号民事判决书、山东省高级人民法院（2023）鲁民再104号民事判决书。

向东 180 米，由此向北 50 米垂直于正阳路，作为该加油站西边界线，然后顺正阳路向东 67 米，面积 3350 平方米，用途为加油站经营，租赁期限为 50 年。2003 年 3 月 31 日，被告将涉案土地转租给第三人某石化某分公司，其后两第三人在涉案土地继续经营加油站至今。根据《合同法》第 214 条的规定，"租赁期限不得超过二十年。超过二十年的，超过部分无效"，原告、被告签订的协议书约定的租赁期限明显超过 20 年的最长租赁期限，超过部分应无效。故请求判令：（1）依法判决原告与被告之间的《土地租赁协议书》2021 年 8 月 31 日至 2051 年 8 月 31 日部分无效；（2）本案诉讼费用由被告承担。

法院经审理查明：（2019）鲁 0214 民初 6271 号民事判决书载明，2001 年 4 月 4 日，青岛市某石油供销总公司与某石油股份有限公司山东石油分公司共同出资组建成立某油品公司。2002 年 4 月 26 日，某油品公司获得成品油零售经营批准证书。2006 年 12 月 15 日，该公司股东会决议，对某油品公司进行清算，该公司名下新建的五座加油站资产归大股东某石油股份有限公司山东石油分公司所有（含本案城阳区正阳路某村南加油站）。2006 年 12 月 29 日，某油品公司注销。2014 年 5 月 9 日，某石油股份有限公司山东石油分公司更名为某石化销售山东分公司，7 月 1 日，案涉加油站由某石油股份有限公司山东省青岛市第九十一加油站更名为某石化销售有限公司山东青岛第九十一加油站。2001 年 5 月 31 日，某油品公司（甲方）、青岛某加油站（乙方）、某社区居委会（丙方）签订《补充协议书》，协议书载明，丙方同意乙方将加油站的经营权及土地使用权转给甲方，并继续协助乙方为甲方办理《国有土地使用证》，有关费用均由乙方承担；由于政府对土地出让政策的调整，乙方至今未按原转让协议为甲方办理《国有土地使用证》，对此甲方予以理解，并同意乙方继续为甲方办理，所发生费用由乙方承担；在甲方的《国有土地使用证》未办好之前，丙方继续履行与乙方签订的土地租赁协议，承认甲方的经营和土地使用资格和权利，并承诺不再收取任何费用；如乙方不能为甲方办好《国有土地使用证》，应确保甲方按乙方与丙方签订的土地租赁协议将加油站经营至 2051 年，其间产生的土地租赁费用均由乙方承担，与甲方无关，本协议签完 5 日内，甲方将所欠转让加油站的剩余款付清，同时，由甲方出具合法票据。2001 年 12 月 19 日，案涉用地取得建设用地规划许可证，用地单位为某村，用地项目为加油站，用地面积 3000 平方米。2002 年 2 月 8 日，案涉加油站取得建设工程规划许可证。建设规模 928 平方米，建设单位为某村，建设项目名称为加油站管理房、加油棚。2002 年 12 月 10 日，青岛某勃加油站由赵某某投资成立，2002年11月25日，获批成品油零售经营许可、化学危险物品经营许可，2004年5月24日注销。2003年3月31日，青岛某勃加油站（甲方）与某油品公司（乙方）签订加油站转让协议，协议书载明，甲方将位于城阳区正阳路某村南的加油站全部财产及土地使用权、加油站经营权一并转让给乙方；加油站的全部财产包括房屋、加油设备、办公家具和院墙及6亩土地的使用权、加油站经营权的转让费为240万元，各种税费由甲方承担；具体付款方式是协议签订后3日内，乙方付给甲方人民币100万元，甲方将加油站全部财产（附财产清单）交付给乙方后，乙方付给甲方人民币50万元，甲方将经营手续和土地使用权全部变更给乙方后，出具全额加油站转让发票，乙方将剩余款的70%付给甲方，其余30%作为甲方全部资产的风险金，一年后无安全使用问题，乙方应全部付清余款；甲方在加油站转让期间，应保证全部资产、土地使用权、加油站经营权手续的齐全、合法、有效，并负责协调水电供应和综合站治理工作，如因上述原因造成乙方无法正常经营时，甲方除全部退还乙方已付款项外，应赔付乙方违约金人民币20万元；甲方在本协议签订后的三个月内应将加油站全部经营手续和土地使用权变更为乙方，逾期则视为甲方违约；乙方应按协议约定及时将款付给甲方，并积极协助甲方办理有关经营手续和土地使用权的变更，如乙方违约或不按协议支付转让款，甲方有权将加油站另行转让，并由乙方支付甲方违约金20万元；本协议自签订之日起生效，乙方付清甲方的第一笔款100万元后，3日内甲方将加油站全部财产和罐存油与乙方交接清楚，并列出清单，交接前该站的全部债权债务由甲方承担，交接后该站的债权债务由乙方承担；加油站交接完毕后，3日内乙方应付给甲方第二笔款人民币50万元，并协助甲方变更加油站的全部经营手续和土地使用权，甲方应在全部经营手续和土地使用权变更后的半年之内，为乙方办妥国有土地使用证。2003年4月1日，某油品公司（甲方）与赵某某签订加油站承包协议书，协议书载明，赵某某承包某村南加油站，承包期限2003年4月1日至2006年3月30日。2009年2月5日，某社区居委会出具证明：位于城阳区河套街道某村的加油站，房屋产权归城阳区河套街道某社区所有，现同意某勃加油站转让给某石化山东青岛石油分公司有偿使用。该案判决书送达后，赵某某不服提起上诉。山东省青岛市中级人民法院于2020年12月18日出具（2020）鲁02民终14488号民事判决书，判决：驳回上诉，维持原判。上述判决均已生效。

山东省青岛市城阳区人民法院于2021年5月20日作出（2020）鲁0214民初17058号民事判决：确认原告青岛市城阳区河套街道某社区居民委员会要求确认

与被告赵某某于 2001 年 8 月 31 日签订的《土地租赁协议书》自 2021 年 8 月 31 日起至 2051 年 8 月 31 日的部分无效。案件受理费 1738 元，由被告赵某某负担，应于本判决生效后 10 日内直接支付给原告青岛市城阳区河套街道某社区居民委员会。宣判后，赵某某提出上诉。山东省青岛市中级人民法院于 2021 年 11 月 25 日作出（2021）鲁 02 民终 11288 号民事判决：一、撤销山东省青岛市城阳区人民法院（2020）鲁 0214 民初 17058 号民事判决；二、驳回被上诉人青岛市城阳区河套街道某社区居民委员会的诉讼请求。某村委会以涉案土地租赁期限最高不能超过 20 年申请再审。山东省高级人民法院于 2023 年 6 月 25 日作出（2023）年鲁民再 104 号民事判决：一、撤销山东省青岛市中级人民法院（2021）鲁 02 民终 11288 号民事判决；二、维持山东省青岛市城阳区人民法院（2020）鲁 0214 民初 17058 号民事判决。

分析： 2020 年 1 月 1 日施行的《土地管理法》第 63 条第 4 款规定："集体经营性建设用地的出租，集体建设用地使用权的出让及其最高年限、转让、互换、出资、赠与、抵押等，参照同类用途的国有建设用地执行。具体办法由国务院制定。"该条款系《土地管理法》修正新增加的内容，此前并无相关规定。从该条款规定内容看，"具体办法由国务院制定"，但目前国务院尚未出台相关规定，认定涉案土地租赁期限可以超过 20 年，法律法规依据不足。集体经营性建设用地入市，有严格的条件和程序。涉案《土地租赁协议书》于 2001 年签订，不属于法律修正后新增的集体经营性建设用地入市情形。

即使集体建设用地租赁期限参照国有建设用地执行，亦应参照国有建设用地租赁、出租年限，不是参照国有建设用地出让年限。关于国有土地租赁期限，原国土资源部于 1999 年 8 月 1 日颁布的《规范国有土地租赁若干意见》第 4 条规定，国有土地租赁可以根据具体情况实行短期租赁和长期租赁。对短期使用或用于修建临时建筑物的土地，应实行短期租赁，短期租赁一般不超过 5 年；对需要进行地上建筑物、构筑物建设后长期使用的土地，应实行长期租赁，具体租赁期限由租赁合同约定，但最长租赁期限不得超过法律规定的同类用途土地出让最高年限。自然资源部《产业用地政策实施工作指引（2019 年版）》第 16 条规定，以长期租赁方式使用土地的，应按照《规范国有土地租赁若干意见》的规定执行，租赁期限不得超过 20 年。《山东省建设用地使用权转让、出租、抵押交易实施细则（试行）》规定，出租期限不得超过建设用地使用权剩余年限，最高不得超过 20 年；其中以租赁方式取得的建设用地使用权出租，出租年限不得超过国有土地租赁合同约定的剩余年限。因此，即使参照国有建设用地租赁、出租年限，涉案土地租赁年限亦不应超过 20 年。

【风险提示】

土地租赁期限的设置应遵守法律政策的规定，不得超过 20 年，否则超过部分无效。

【法律规定速查】

《中华人民共和国民法典》（2020 年 5 月 28 日）

第七百零五条　租赁期限不得超过二十年。超过二十年的，超过部分无效。

租赁期限届满，当事人可以续订租赁合同；但是，约定的租赁期限自续订之日起不得超过二十年。

《中华人民共和国土地管理法》（2019 年 8 月 26 日修正）

第六十三条　土地利用总体规划、城乡规划确定为工业、商业等经营性用途，并经依法登记的集体经营性建设用地，土地所有权人可以通过出让、出租等方式交由单位或者个人使用，并应当签订书面合同，载明土地界址、面积、动工期限、使用期限、土地用途、规划条件和双方其他权利义务。

前款规定的集体经营性建设用地出让、出租等，应当经本集体经济组织成员的村民会议三分之二以上成员或者三分之二以上村民代表的同意。

通过出让等方式取得的集体经营性建设用地使用权可以转让、互换、出资、赠与或者抵押，但法律、行政法规另有规定或者土地所有权人、土地使用权人签订的书面合同另有约定的除外。

集体经营性建设用地的出租，集体建设用地使用权的出让及其最高年限、转让、互换、出资、赠与、抵押等，参照同类用途的国有建设用地执行。具体办法由国务院制定。

Postscript 编后记

乡村是中华文明的基本载体，农耕文明源远流长。"国以民为本"，农业、农村、农民问题是关系国计民生的根本性问题。实施乡村振兴战略，是新时代做好"三农"工作的总抓手，没有农业农村的现代化，就没有国家的现代化。进入21世纪以来，2020年已是中央连续第17年发布聚焦"三农"工作的中央一号文件。"产业兴旺、生态宜居、乡风文明、治理有效、生活富裕"是实施乡村振兴的总要求，其中，产业兴旺是重点，生态宜居是关键，乡风文明是保障，治理有效是基础，生活富裕是根本。

乡村振兴内涵丰富，是涵盖乡村产业、文化、生态等各方面的全面振兴。乡村是具有自然、社会、经济特征的地域综合体，兼具生产、生活、生态、文化等多种功能。"准确把握乡村振兴的科学内涵，挖掘乡村多种功能和价值，统筹谋划农村经济建设、政治建设、文化建设、社会建设、生态文明建设和党的建设，注重协同性、关联性，整体部署，协调推进"是实施乡村振兴战略的基本原则之一。因此，乡村振兴不仅是农业的全面升级，也是农村的全面进步和农民的全面发展。如此诸多方面都离不开法律的引领、规范、保障与推动作用。

法律始终是人的行为规范和社会关系的调整器，如何发挥法的规范作用（指引、预测、评价）和社会作用，让法律出版助推乡村振兴，是本套丛书的根本目的。国家出台了有关乡村振兴、美丽乡村建设一系列政策措施意见，而如何从法律的视角切入，同时又着眼于乡村振兴的协同性、关联性、整体性，以系统化思维去思考与设计丛书，着实有很大难度。为此，我们紧紧围绕《中共中央 国务院关于实施乡村振兴战略的意见》《乡村振兴战略规划（2018—2022年）》实施乡村振兴的两个纲领性文件，并从有关乡村社会的书籍中汲取营养，启发思路，寻找法律与乡村振兴的契合点。产业兴旺需要法治营商环境；生态宜居离不开生态环境保护与修复；治理有效需要夯实基层基础，健全现代乡村治理体系，增强基层干部法治观念、法治为民意识，等等。而乡村作为地域综合体，涉农法律内容横跨刑法、行政法、民商法等各个部门法，如何围绕与乡村振兴关涉最密切、最突出的问题展开，需要一个切入点，于是选取了美丽乡村建设这一主题，从规划、建设、运营等各个纬度涉及的问题去思考、调研、抓取、组织了有关专题。

为深入实际，获取第一手资料，先后调研走访了浙江省、河南省法院和乡镇的部分法官与基层干部，以及乡村振兴的有关培训单位。在浙江，涉农案件（2014—2018年）中，侵害集体经济组织成员权益纠纷占比较高，其次是承包地征收补偿费用分配纠纷，农嫁女权益纠纷问题突出，涉农土地案件是涉农审判的重点难点。涉农纠纷普遍存在关系错综复杂，矛盾尖锐、易激化，群体性、示范性特征突出，情理法相冲突，程序运用和法律适用难度大等问题。在浙江桐庐县，以村委会及村经济合作社为被告的180件案件中，其中涉合同纠纷最多，主要包括工程建设、借贷、承揽、买卖、租赁等经济活动中产生的合同纠纷。基层情况复杂、问题多，民刑交叉、行民交叉，自治与法治，法律与法律之间、政策与法律之间都会存在交叉与不统一、不协调之处。调研获得了极为生动丰富的素材和成果，在上述问题之外，有关乡村规划、涉农犯罪等各方面仍有诸多问题，有待进一步观察与梳理。

调研中，目睹了乡村发生的深刻变化，也深刻感受到了基层工作的繁忙、辛劳与不易。基层干部致力于乡村建设，扎根基层、埋头苦干的精神给我们留下了深刻的印象。在浙江余村，村里搭建了信息化村务公开平台，村委会每一笔报销单据，村民可随时在村务公开平台上查阅。在与安吉县鲁家村党支部书记座谈时，他谈到为了村民文明素质的培养是如何煞费苦心。正如著名社会学家、人类学家费孝通先生在谈到乡村改良时说，"社会是多么灵巧的一个组织，哪里经得起硬手硬脚的尝试？如果一般人民的知识不足以维持一种新制度时，这种制度迟早会蜕形的"。因而乡村振兴，美丽乡村建设，若农民的基本知识不足，文明素质不提升，就不足以从根本上改善乡村的面貌。在河南濮阳我国第一个农村党支部书记学院，人大代表李连成老支书干事创业、不怕吃亏的精神激励了一批人。在浙江桐庐县江南法庭，刘钢庭长设身处地为当事人着想，对于政策法律规定不明确、法院只能驳回起诉的案件，在当事人诉至法院后，即使再忙，他也会争取在立案七日内，及时与当地村民委员会取得联系，协调村民委员会调解处理，以做到案结事了，以实际行动诠释了司法为民的精神。

丛书汇聚了诸多领导和专家以及基层法官的思想、经验与智慧。最高人民法院有关领导和民一庭、环资庭、行政庭、研究室领导及部分专家型法官积极提供了一批乡村振兴的典型案例，并参与指导提纲设计与内容讨论、内容审定，给予了大力支持与指导，在此表示衷心的感谢！同时，感谢浙江省高级人民法院朱深远副院长、徐建新副院长、朱新力副院长、基层工作处二级巡视员吴道富同志等领导为本丛书的出版所作的大量指导、统筹协调组织工作！感谢各位作者在繁忙的工作之余为撰写丛书付出的辛勤劳动和智慧！另外，丛书策划组织过程中，自然资源部空间规划局张兵局长在百忙之中提供了无私的帮助与精心的指导，农业农村部法规司给予了积极的支持，在此一并表示诚挚的感谢！

特别感谢，第十三届全国人民代表大会宪法和法律委员会江必新副主任委员、浙江省高级人民法院李占国院长自始至终对丛书出版给予的大力指导与帮助！

民为邦本，本固邦宁。实施乡村振兴战略，在我国"三农"发展进程中具有划时代的里程碑意义。在丛书即将付梓之际，欣喜之余，深感乡村振兴的课题任重道远，真诚希望社会各界专家、学者、实务工作人员，积极关注乡村振兴中的问题，共同研究、探讨构建乡村振兴的政策法律体系，为共同谱写新时代乡村全面振兴的新篇章作出应有的贡献！

编者

2020 年 10 月